超级参与者

NEW POWER
HOW ANYONE CAN PERSUADE, MOBILIZE,
AND SUCCEED IN OUR CHAOTIC, CONNECTED AGE

热点秒移时代赢得持续
引爆的新势力

[澳]杰里米·海曼斯（Jeremy Heimans）著
[英]亨利·蒂姆斯（Henry Timms）
赵磊 译

中信出版集团 | 北京

图书在版编目（CIP）数据

超级参与者：热点秒移时代赢得持续引爆的新势力／（澳）杰里米·海曼斯，（英）亨利·蒂姆斯著；赵磊译．－－北京：中信出版社，2020.5

书名原文：New Power: How Anyone Can Persuade, Mobilize, and Succeed in Our Chaotic, Connected Age

ISBN 978-7-5217-1462-3

Ⅰ.①超⋯ Ⅱ.①杰⋯ ②亨⋯ ③赵⋯ Ⅲ.①市场营销学—通俗读物 Ⅳ.① F713.50-49

中国版本图书馆 CIP 数据核字（2020）第 023353 号

New Power: How Anyone Can Persuade, Mobilize, and Succeed in Our Chaotic, Connected Age
Copyright © 2018 by Jeremy Heimans and Henry Timms
Published in agreement with Elyse Cheney Literary Associates, LLC, through The Grayhawk Agency
Simplified Chinese translation copyright © 2020 by CITIC Press Corporation
ALL RIGHTS RESERVED

本书仅限中国大陆地区发行销售

超级参与者 —— 热点秒移时代赢得持续引爆的新势力

著　　者：［澳］杰里米·海曼斯　［英］亨利·蒂姆斯
译　　者：赵磊
出版发行：中信出版集团股份有限公司
　　　　　（北京市朝阳区惠新东街甲 4 号富盛大厦 2 座　邮编　100029）
承　印　者：北京诚信伟业印刷有限公司

开　　本：787mm×1092mm　1/16　　印　张：22.75　　字　数：300 千字
版　　次：2020 年 5 月第 1 版　　　　印　次：2020 年 5 月第 1 次印刷
京权图字：01-2019-1318　　　　　　 广告经营许可证：京朝工商广字第 8087 号
书　　号：ISBN 978-7-5217-1462-3
定　　价：69.00 元

版权所有·侵权必究
如有印刷、装订问题，本公司负责调换。
服务热线：400-600-8099
投稿邮箱：author@citicpub.com

献给布鲁克

献给科琳、考利和乔赛亚

目　录

1 人人参与的新世界
/ 001

2 新势力罗盘
/ 017

3 创意传播的 ACE 原则
/ 041

4 提升参与度的 5 个步骤
/ 067

5 超级参与者、普通参与者与平台
/ 099

6 新势力社区如何运转
/ 127

7 参与溢价
/ 143

8 打造新势力团队
/ 169

9 新势力领导力
/ 195

10 融合新旧势力的艺术
/ 233

11 职场新势力
/ 263

12 未来:全堆栈社会
/ 287

术语表 / 313

致　谢 / 319

注　释 / 325

1 人人参与的新世界

正如哲学家伯特兰·罗素所言，权力是"产生预期效果的能力"[1]。

我们手中现在就掌握着这种能力。今天，我们有能力拍片、交友或者赚钱，播撒希望或者宣传我们的理念，营造社区或者掀起几场运动，传播错误信息或者鼓吹暴力，而且这些事的规模比几年前的更大，潜在影响也更深远。

没错，这是因为技术发生了变化。其实，更深层次的事实是我们正在改变，尤其是我们的行为和期望正在改变。那些已经想明白如何去宣泄这些能量，满足这些胃口的人，正在以非常有影响力的全新方式实现罗素所谓的"预期效果"。

想想看，那些穿着帽衫的新贵，在拥有10亿用户的网络平台里高高在上，指点江山，左右着我们的日常习惯、情感和观点。还有那些成功激发群众的热情并赢得惊人胜利的政治素人。在这个混乱的超连接（hyperconnected）世界中，走上前台，风光无限的是那些普通得不能再普通的人和组织。其他人则黯然失色，甘拜下风。

这个世界现在已经成为两大力量攻守较量的战场，我们将这两大力量称为旧势力和新势力。本书讲述的就是如何在这样一个世界中顺势而为，生存发展。

旧势力就像一种流通的货币，由少数人控制。它一旦被人们获得，就会被谨慎地保护起来，人们生怕它被别人夺走。拥有权力的一方权倾四野，对权力可以肆意挥霍。它是封闭的，常人无法企及，由领导驱使。它是自上而下授予的，让人成为它的奴隶。

新势力的运行方式则不同，更像一股水流或电流。它是由许多人合力打造的。它是开放的,参与式的,彼此影响,相互作用。它是自下而上汇集而成的,造福于人,惠及苍生。与水流或电流一样,它在激增时最为强大。新势力的目标不是驾驭这种力量,而是引导这种力量。

为了看清新旧势力是如何运作的,这里有三个截然不同的故事。

#MeToo 与哈维·温斯坦

一个颁奖季接着一个颁奖季,电影制片人哈维·温斯坦像上帝一样统治着好莱坞。

实际上,1966—2016 年[2],如果按奥斯卡之夜的获奖感言里被感谢的总次数计算,他确实和上帝打成了平手——都是 34 次。他的电影获得了 300 多项奥斯卡提名[3]。英国女王甚至向他颁发了大英帝国荣誉司令勋章[4]。

温斯坦权势日盛,他像花钱一样挥霍着权力,维持他的光环地位:他可以造星,也可以毁星;他拥有巨大的个人能力,能够对一个项目点头放行,也能让它就此石沉大海。他左右着整个行业的命运,反过来这个行业也保护了他,甚至纵容他肆意妄为。于是,他进行了长达数十年的性骚扰和性侵犯。温斯坦利用他手头的一点小恩小惠,与媒体建立了一种心照不宣的互惠关系,借此来控制媒体[5]。他甚至赢得了 2017 年洛杉矶新闻俱乐部的"直言不讳奖"。

他与一拨律师混吃混喝,打成一片,同和他一起工作的人签署惩罚性的保密协议,并在必要时拿钱堵住指控人的嘴。他甚至聘请了私人安保公司[6]——都是一些以前当过间谍的人——挖掘那些指控他的女性和记者的黑材料。不管怎样,出于对职业前程的真正担心,他所猎获的女性大多保持沉默,而那些本来可以挺身而出的男人却站在一边什么都不做，不愿意运用他们手中的权力奋起一战。

如果温斯坦和助力他高高在上的封闭的等级制度是在讲述一个众人所熟悉的旧势力的故事，那么温斯坦的倒台，特别是接下来发生的事情，则让我们知晓了新势力是如何运作的，以及为什么它很重要。

有关温斯坦及其指控者的新闻报道引起一片哗然。过了一段时间，女演员阿莉莎·米兰诺在推特上发起了 #MeToo（还有我）运动，鼓励女性在推特上讲述她们遭遇的性骚扰和性侵事件。特丽·康恩关注了米兰诺。二十多岁的时候，康恩作为一名崭露头角，在某个肥皂剧里扮演角色的女演员，收到导演詹姆斯·托拜克（James Toback）的邀请，去中央公园会面讨论部分剧情。但她对CNN（美国有线电视新闻网）说，一到那里，托拜克就性侵了她[7]。

这段往事被康恩深埋多年。随着温斯坦事件的升温以及 #MeToo 运动的兴起，昔日遭遇重新浮出水面。她最终将这件事告诉了自己的丈夫，然后付诸行动。康恩开始在推特上搜索曾使用过 #MeToo 标签和 #JamesToback 的女性，并找到了一些女性，她们的遭遇与她的经历极其相似。于是，这些女性一起组建了一个不对外人开放的推特群组[8]，互相支持并寻找其他有过类似经历的人。后来，这个群组的成员把她们的故事带到了《洛杉矶时报》的记者面前。在相关文章发表之后，几天内又有超过 300 名女性站了出来，讲述自己在托拜克那里的遭遇[9]。

康恩的故事只是 #MeToo 运动中的沧海一粟。在 48 小时之内，大约有 100 万条推文使用了 #MeToo 标签。在短短一天时间里，脸书上出现了 1200 万条评论、帖子和回复[10]。

#MeToo 运动如一股骤然爆发的洪流横扫全球，社会各界纷纷加入其中，利用它实现自己的目标。在法国，它变成了 #BalanceTonPorc（揭发那头猪）[11]，形成一场反抗性骚扰的点名批判

运动。在意大利，女性在 #QuellaVoltaChe（那个时候）的标签下讲述她们的故事。很多行业都经受了这场运动的洗礼。国会议员透露，他们也遭到了男性同侪的骚扰。英国国防部长被迫辞职[12]。欧洲议会专门为 #MeToo 腾出时间进行辩论[13]。商界领袖遭到曝光并被拉下马。从巴黎到温哥华，世界各地的城市纷纷举行街头集会。印度对部分知名教授的骚扰猎艳行为进行了揭露，也引起了社会讨论[14]。而东方的某个知名报刊的一篇文章似乎暗示工作场所的骚扰和性侵只是西方才有的问题[15]，结果招来网络批评，于是它赶紧从网站上撤下了这篇文章。

没有人充当这场运动的后台老板，也没有人知道接下来会发生什么。#MeToo 在 10 年前就诞生了[16]，它是基层社会活动家塔拉纳·伯克的工作成果。伯克当时希望借此鼓励那些受到性侵犯的有色人种女性，与其他有过类似遭遇的人平等地面对面地一起分享自己的经历。但是现在，这场运动感觉并无主使，而这正是它力量的源泉。从一手打造了"me too"珠宝的充满创造力的设计师，到那些与 #MeToo 站在一起的有抱负的政治家，每个人都参与其中，贡献自己的一点力量[17]。

#MeToo 最引人注目的一点，就是它给予参与者的权力感：许多人多年以来一直感到无力阻止那些长期性侵者，也有人害怕遭到报复，但突然间大家都鼓足了勇气站出来面对他们。每个个体的故事都在这股突然激增的巨大洪流中进一步强化，而每个个体的勇敢行为实际上也是在很多人的鼓励下造就的。

病人与医生的斗争

医生从电脑后面抬起头，吃惊地瞪着她，接着问："你从哪里学到的这个词？这是我的术语。你什么时候上的医学院？如果你上网就是学了点儿你不应该知道的东西,我就不会给你看病了。"

然后医生真的就不再给这个病人看病了。

这个让医生大为光火的词是"强直—阵挛"(tonic-clonic)。病人告诉他,她认为自己经历了继发性全身强直—阵挛癫痫发作(过去,她和医生曾将发病称为"升天",而这种定期癫痫发作一直让她忧心忡忡)。

这名患者通过"PatientsLikeMe"(像我一样的病人)了解了自己的病情[18]。PatientsLikeMe 是一个在线社区,成员超过 50 万人,共计有 2700 多种疾病。每个人都与平台上的其他人分享自己的个人医疗数据和经验,创建的数据点多达数千万个。这个网站基本可以看成是一个兼具支持群组、学习社区和数据集的庞大综合体。平台上的患者甚至一起合作,为他们自己的药物试验进行众包,例如,一群肌萎缩侧索硬化(ALS)患者就接受过锂实验,他们把这种实验作为一种短时间的治疗手段。其实,这样的实验本来是应该由卫生当局进行的。

利蒂希娅·布朗-詹姆斯也是社区的一名成员,她是在"近乎绝望"[19]的时候偶然发现 PatientsLikeMe 的。利蒂希娅从生下来就一直饱受癫痫之苦,痉挛不但频繁发作,让她日感虚弱,而且症状越来越严重。她害怕癫痫的突然发作,不管是在学校或教堂里,还是在演戏或跳舞的过程中,乃至长大之后在约会的时候。

在遇到她未来的丈夫小约拿·詹姆斯后,利蒂希娅又开始担心自己在婚礼当天发病。"我非常努力地祈祷,只是乞求上帝让我别发病,平安度过这一天。"她说。

利蒂希娅的神经科医生一直给她开同一种处方药,于是她开始与平台上的社区成员进行交流,自行了解一些药物为什么不起作用,并试图找出是否还有其他选择。利蒂希娅不放弃任何一丝希望,终于得知有一种脑外科手术很有把握,可以治疗癫痫患者。她发现,平台上有83%的病友报告了这种治疗的积极效果，而她和自己的医生却从未讨论过这种疗法。

于是这位病人马上和她的医生说拜拜。离开时，她要求医生提供一名癫痫病专家的名字，而"癫痫病专家"这个词也是她从病人社区学到的。医生翻阅了他办公桌上的卷宗，给了她一个名字。利蒂希娅一脸骇然。"我的医生一直都有那些信息。"她说。

利蒂希娅接受了手术，现在已经有5年多没有发病了。她还在PatientsLikeMe上为其他许多人提供辅导，帮助他们把自己的健康握在自己的手里。

这些故事里的医生仍然生活在一个依靠旧势力运行的世界里。他们的专业知识都是通过严格的培训积累的，而且他们这么做也有充分的理由：他们处理的都是人命关天的大事。但是在这样做的过程中，他们已经习惯于成为垄断医学知识的守护者，通过用连字符串起来的医学名词和高深莫测的处方与病人保持距离。但是，患者现在拥有了新的权力。他们采取行动改善自己的病情，而且吸引和团结了一大批境遇相近、惺惺相惜的人。他们会尝试新的疗法，交换期刊文章，跟踪彼此的进展。他们共享数据，交流思想，相互安慰。他们已经点亮阿拉丁神灯，而且没有哪个医生能把那个精灵请回神灯里。

在校女生对阵美国国务院

阿克萨·马哈茂德在苏格兰一个温和的穆斯林家庭长大。她上的是私立名校，喜欢的是哈利·波特。在别人眼里[20]，她是一个不知道坐几路公共汽车能到格拉斯哥市中心的富家女。

然而，随着时间的流逝，她变成了一个"坐家激进分子"，沉迷于充斥着皈依说教和诱惑性招募广告的黑暗网络空间而无法自拔。然后,在 11 月的某一天,只有 19 岁的她突然消失了。当父母再次联系到她时已是四天之后,阿克萨从叙利亚边界给爸妈打了一个电话。

这还不是故事的结尾。被招入 ISIS("伊斯兰国")后,阿克萨摇身一变,成为掌握多种在线参与工具的招募者,诱使怂恿其他人效法她。阿克萨建立了一个针扎不进、水泼不透的网络,只供女孩子们之间使用,为准备前往叙利亚、渴望"圣战"的妇女打气加油,还提供切实可行的建议:"如果我建议你带一件东西,那就是有机椰子油[21](可以再为我捎一罐,哈哈哈)。这是一种非常有用的多用途产品,既能当润肤露,也能当发油。"当伦敦贝思纳尔格林区三位讨人喜欢的普通女孩策划启程前往叙利亚时,她们在推特上联系的人正是阿克萨·马哈茂德[22]。

就在阿克萨采用各种拉近彼此关系、平等相待的方式吸引新人加入的同时,美国政府却采取一种截然不同的方法来劝阻她们。它印制了成千上万张 ISIS 新兵被送入绞肉机的卡通宣传画[23],然后用 F-16 喷气式战斗机在叙利亚的 ISIS 据点上空撒下(这种方法第一次被广泛使用还是在第一次世界大战期间)。当然,美国人也尝试在数字空间与 ISIS 的网络高手抗衡。他们创建了一个相当霸气的推特账户——满屏就是一个让人浑身不爽的国务院徽章——就像下指示一样要求潜在的恐怖分子"三思而行,别蹚浑水"[24]。如果你真想把那些激进分子从边缘拉回来,这么聊天恐怕一点儿说服力也没有。

在这里,我们又一次看到旧势力与新势力的交锋。美国政府手里拿的剧本是很可靠,但是太老旧了,仍然是利用制空权的优势地位高高在上地散布思想。哪怕是使用社交媒体,其默认做法也不是参与,而是指挥。阿克萨的做法截然不同:她的网络是临时拼凑的,而且总在转移位置,但却是参与式的,平等互动的;不是自上而下地灌输,而是女孩对女孩的横向传播。这是最有效、最可怕的新势力。

新势力的构成

#MeToo 运动的参与者、我们的患者和苏格兰女学生，她们的共同之处就在于，她们找到了自己的办法，使用当今的工具来让这股越来越强的渴望参与的势头得到宣泄和满足。

人们一直想要成为世界的参与者。纵观整个历史，人类曾经发起过各种各样的运动，组织过各种各样的集体，也总有各种各样的社群团体建立起合作的架构来创造文化和开展商业活动。自下而上、自上而下，乃至纵向的等级阶层和横向的社会网络之间始终存在一种辩证关系。

但直到最近，我们日常参与和掺和的机会仍然受到诸多限制。感谢今天无处不在的互联网，我们终于可以走到一起，以不受任何地理限制、高度分散化的方式，以及前所未有的速度和覆盖广度组织起来。正如我们将在后面看到的那样，这种超级联系性（hyperconnectedness）已经催生出新的模式和思想，影响和塑造着我们的这个时代。新势力之"新"，就在于此。

在链接共享平台红迪网（Reddit）上，有一个热门话题，请网友们回忆 20 世纪 90 年代的成长故事[25]。那是一个生活经历截然不同的时代，对那些从 90 年代走过来的人来说，帖子带来了温暖的怀旧感。而对那些当时还没有出生的人来说，它说的简直就是另一个星球的事：忐忑不安地等着看自己的毕业纪念册照片，因为这是"你唯一一次在学校看到你和你朋友的照片"。你只能拍一次，而且必须一次成功，但你永远不知道摄影师到底会把自己拍成什么样。哆哆嗦嗦地给当地广播电台打电话，点播你最喜欢的歌曲，然后等啊等，手指放在磁带录音机的录音按钮上，只待歌曲响起就把它录下来。在回家路上驻足百视达租一部电影的兴奋劲儿，去图书馆却发现你想借的书已经被别人借走或者"应该就在书架上，但就是找不到"的失落感。还有因为禁止使用计算器，做数学题时的枯燥乏味，彪悍的理由是"长大以后，你的口袋里不会放着计算器"。

当然，我们现在拥有的可不仅仅是口袋里的计算器。在当今世界，我们可以用自己的双手（就是长在你身上的手）作为一种全新的手段来参与你想到的任何事。这不仅改变了我们能够做的事，也改变了我们对参与的预期。

这些新的参与方式——以及随之而来的强烈的能动感——是构成我们这个时代一些最具影响力的模式的关键因素：像爱彼迎和优步，以及腾讯或脸书这样的大企业，像 Black Lives Matter[①] 这样的抗议运动，像 GitHub 这样的开放式软件系统，以及像 ISIS 这样的恐怖组织。它们都在因势利导，力求让新势力为自己所用。

这些就是新势力模式。新势力模式是由群众的行动使能的，没有群众，这些模式就只是空壳而已。相比之下，旧势力模式的使能则是源于人或者组织拥有、知晓或控制其他人所没有的东西，一旦旧势力模式失去这种东西，也就失去了优势。旧势力模式只要求我们服从（缴税，做家庭作业）或消费。新势力模式的要求则更多，能做的事也更多：我们分享想法，创建新内容（如在 YouTube 上）或资产（如在 Etsy 上），甚至塑造一个社区（想想抵抗某些政治人物

---

① Black Lives Matter 是 21 世纪新兴黑人民权运动，国内通译为"黑人的命也是命"，或者"黑人性命有所谓"等。与互联网时代的许多社会运动一样，这项运动同样始于平民，发轫于网络，使用互联网和社交网络进行联络、宣传、号召和组织。2013 年，佛罗里达州白人乔治·齐默曼枪杀黑人少年特雷冯·马丁被判无罪之后，Black Lives Matter 在几名黑人社区工作者的努力下首先诞生于网络。2014 年 8 月，为了抗议弗格森市黑人青年迈克尔·布朗被警察枪杀，Black Lives Matter 组织了第一次真正的街头游行示威。并在弗格森事件中一举成名，为人熟知。此后，这个结构松散的民权运动组织又接连参与和组织了多起针对美国种族问题的游行示威活动。——译者注

1　人人参与的新世界　/011

的庞大的网络运动）。

为了准确理解新旧势力模式之间的本质区别，我们不妨来看看史上两种最大的电脑游戏《俄罗斯方块》和《我的世界》之间的差异。

你可能会记得《俄罗斯方块》，这款游戏随着20世纪90年代任天堂Gameboy掌上游戏机的流行而风靡全球。它的游戏方式很简单：各种形状的小方块从屏幕的顶部掉下来，玩家的任务就是让它们相互契合，排列整齐；方块下降的速度会越来越快，直到玩家最终被击败。在旧势力时代，玩家的角色有限，你永远无法击败系统。

新势力模式更像《我的世界》[26]。这款游戏目前已经成为有史以来的第二大游戏。就像《俄罗斯方块》一样，它也是一款笨笨的"码砖"游戏，但它的操作方式非常不同。它不是建立在自上而下的遵守服从模式之上，而是一种自下而上的游戏，世界各地的玩家一块砖一块砖地共同创造世界。它完全依赖参与的能量。在《我的世界》的世界里，你可以发现房屋、寺庙、沃尔玛、龙、洞穴、小船、农场、过山车、工程师制造的工作电脑、森林大火、地牢、电影院、小鸡和体育场。玩家自定规则，自创任务。没有"说明书"，玩家都是自学成才，学习别人的示范，而且通常是自制的视频。一些玩家（称为"改版人"①）甚至被赋能去修改游戏本身。没有玩家的行动，《我的世界》就是一片荒地。而当今世界一个关键的矛盾冲突，就是

---

① 改版人（modder），直译是做MOD的人。MOD是游戏修改版本（modifications）的简称。制作MOD已经成为一种日益流行的活动，吸引了许多高明的电脑游戏玩家参与，他们希望用自己喜爱的游戏创造出全新的体验。MOD通常并非简单地增加新的关卡或者地图，而是对游戏性本身做出重要改变（"整体的改变"），有时还会加入新的角色、武器和故事情节。MOD需要使用原来的游戏来创作（当然，还有玩）。制作完成的MOD作品常常通过互联网发布给其他的爱好者。——译者注

在《俄罗斯方块》的传统中长大的人和那些有《我的世界》思想的人之间互不理解。

本书的宗旨

未来将是一场动员之战。谁最成功,谁最活跃,谁发展得最快最好,谁就能赢得追随者,就拥有引导、激发和利用追随者参与能量的能力。不管是普通百姓、领导者还是组织,也不管是为善、作恶还是只追求人生的小确幸。

一种完全不同的思维方式

自从我们在《哈佛商业评论》上首次论述这些观点以来,我们欣见许多不同行业的人士,从图书馆管理员到外交官,再到医疗工作者,运用这些观点来重新塑造自己的世界。在接下来的章节中,我们将讲述那些知晓了这些新动态的组织和个人的故事。我们将分析乐高公司如何通过动员群众的力量来挽救其品牌。我们将探讨TED如何从一个纯粹的大会成长为世界上最大的思想社区。我们也将看看教皇方济各如何通过让他的"羔羊们"获得更大的权力和能力来改变教会的性质。

我们还会介绍一些不那么为人熟知的例子:护士们拧成一股绳,减少官僚主义并提升患者的生活质量(以及自己的工作满意度);一家发动客户设计车辆的汽车公司;以及一家由读者建立、资助和塑造的成功的媒体公司。

无论你是一位希望在后真相世界中分享学术感悟的历史学家,

还是一位下定决心，竞选当地学校校董会席位的家长，抑或是一位希望让新产品上马的创造者，现在都有一系列明显不同于以往的新能力等待着你去发现。

我们讨论的这些技能经常被误解为在脸书上自我推销的能力，或者是为使用Snapchat（色拉布）而制作"懒人包"使用手册。其实，新势力不仅仅是新的工具和技术。美国国务院在与ISIS的网络对垒中一败涂地的例子告诉我们，许多国家仍在顽固地以旧势力的方式使用这些新的参与方式。本书探讨的是一种新的行使权力的方法，以及一种完全不同的思维模式，而且其运用不受工具和平台流行变化影响。如何让你的创意和思想赢得群众的认同，用群众的智慧加以完善，在群众的帮助下传播得更广？如何让一个组织有效地运作，而在这个组织里，你的同事们（也许比你还年轻）已经将彻底透明或持续反馈等新势力价值观内化为自身的追求目标？如何创建一种机制，在一个更加松散、很多事情只有三分钟热度的时代里激励普罗大众以持久的热情马首是瞻，追随左右？如何在新旧势力之间切换？什么时候应该把它们混为一体？什么时候旧势力反而会产生更好的结果？

本书将回答这些问题，当然，要多多借鉴世界各地最激动人心的新势力成功案例（以及一些重要的警示故事），才能把问题讲得更透彻。

新的权力模型

新势力的兴起已是任何人都无法改变的事实，而且在很多领域呈现蓬勃发展的上升势头。为善者可以用它创造奇迹：药物试验的众包，以爱悯为诉求的社会运动快速成长。然而正如我们看到的那样，在像 ISIS 或越来越多的白人至上主义者这样的作恶者手里，这些相同的技能却能造成巨大的破坏。把我们拉得更近的工具同样也可以把我们推得更远。

那些正在建设和管理以新势力为基础的广阔平台的人，已经成为我们新的精英阶层。这些领导者把群众的语言挂在嘴边——"分享""开放""连接"，但他们的行动却是口不对心。想想脸书，这是我们大多数人最熟悉的新势力平台。我们使用公司所谓"分享的权力"创建了所有那些点赞和笑脸表情包，但脸书的 20 亿用户却无法分享平台创造的巨大经济价值。在公司如何治理方面，用户也没有任何发言权。而已被证明能够左右我们的情绪，塑造我们的自尊，甚至影响某些选举的算法，外人更是难窥究竟。现在的网络，早已不是互联网兴起之初，那些先驱所想象的那个内生性的、天马行空的自由天堂，人们越来越意识到，我们正生活在一个养殖"参与"的农场世界里，少数几个大平台圈地划界，扎紧篱笆，把数十亿人的日常活动当作它们的庄稼收割谋利。

民主也面临着巨大的风险。许多人希望单靠社交媒体的滔天巨浪就能推翻独裁者。但实际上，世界上许多地方却在涌现一种新的强人，而让他们力量更强、势头更猛的，正是那些某些人认为只会有利于民主化的工具。这类新强人已经成为一支庞大而分散的社交媒体大军的总司令。他说什么，就有人顺着他的意思去做什么，反过来又为他提供新的题材，演绎新的叙事，换一个新的角度攻讦对手。这是一种深刻的共生关系。他善于争取群众的支持，调动群众的热情，但他的方法不是要求人们领会自己的政策主张，而是放手让人们行动，只要不违反他的价值观就行。我们可以把他看作一个熟练驾驭新势力的各种技术来实现专制目标的网络强人。

在后面的章节中，我们将剖析是哪些力量令"参与"养殖场并使网络强人成为可能。更重要的是，我们也将介绍一些解毒良方：如何通过新的模式，真正向更多的人转移和分配权力，包括我们当中最弱势的人。我们会结识一些先行者，他们殚精竭虑，设想新的方式来重塑民主，而不是破坏民主，他们孜孜以求，寻找新的途径将公民从充满敌意的旁观者转变为政府工作的共同责任者和有价值的参与者。我们还将拜访一些在社会中扮演关键角色的传统机构，看看它们如何艰难地从旧势力向新势力转型。我们希望本书能够武装那些正在为争取更加开放、民主和多元化的世界而斗争的人，为他们提供所需的工具，帮助他们取得最终的胜利。

我们也曾尝试创造新的权力模型，并试图让更多的人参与。这些经验为本书的写作奠定了基础。亨利创建了一个账号#GivingTuesday（感恩星期二）[27]并成功将其打造成盛极一时的慈善网红，进而形成一场运动，为全球各地的慈善机构筹集了数亿美元。杰里米在二十多岁的时候，就在他的祖国澳大利亚发起了一场以技术为动力的政治运动[28]，后来更成为这个国家最大规模的社会活动组织。此外，他还自建了一个名为"使命"（Purpose）的组织，通过设在纽约的总部帮助在全球范围内发起更多的运动。对于新势力的潜力和缺陷，我们都有近距离的观察和体会，现在我们想把我们学到的东西分享给大家。我们共同合作，并与企业和社区合作，更深入地了解正在发生的变化，分析变化的原因，看看我们可以对此做些什么。

且容我们利用后面的篇幅将所有的心得感悟慢慢道来，与君共享。

02 新势力罗盘

"实验室就是我的整个世界",还是"整个世界都是我的实验室"

美国国家航空航天局(NASA)约翰逊航天中心是一个传奇,以屡挑重担、战胜挑战而闻名于世。当阿波罗号的宇航员在无线电里说"休斯敦,我们遇到了问题"时,他们呼叫的就是约翰逊航天中心。

然而到 2010 年,盛名之下的 NASA 仍然难逃国会削减预算的危险。表面上是削减预算,骨子里是 NASA 的功用性受到质疑。同时 NASA 还因为缺乏想象力而受到指摘。约翰逊航天中心的首席科学家对他的部下说:"总部告诉我们,我们不够创新,我们需要证明他们错了。"[29]

于是他们开始尝试所谓的"开放式创新",其理念是发动群众来帮助解决问题。与少数专家独享工具、数据和机器的旧势力方式不同,开放式创新的目标是邀请所有人参与。NASA 努力开放的故事来自纽约大学教授希拉·利夫施茨–阿萨夫的研究报告[30]。她花了三年时间,深入 NASA 内部,以一个旁观者的身份经历了这段剧烈而又紧张的变革期。

约翰逊航天中心的创新工作由其子机构太空生命科学局(SLSD)负责,领导者是杰弗里·戴维斯,他是一位医生,同时也是一名航空军医。该局挑选了 14 项战略研发挑战,把它们放到开放式创新平台上,供全球参与。共有来自 80 个国家的 3000 人响应[31],

其中既有久负盛名的专家，也有只在周末才能小试身手的无名的业余爱好者。

不试不知道，一试吓一跳。传统研发的周期一般为三到五年，但群众只用三到六个月的时间就把问题搞定了。而且群众不仅在更短的时间内拿出了解决方案，成本还更低，方案的质量也显著高于预期[32]。

事实证明，开放式创新前途光明，大有可为，而佐证这一结论最具代表性的例子，是一个从其他方案中脱颖而出的解决方案。它解决了太阳物理学中的一个棘手问题：如何有效预测太阳风暴。太阳风暴是来自太阳的能量大爆发，以每小时300万英里①的速度向地球传播。显然，避开它们，就成为那些在太阳系内进行太空飞行的人的首要任务。然而，全球专家——包括NASA和其他地方的专家——白首穷经、费心尽力所获得的最佳模型，也只能提前一两个小时进行预测，并且准确率只有50%。

现在好了，来自新罕布什尔州的半退休电信工程师布鲁斯·克雷金提交了一种算法[33]。虽然他不是太阳物理学家，也没有任何资源可以利用，比如NASA的那些工具，但他的算法可以提前8小时进行预测，准确率更是提高到75%。

这一突破在NASA的高级领导层中引发了巨大的热情，吸引了全国媒体的关注，甚至激起了白宫的兴趣。于是，NASA投入更多资源，把赌注翻了一番。

杰弗里·戴维斯召集了一个更大的小组，并组织了一次特别研讨会，试图让整个团队在这种前景远大的新方法上统一认识。那天会议刚开始的时候，研讨会处处洋溢着喜悦和兴奋之情，某位领导者

---

① 1英里≈1609米。

甚至大胆放言："这让你在许多探索开放创新之路的组织中站到了最前沿，基本上包括了全世界的所有组织。"[34]

然而，会议最终没有热成一团火，反而乱成一锅粥。利夫施茨-阿萨夫描述了研讨会的现场："在紧张的气氛、激烈的争吵和汹汹气势的影响下，那天的会议走上了与预期计划完全不同的轨道。会议室里一整天都充斥着强烈的恐惧和抵触情绪，严重程度非比寻常。"[35]她的措辞有点文绉绉，其实换个说法，大致意思就是"人们都疯了"。

发生了什么事？为什么一个很有前途的机会引发如此强烈的情绪反弹和意见分裂？在未来的几个月里，戴维斯和他的团队虽然碰壁碰得鼻青脸肿，但仍然坚定不移地推进他们的创新工作。而他们也渐渐发现，整个组织慢慢形成了两个壁垒分明的阵营。

一拨人认为这一切都是浪费时间，而且干扰和威胁到了他们的正常工作。新工作对预算的影响让他们抱怨不已。他们对技术细节吹毛求疵。有些人拒绝讨论他们正在竭力解决的问题，"担心可能变成另一项开放式创新挑战"[36]。有些人则试图把事情搅黄，劝阻他们的同事不要参与其中。还有一些人在公开场合表现出热情，但为参与群众提供的信息却极尽疏漏，并把群众提供的思路丢在一边不予理会。一个团队甚至进入了完全否定模式，"隐瞒了他们实际上参与了开放式创新的事实"[37]。

另一拨人则看到了机会。他们创造了新的流程和方法，以求充分发挥群众的力量。他们发明了一些工具，开放了实验室，允许知识流入和流出。一些人甚至离开原岗位，成立了一个新的组织——"开放的NASA"[38]，专门致力于促进开放式创新。一个团队创建了现在每年一次的"空间应用黑客马拉松"（Space Apps hackathon）[39]——可能是所有这些努力中全球化程度最高的项目。2017年，三天之内在69个国家的187个地点聚集了2.5万人，共同解决太空中一些最为棘手的挑战。另一个团队建立了一个开放平台，与世界各地的太空专家和民间科学家进行交流。今天，NASA对开放式创新的兴趣日益增加，他们甚至在首席科学家办公室专门设立了高级政策顾问来负责公民参与事宜，为整个机构增添价值。

如果这是一个普通的传统机构，那么你可能会认为这种分歧与害怕新技术的人有关，但事实显然并非如此。毕竟，这些人都是实打实的火箭科学家。另外，分歧也无关年龄，无关经验，更无关声誉。两个阵营的人看起来非常相似。

这种巨大分歧的背后，是两种截然不同的思维方式。

前面那拨人的价值观是我们所说的旧势力式的。他们来自一个"我们"和"他们"泾渭分明的世界，只有那些穿着实验室大褂，拥有各种文凭和证书的人才有资格获得资源，破解宇宙的奥秘。正如一位首席科学家所解释的那样，对开放式创新的抵制"已经深入到骨子里，因为它与科学方法的发展历史背道而驰……在我们的培训中，试图解决问题的科学方法是，我搜集所有信息，我对它们进行综合整理，我进行分析，然后我得出一些结论，再与其他人联系解决问题，而他们的做法就像作弊一样"[40]。

这批人对专业知识的价值笃信不疑。他们自己的身份认同源于一种对个人天赋顶礼膜拜的传统。从澡堂子里跑出来的阿基米德，脑袋被苹果砸到的牛顿，那才是科学家。他们的本能是囤积与他们工作有关的信息，而不是将其曝光给一帮没有资质和资格的群众，因为后者可能根本不遵守既定的科学探究和辩论规则。他们有怀疑的理由，毕竟开放式创新和众包的许多实验最终都失败了。他们中有许多人已经在NASA工作数十年，坚忍不拔，矢志不渝，所以他们不会随随便便就让一些徒有其表的半吊子"民间科学家"进入这个圈子并取代他们。专业特权和知识就是他们好不容易积累下来的财富。搞了一辈子科研都是这么干的，积习早已成性。

有趣的是，利夫施茨-阿萨夫注意到，当这批人被问及开放式创新时，他们经常——而且根本不需要别人提醒——就开始谈论"他们为什么加入 NASA，他们是何方神圣，他们是如何接受培训的"[41]。他们会开始聊自己的博士生导师，拿出自己的研究论文，并给她展示职业生涯中积攒的各种专业奖牌，用来证明自己多年来的辛苦付出和辛勤工作。当然，她觉得奇怪的是，"我没问他们这个，我问他们的是开放式创新"[42]。

她总结说，即将参与进来的群众对他们的核心身份构成了威胁。而这又是一个非比寻常的集体，对于"休斯敦，我们遇到了问题"的呼叫，他们可绝对不敢回答说"请等一等，阿波罗，我们要把问题众包，看看新罕布什尔州有没有半退休的电信工程师提供什么高见"。

后面那拨人则秉持新势力价值观。他们对合作更加开放，相信群众的智慧有可能是无穷的，并希望开放自己的世界让其他人加入进来。他们认为，如果能够找到合适的方法把工作分解成能够让全世界任何人都可以搭把手的小任务，他们的团队将会变得更加强大。对于这批人来说，甚至他们摆龙门阵时的那些谈资笑料都跟以前不一样了。一个颇为流行的故事说，某位工程师想找到一种突破性的医疗设备，可以在国际空间站上使用，结果居然真就在 YouTube 上找到了。这些科学家不再认为"实验室就是我的整个世界"[43]，并开始思考"整个世界都是我的实验室"。

两种思维的"双城记"

新势力和旧势力，两种价值观的碰撞绝非 NASA 所独有。放眼天下，两种截然不同的思维之间的战火早已燃遍今日之世界。

20世纪是从上到下建造的。社会仿佛是一台巨大的机器，由庞大的官僚机构和伟大的公司提供错综复杂的动力支持。为了保持机器的运转，每个普通人都是一颗螺丝钉，扮演着关键却渺小的标准化角色，各司其职，各尽其责。当军人你就练好功，做和尚你就撞好钟。乘法表放在你面前你就好好学，轮到你为大家服务你就善始善终。叫你坐等毕业纪念册的照片，你就乖乖地等。我们中的很多人都相对满足于在一个更加宏大的进程中扮演一个小角色。然而对于世界应该如何运作，我们又应该如何找到适合自己的位置这一类问题，人们习以为常的规范和信念却正在随着新势力的兴起而发生改变。我们与新的势力模式互动的次数越多，这种变化就越剧烈。事实上，在30岁以下的人口（现在占世界人口一半以上）中最为明显的一大趋势，是一股新希望的勃发：对不可剥夺的参与权的希望。

旧势力价值观	新势力价值观
正式（代议式）治理，管理主义，制度主义	非正式（网络化）治理，选择性加入决策，自我组织
竞争，排他性，资源整合	协作，群众智慧，共享，开源
保密，独断，公私分明互不相干	彻底透明
专长，职业精神，专业化	创客文化，"自己动手"的道德伦理
长期的归属与忠诚，整体参与程度偏低	短期的有条件归属，整体参与程度更高

自己拥有一大批坚定拥趸的YouTube视频创作者，更希望以创作者而非消费者的身份与世界接触。TaskRabbit（"跑腿兔"）、Lyft或其他提供按需服务的"制片人"也能凑合过得不错，可能不会像以前那样依赖并会更加怀疑传统经济的中介作用。一名从他的在线社区获得无限创意并且立即就可以验证其效果的员工，会因为这种兴

奋和刺激而感到自己那平凡的，连老板都很少置评的日常工作特别空虚，实现不了自己的人生价值。而一位在社区里力挺并大力参与某个众筹项目的公民，当他与当地政府的互动主要以传票和公文形式进行时，可能会感到泄气，失去参与的热情。参与式体验越来越多地出现在我们所有人的生活中，并进一步塑造了这种新势力思维。

这一切，万万不可以常理俗规度之，不能用"新势力＝好"或"旧势力＝坏"的公式一概而论。毕竟，很多时候我们还会选择旧势力而不是新势力。例如，如果你要治疗自己的某一处牙根管，那么你看重的，肯定是拥有两个学位和15年经验的牙髓治疗师的专业知识，而不是一群乐于助人的业余爱好者和自封的周末"大神"，因为你也不知道他们的技术是不是众包来的，或者是从红迪网上某个无名氏的帖子里抄来的。虽然这两种思想经常发生冲突，但我们不应该将这些价值观看作是二元对立的。最好是把它们看作一个整体渐变的光谱范围，然后想想自己的信仰和所属组织的信仰可能会在哪个位置。下面，让我们来逐一分析每一组相互对应的价值观。

正式还是非正式治理

"我们听到有人说教师没有权利自主行事，不能试图选择自己的教材、专业和班级，正如公民没有权利决定什么值得什么不值得一样。没错，在这个问题上我们当然有自己的立场，对提出这个问题的人，我们的答复就是，去你的。我们相信教师。"[44]

这是 DonorsChoose 创始人查尔斯·贝斯特的原话，这个慈善捐助网站帮助教师将事情掌握在自己手中，他们认为教室里需要什么，就通过这家网站筹集资金去购买什么，不管是学习用品，还是笔记本电脑。迄今已有逾 200 万"公民捐助者"通过 DonorsChoose

捐赠了4亿多美元，共有1800万公立学校学生得到了帮助，而这些学生的需求往往由于美国公立学校的资金不足而无法得到满足[45]。DonorsChoose是最早也是最成功的众筹平台之一。孩子们通常会向他们的资助者发送可爱的感谢图片和感恩卡，平台也因此变得更加引人注目。

然而，并不是每个人都对贝斯特的方法充满热情。在一个有关DonorsChoose的报道中，《快公司》引用哥伦比亚大学政治学教授杰弗里·赫尼格的话来表达有关教育资助决策的旧势力观点。"我们已经授权校董会、学监或市长办公室全权决定学校教育事宜，因为我们知道它们会在公开场合进行决策，公开讨论价值观相冲突的问题，并公开做出妥协。"赫尼格说，"这是一个融入民主程序和讨论的集体流程。"[46]

赫尼格阐述，对于变化无常的群众，更加集中、正式和代议制的治理有着诸多优点。他认为，教育作为一项公共产品，应该受到资源分配决策的制约，要考虑怎么做对整个系统最好、最公平，而不是奖励最有活力或最能打动人心的老师。但贝斯特力挺新势力价值观，坚信众筹这种"先把事儿做成"的权力下放冲动现在可以成为帮助孩子们的一种方式。赫尼格捍卫的是正式的治理流程和将权力下放给民选代表的理念，而贝斯特则推崇直接参与和个人能动性的优点（请注意，在众筹模式中，更多参与并不一定会导致更加平等的代表性或包容性，有时新势力也可能意味着代表性和包容性的下降）。

那些拥有新势力思想的人对于驱使着旧势力世界的集权式官僚机器都有一种厌恶情绪，而且这种反感往往还带有些许不屑。他们喜欢更加非正式的、网络化的和可以自由选择是否加入的方式来把事儿做成。他们对那些平时很少照面，但仍然在跨部门高层决策常设审议委员会的双周会议上把持着席位的人表示绝望。联合国至少一年还要开次大会，而新势力理念的"快闪"风格比联合国还要强烈，在如何把事儿做成的问题上，新思想与20世纪对管理主义和制度主义的信仰形成了鲜明对比。

硅谷倡导的浮岛天堂梦想（floating island paradises），可以说是"非正式"治理信仰的一种极端体现，"一个在美国以外，靠科技运行，可以自由选择是否加入的社会"[47]。某位硅谷创业者曾经倡议，要让"Yelp for Drugs"取代美国食品药品监督管理局，让医生评级和患者推荐取代法规和正式保护，而浮岛天堂就是实现这一梦想的地方[48]。

竞争还是协作

在理想状态下，那些分享自身资产或创意，传播他人思想或者丰富发展现有创意，使其更加完善的人，都会通过新势力模式而受益，从而使人类的合作（而非竞争）本能得到进一步强化。许多新势力模式，如爱彼迎，都是由社区积累的口碑驱动的。它依靠声誉系统来确保那些粗鲁或邋遢的客人无法在平台上找到下一个要住的地方。在推特上吸引粉丝的一种常见策略是转推和宣传别人的思想，期望对方也会投桃报李。在一个网络化的世界中，与邻居或者世界另一端的人合作要容易得多，也能更加频繁地获得回报。最成功的开源软件工程师都是最易协作的人；他们依靠和改进同行的工作，哪怕这样做对他们没有明显的直接好处。即使像通用电气这样的大公司，现在也在大力提倡"日常工作行为的一个根本性转变"，即协作。

相比之下，那些拥有旧势力价值观的人所歌颂的美德，则是成为一名伟大的（有时是无情的）竞争者，成王败寇，赢者通吃。在他们眼里，世界只有两种人——赢家和输家。这种观念认为，成功是一个零和游戏。这是大多数企业经营背后的经典思想，也是几乎所有行业的销售团队文化的核心。特朗普是这种价值观的信徒，优步也是，特别是在其联合创始人兼前首席执行官特拉维斯·卡兰尼克的领导下。尽管优步奉行的是新势力模式，但它在打击对手，威胁记者以及极尽忽悠之能事让政府监管机构相信自己名列前茅方面也是战绩彪炳，名声在外。在一份泄露的文件中，优步详细描述了它希望员工需要具备的素质，特别强调"作风彪悍"和"斗志昂扬"，这两项都是"打拼"文化的一部分[49]。

值得注意的是，尽管以协作和"分享"为核心的准则现在在我们的商业和文化中非常盛行，但这并不意味着它们总会产生更好的结果。《应用心理学》最近刊登的一篇研究报告表示，"强调合作的大环境证明会让高绩效者处于人际交往的不利地位"[50]，他们发现自己会被集体里的其他人排斥。

保密还是彻底透明

总统候选人希拉里·克林顿在离开美国国务院之后曾多次发表有偿演说，在外泄的讲稿中，她完美阐述了在旧势力准则下信息应该如何传递："我的意思是说，政治就像制作香肠。这个过程令人讨厌，但一直都是这么做的，我们通常也都会适可而止。但是，如果每个人都能旁观所有的后台讨论和交易，那么人们就会有点紧张。这么说一点儿也不夸张。所以，台面上一套和私下一套你都需要……"[51]

对于许多年轻人来说，这种对于缺乏透明度或简单性的实用主义解释是不能接受的。在今天这个年轻人将生活中最亲密的细节都在社交媒体上分享的时代，他们在工作场合要求老板将诸如整个公司的薪资情况公之于众，完全是意料之中的事，而这一类以前被认为是严格保密的信息。公共和私人领域之间的分离,在旧势力世界得到无比珍视,如今却正在消解,并正在被"彻底透明"的社会思潮取代(当然,最大的讽刺之处在于,人们对于自己的生活越透明,他们的行为就越容易被看不见的力量跟踪并塑造)。

在这里,"按需知情"的旧有思维模式与不断提高的"有权知情"的预期之间存在着非常大的冲突。前者本能地使信息不为公众所知以保护信息,后者则被要求体制开放的新势力思想家视为系统默认值。前者由专家和权威人士决定哪些信息需要进行过滤,后者则根本不存在这种过滤机制。

在很多行业,旧势力世界都在经受着对隐情的持续攻击,越来越多的家丑被维基解密和天堂文件(Paradise Papers)曝光,其日常表现也受到监督:曾经高不可及的教授现在必须容忍他的教学随时被乳臭未干的新生在线打分。

在这个比以往更难保守秘密和逃避审查的时代,一些领导者和机构正在接受彻底透明的做法,但只是将它作为一种先发制人的战略。借用抗议人士的一句话,他们选择在自己被占领之前先占领自己。这种策略的一个喜闻乐见的实例是2018年亚利桑那州州长候选人诺亚·戴尔,他的竞选网站专门有一个名为"丑闻和争议"的部分。他在其中声明如下:"诺亚曾与各种类型的女性交往,既有深层次的性经历,也有泛泛之交……他曾参与群交,也曾与已婚女性发生性行为。他发送并接收过亲密的文字和图片,偶尔也会在性爱时录制视频。诺亚一直对他的伙伴保持坦诚。他所有的关系都是合法和自愿的……诺亚对自己的性选择毫无歉意,并希望其他人以同样的安全感和自信心坦露心声。"[52] 如果米奇·麦康奈尔① 也来这么一份

---

① 米奇·麦康奈尔,现任参议院多数党(共和党)领袖。此处似乎暗指麦康奈尔的私生活不够检点,但查询公开信息未见相关报道。——译者注

声明，我们是不会被吓到的。

专家还是创客

"说到底，能够做些东西就行了。做一些重要的东西……永远在创造……对我来说，那就是甜美的烤面包。我是安迪·科贝特，我做烤面包。"[53]

这是2016年宣传"创客文化"的某支广告中的一个片段。赞美成为"创造者"而不仅仅是被动的消费者，最好是集多种身份于一身——程序员、设计师、工程师、医生、音乐家、兽医——已经成为新势力文化的一大主题。

我们可以将创客文化视为"我们自己动手"（do-it-ourselves）的思维模式（Meetup首席执行官斯科特·海弗曼用这个短语来表达我们应该成为创客，但要与其他人合作的观点）。从"业余"小黄片儿，到使用在线模板在车库中打印鞋子，从使用自制恒温箱和3D打印的阴道窥器来照顾自己生殖健康的女性群体"妇科朋克"（GynePunks）[54]，到Wattpad①这样的粉丝小说社区，我们看到创客文化正在四处开花，蓬勃发展。创客对体制的依赖性更低，他们想方设法来躲开中介。

这种趋势与对"专家"的认识正在发生变化有关。餐馆老板、电影制作人、酒店经营者、艺术家和作家过去往往生活在对全能评论家的恐惧之中，因为他们的专家意见可以左右企业的生死。今天，这些精英仍然保留着很大的影响力，但我们越来越多地从彼此之间

---

① Wattpad是一个电子书阅读、写作网站。——译者注

寻找指导和建议。我们的世界多了一点Yelp①，少了一点Frommer's②。事实上，在过去的10年中，爱德曼信任度晴雨表对"跟我一样的人"的信任度显著增加，而且已经超过学术专家或医生的公信力[55]。

这种冲突在英国脱欧投票前的激辩中进一步激化。当时，支持留欧的一派由一批经济和文化精英、技术官僚"专家"牵头，一副"我们知道怎样做对你有好处"的样子，结果却被民粹派的脱欧表决打得一败涂地。支持英国脱欧的高级政府部长迈克尔·高夫利用了这种情绪，在竞选活动中宣称"这个国家的人民已经有了太多的专家"[56]，暗讽那些预测英国脱欧会对英国人造成不利影响的经济学家。这种伎俩激怒了粒子物理学家布莱恩·考克斯这样的专家，后者在回应时说："这是在倒退回山洞。成为专家并不意味着你就成为在某件事上有既得利益的人，但它意味着你毕生都在学习一些东西。你不一定是对的，但你比没有花时间研究它的人更可能是正确的。"[57]

长期归属还是短暂归属

罗伯特·普特南在其当代经典之作《独自打保龄》中曾预言美国的公民健康水平会下降[58]。为了跟踪这一情况，他采取了一系列措施，包括出席城镇或学校事务的公开会议，担任某个地方组织的委员会委员，以及加入一个章程规范、做事有板有眼的组织。所有这些条条框框，围绕的核心都是一项旧势力价值观——归属，在归属的语境下，"参加"是与遵守组织章程，定期参加派对联系在一起的。

---

① Yelp是美国著名商户点评网站。用户可以在网站中给商户打分，提交评论，交流购物体验等。——译者注
② Frommer's是美国一家专门做旅游指南的服务商。——译者注

正如我们无法通过百视达现有会员人数来公平测量媒体行业的活力值，我们也无法通过俱乐部会员的人数来公平测量当今公民社会的健康水平。虽然那些具有新势力价值观的人忠诚度不那么高，但却更具归属感，这是许多旧势力机构现在正在努力克服的矛盾。

自从互联网出现以来，我们看到了一股加入、归属和参与的新浪潮，但其本质与普特南追求的东西完全不同。新势力喜欢寻找归属感，但以这种新的思维方式实现的归属所能维持的时间却要短得多。人们不太可能成为拿着会员卡的组织成员，也不太可能与体制建立长达数十年的关系，但他们却更有可能参加不同团体的线下聚会，或者使用社交媒体对某些事业、品牌和组织赤裸裸地表达热爱追随之心，并号召他们的朋友也这样做。他们倾向于在特定时刻选择加入，然后再选择退出。我们不应该将这种表现与缺乏投入相混淆。相反，这是一种不同的参与方式。无论组织规模大小，这种转变所带来的影响都极为巨大。

实践中的新势力价值观

在科罗拉多州丹佛市的"所有罪人与圣徒之家"，我们看到许多新势力价值观正在付诸实践。

娜迪亚·博尔兹-韦伯牧师确实与众不同，并不是因为她遍布全身的宗教故事文身，也不是因为她和媒体打交道的高超手段以及从平民到牧师的励志故事，而是因为她在教堂集会上布道的简单理念："我们不求卓越，但求参与。"[59]

她的教堂，"所有罪人与圣徒之家"正在蓬勃发展，挤满了千禧一代。这样的年龄段显然是主流基督教竭力要实现的目标。成功的很大一部分要归功于她为了适应和拥抱新势力价值观而对自己主持的教堂进行新的组织与构建。

如果你因为这间教堂某一次礼拜而驻足，即使是第一次去教堂的人，你也会发现自己最终会加入礼拜仪式。每次礼拜仪式都由15~18名普通信众执行，但人选并不固定，谁先到教堂，谁就操持一部分工作，然后大家协作领导全体信众进行礼拜。为什么一定要这么做？博尔兹－韦伯向我们解释，它传递出一条重要信息。"这就好比告诉人们，我们马上就把圣物托付给你，完全就是因为你来了。"

让我们看看他们是如何筹划圣灰星期三和大斋节①礼拜的，这都是基督教历法中最重要的一些礼拜。博尔兹－韦伯告诉我们，主流做法是创建一个正式的治理架构："我需要8个人组成礼拜仪式委员会，也就是礼拜委员会，每月的第二个星期二都需要工作一个半小时，并且一干就是两年。"她知道，这种做法能在她的会众中吸引多少人——一个也没有。

于是他们换了一种办法，只是随机安排一些时间，看看谁会出现。然后他们让那些来教堂的人负责操办礼拜的事情。2017年，筹划圣灰星期三礼拜的教徒中有三人以前从未真正参加过这个仪式。他们的第一次礼拜就是他们共同筹办实施的礼拜仪式。

这种对日常教友之间合作的坚持是教会成功的核心。正如博尔兹－韦伯所说的，"我们并不在乎事情做得好不好，我们只在乎一起做"。这种方法甚至也用到唱赞歌上，虽然多少还是有点混乱。礼拜仪式上没有唱诗班，所有赞美诗都由参加礼拜的教徒吟唱。他们甚至以更加协作的方式进行祷告，利用谷歌群组为那些有需要的人提

---

① 圣灰星期三和大斋节（Ash Wednesday and Lent），大斋节亦称"齐斋节"，自圣灰星期三开始至复活节前的40天，在此期间进行斋戒和忏悔。圣灰星期三，大斋节首日，是日有用灰抹额表示忏悔之俗。——译者注

供建议。无论是在公共汽车上，下班后，还是在工作中，只要合适，只要他有贡献自己想法的冲动，就可以说。

教友亲切地把这间教堂简称为"家"，而它也确实与大多数主流教堂不同（博尔兹-韦伯讽刺地形容那些主流教堂的礼拜基本上是由"12岁的孩子和他们的父母"组成的）。"家"之所以经营得如此好，就是因为它增强了教众的主观能动性，实现了扁平化的等级制度，以及对多元化的快乐包容。而当很多人去传统的礼拜场所时，他们见到的则是另一番景象，安静地坐在椅子上，管事的人太多，干事的人太少，单调刻板，毫无生气。

有些人可能会对"家"不以为然，但其实博尔兹-韦伯和她的教友们正在填补一个非常大的缺口。皮尤的一份调查报告指出："在最年轻的千禧一代中……34%的人没有宗教信仰，相比之下，这样的人在'沉默的一代'中只占大约9%，在第二次世界大战时期'最伟大的一代'中仅占5%。"[60]但其实这些年轻人中的许多人表示他们信仰上帝，他们只是在旧势力体制的仪式中找不到"神"。

"家"向我们展示了新势力价值观充分运作所爆发出的巨大能量。无论这些价值观是得到了你的认同还是让你抓狂，我们都需要理解这种新势力的思维模式。在21世纪的学校、工作场所、医院甚至战场上，正在有越来越多的人接受它。而在他们接受新势力价值观的同时，他们对自身的参与和能动性也抱有越来越高的期望。

新势力罗盘

那些建立在新势力模式基础上的企业和组织并不一定会接受我们在本章诠释的新势力价值观。事实上，我们看到新旧势力模式和价值观会有很多不同的组合，反映出截然不同的生存和成功策略。使用新势力罗盘，我们可以更加清楚地认识我们这个时代许多成功的（以及一些身处困境中的）组织。

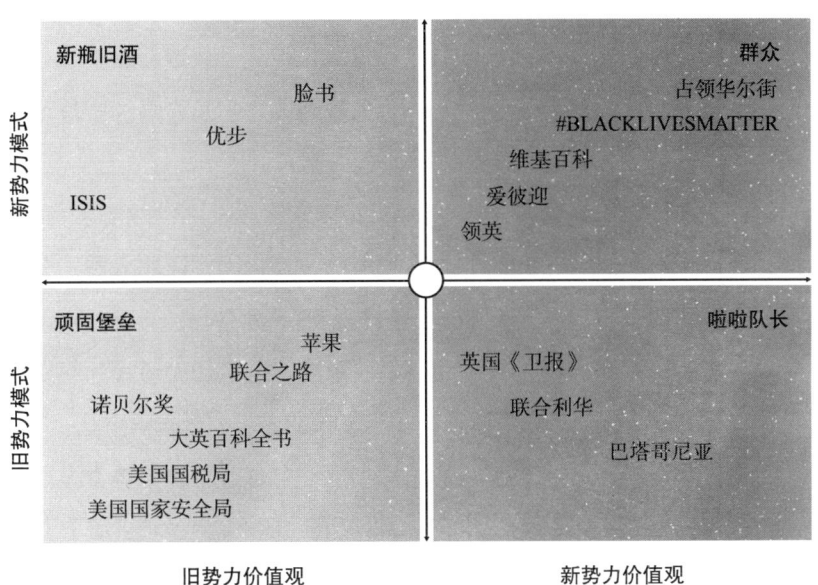

```
              新瓶旧酒                          群众
                      脸书                   占领华尔街
新              优步                          #BLACKLIVESMATTER
势                                              维基百科
力      ISIS                                    爱彼迎
模                                              领英
式   ─────────────────────┼─────────────────────
             顽固堡垒                        啦啦队长
旧                 苹果
势                联合之路              英国《卫报》
力         诺贝尔奖                       联合利华
模           大英百科全书
式           美国国税局                      巴塔哥尼亚
             美国国家安全局
              旧势力价值观              新势力价值观
                        新势力罗盘
```

横轴跟踪组织的价值观：展现的是新势力还是旧势力的价值观。纵轴考察它的模式：是一种新势力模式，其设计和结构可以鼓励大众参与和同伴协调，还是一种只要求我们服从或消费的旧势力模式。

例如，Black Lives Matter（黑人的命也是命）就有一个新势力模式：高度分权，没有组织负责人或传统意义上的领导者。但它激发了美国各地人们的协作和参与，也彰显了诸多新势力价值观：为支持者提供巨大的发展余地，帮助他们改编和丰富其信息，并且对决策制定高度透明，例如它的第一个政策平台就是几组人马松散地凑到一起制定完成的。出于所有这些原因，它正好适合"群众"这个象限。

我们还可以将爱彼迎放在同一个象限内，但距离原点比 Black Lives Matter 更近。爱彼迎的新势力模式效率之高令人惊叹[61]，房东遍布 6.5 万个城市，挂牌的房源超过 300 万套。它也倾向于新势力价值观，坚决捍卫房东的个性风格，鼓励社区的合作和自我组织，并将促进透明度和信任作为社区的核心规范。随着爱彼迎持续增长并面临监管挑战和投资者的压力，一个关键问题是它是会继续坚持这些价值观，还是会倒向旧势力的怀抱。

这个象限也有它的战略风险。以 2011 年爆发的"占领华尔街"运动为例。这场席卷全球的针对不平等的抗议运动，以其分布、分散、协作和彻底的开放成为新势力价值观和新势力模式的研究样板。然而，对不惜一切代价也要达成共识的承诺，反对任何形式的制度化，也使得整个运动做出决定或推动更具体的变革方案非常困难。

在"群众"象限之下是"啦啦队长"。它们都是奉行旧势力模式却接受新势力价值观的组织。以巴塔哥尼亚①为例，它的模式具有典型的旧势力特点——两耳不闻窗外事，一心只做夹克衫——但同时，公司又通过其他方式与消费者建立了高度协作的关系，争取他们来支持应对气候变化之类的事业，甚至攻击消费主义本身。它表现出对透明度的坚定承诺，开放有关其供应链的信息，对于制衣工人的薪资和纺织品生产对环境的影响等许多大公司希望保密的话题，也敢于披露[62]。

另一家"啦啦队长"式的机构是英国《卫报》，这是一个值得尊敬的传统媒体品牌，目前正在试图一边财务扭亏，一边重新构想未来的发展大计。《卫报》支持彻底透明的理念，连国家机密都敢于披露，也因此受到政府甚至其他一些媒体公司的严厉批评。但《卫报》

---

① 巴塔哥尼亚，世界顶级户外奢侈品牌，号称美国户外品牌中的古驰。——译者注

对于自己的问题也是一贯透明的——特别是广告收入持续下降的问题，并且一直不厌其烦地要求其读者成为"会员"，每月捐款来帮助报纸渡过难关。2017 年，《卫报》声称拥有 23 万名会员，人数甚至超过了报纸订户数量[63]。这一成绩确实令人刮目相看。现在，它从读者和会员那里赚到的钱与广告客户不相上下[64]。《卫报》一直在试验新的权力模式，要求读者直接参与其工作，比如游说比尔·盖茨剥离对化石燃料资产的投资，以及由读者和记者编辑的数据库"The Counted"[65]，记录美国所有被执法机构杀害的人。不过《卫报》只能算作"啦啦队长"而非"群众"，因为尽管它拥有新势力价值观，但仍然主要是基于"自上而下灌输"的传统媒体模式。

最熟悉，同时也是最普遍的象限就是"顽固堡垒"，里面全都是秉持旧势力价值观，奉行旧势力模式的组织。我们对它们都很了解，我们当中甚至有很多人在为它们工作，从流水线到广告宣传。美国国家安全局可能要算是一个典型的例子，它一直躲在阴影中，对大规模参与的主要兴趣在于秘密监视大众。诺贝尔奖评选委员会也属于这类组织，一小组专家每年聚会一次，关起大门决定谁是世界上最聪明的人。

一个不那么明显的"顽固堡垒"是苹果——全世界价值最高的公司之一。显然，苹果是一家技术炉火纯青的科技公司，但这并不意味着它一定是一家新势力公司。实际上，苹果奉行的是旧势力模式，通常默认的是旧势力价值观。它为狂热的消费者群体提供特别抢手的产品，而且永远摆出一副"我们最懂"的模样。在已被奉为神明的乔纳森·伊夫①领导下，在加州库比蒂诺苹果总部工作的产品设计师们整天琢磨的就是抢在我们想要什么东西之前找出我们想要

---

① 乔纳森·伊夫，曾任苹果公司首席设计官，2019 年 6 月卸任。——编者注

的东西，然后将他们的创作呈现给我们。我们唯一要做的就是消费（即使他们决定我们不再需要我们的耳机插孔，我们也一样点头买单）。苹果的商业模式也有"开放"的一面，例如它的应用商店，但即使是应用商店，也会受到苹果公司烦琐的限制和集中控制（以及压榨行为）的影响。在文化上，苹果是一个强调保密，难打交道的协作者，并以此著称。它的持续发展是一个重要的标志，说明旧势力模式仍然可以取得巨大的成功。但是大多数组织都会发现自己很难拥有苹果那样的魔力。

绕了一圈，我们以位于左上角的"新瓶旧酒"象限结束这次分析。在这个象限里，我们看到组织拥有新势力模式，但似乎奉行的又是旧势力价值观。对于每一家维基百科式的企业来说，都有一家优步或脸书式的企业相对应，前者奉行新势力模式，仍然被奉为开放和民主化的灯塔，后者则通过卓越的用户驱动的网络建立了庞大的规模，但往往默认使用旧势力价值观与用户沟通，积累财富和分享信息。我们看到，"新瓶旧酒"式的组织正在面临越来越大的压力，因为群众的眼睛是雪亮的，竞争对手也不傻，它们都开始强调这些组织传递的乌托邦理想和它们行使权力的方式并不一致。但是从很多方面来看，"新瓶旧酒"式的组织也在蓬勃发展：ISIS、白人至上主义者和其他精通网络技术的仇恨组织正在巧妙地将松散的社交媒体大军与骨子里的专制主义价值观相结合，为其所用。

上面谈到的许多组织都不是一成不变的，都在绕着罗盘移动，或者试图移动。例如，我们看到《卫报》试图通过读者参与的实验向"群众"象限靠拢。作为一个纯粹发起于民间，成长于网络的群众组织，Black Lives Matter 在其发展过程中，也开始逐渐接受更加正规化的组织架构，在全美各地设置了许多分支机构，整合其工作，重申其最初的承诺，即让边缘化的声音也能传递到运动的中心。

从通用电气到联合利华，许多旧势力公司近年来已经发生重大变化，试图使其业务实践和内部文化与新势力思维方方面面保持一致。但是，越要从根本上实现业务模式的转型，难度也就越大。例如，开放式创新就常常止步于企业转型的外围，无法成为企业转型的核心内容。不过，我们会在本书中聊一聊那些完成龙门一跃的旧势力公司，并告诉你它们是如何做到的（在这个过程中，你将了解成人乐高粉丝是怎么一回事，除非你已经是乐高粉丝）。

同样，已经品尝到成功的喜悦，积累了庞大粉丝队伍的新势力运动和模式也面临艰难的选择，要不要继续坚持创始之初对新势力价值观的承诺，要不要摒弃新势力商业模式，回归传统。在新旧势力相互碰撞、竞争和融合的世界中，大家都在变。所有组织都需要考虑它们在这个罗盘上的位置，未来几年应该移动到哪里，以及将如何到达那里。

无论是向右上方高速前进，还是缓慢而战略性地突破"顽固堡垒"的束缚，我们现在都需要了解并能够运用一套全新的新势力技能。本书重点探讨的，正是这些新的能力及其对我们日常工作、娱乐和社会生活的影响。

ates # 3 创意传播的 ACE 原则

去英国酒吧喝过酒的人，肯定都记得一个大概叫"一仰脖儿，点谁喝"的游戏。游戏是这么玩儿的：你要一口气喝下一品脱啤酒（这个过程叫"一仰脖儿"），并且录像为证，接下来你要点名让某人也照此办理，最后在网上分享视频。你点名的那位再把这个过程重新来一遍。一仰脖儿，点谁喝，一轮接一轮，直到人们酩酊大醉。

2008年，"一仰脖儿，点谁喝"这个游戏曾在学生中间风靡一时，但它真正流行起来还要等到2012年11月。当时，一位名叫威尔·格林的绅士拿着酒从酒吧里出来，玩儿了一出特别无厘头的转折。他去敲附近一户丝毫不明就里的人家的门，一直等到对方开门，然后当着对方的面一仰脖儿喝干了自己的啤酒。视频结束时，开门的女士克制而又不失礼貌地问："你是谁？"格林得胜而回[66]。

在大西洋的另一边，2014年3月，杰茜卡·莱戈还没等到完成她所谓的"24小时冷水挑战"就被自己的一个孩子推下了码头。因为她花了太多时间去指名一大堆朋友接受挑战，所以等得不耐烦的宝宝们只好出手相助。在YouTube上发布的视频中，她引导人们去支持她所关心的事业：马塞利之梦，这是一个派往非洲的福音派传教团[67]。

那年5月，"冷水挑战"又在肯塔基州的列克星敦突然冒了出来。但这次的玩法又有所不同，消防员要用他们的消防水龙头把人们浇湿，借此换取捐款来支持一位身患癌症的同事。这项活动在当地一炮而红[68]。到6月，游戏规则已经形成。肯塔基州知名慈善博客KYForward上的一篇文章具体解释如下：（1）"被点名"之后，每个人都有 24 个小时接受冷水挑战；（2）他们必须向乔·维辛医疗基金捐款 10 美元；（3）接受挑战的人必须依次点名另外三人接受挑战；（4）鼓励那些选择不接受挑战的人捐赠 100 美元作为罚款[69]。

从学生到妈妈再到消防员，接下来轮到高尔夫球手上场了。盛夏酷暑中，这个游戏开始在一群不苟言笑的高尔夫球手中间流行开来，当然，他们又搞了一点新花样。他们称之为"冰桶挑战"，用通常冷却饮料的冰桶代替啤酒杯或湖水或消防水龙头，把水倒在自己头上。

7 月 15 日，这个游戏仿佛击鼓传花一般落到半职业高尔夫球选手克里斯·肯尼迪戴着手套的双手上，他的冰桶挑战有了一个新的捐款受益人——ALS 协会，一个致力于根除"渐冻症"的慈善组织，而恰好克里斯的某位亲属得了这种病。这是值得在慈善史上大书一笔的时刻，因为这是冰桶挑战第一次和 ALS 挂上了钩[70]。但真正让冰桶挑战一发不可收拾的，还要归功于两周以后皮特·弗雷茨的挑战，这位退役的波士顿棒球运动员也是一位 ALS 患者，他发布了自己冰桶挑战的视频，还配上了白人说唱歌手香草冰的单曲《冰冰宝贝》[71]。

剩下的故事你应该就都很熟悉了，你甚至可能还能感到那年夏天你的社交媒体完全被冰桶挑战支配的一丝愠怒。从弗雷茨在波士顿发出的挑战开始，冰桶游戏风靡全球，社会名流、政治家、体育明星和普通百姓纷纷加入其中，从奥普拉到马克·扎克伯格再到 102 岁的英国老爷爷杰克·雷诺兹。已经四代同堂的杰克·雷诺兹是接受挑战年龄最大的人。"非常冷！简直是彻骨寒冷！尤其是我只穿了一条米字旗的拳击短裤！"雷诺兹评论道，"但几位可爱的女士再加上一条温暖的毛巾和一杯威雀威士忌很快就让我暖和过来了！"[72]（对于英国人来说，似乎所有游戏都能来上一杯。）

从 6 月 1 日到 9 月 1 日，仅脸书上就有总计 1700 多万条与冰桶挑战有关的视频，有逾 4.4 亿用户观看超过 100 亿次。ALS 协会整个夏天最终筹集了 1.15 亿美元，是全年预算的 4 倍多[73]。

对 ALS 协会来说，2014 年是"魔音（模因）传遍全世界"的一年。但是仅仅几个月之前，它还是一个相对默默无闻、发展平平淡淡的组织。协会的年报表示稳步前进，没有什么特别之处。协会发行了三集关于呼吸护理的 DVD 系列片，通过平面和网络媒体组织的退伍军人节"认识 ALS"宣传活动，收到了 50 封回信。而"ALS 宣传月"活动使网站流量增加了"183%"[74]。但是接下来，拜数百万人的反复努力所赐，ALS 协会成为新势力巨大浪潮造就的幸运儿，没有精心策划，纯属天上掉馅饼。

不管你喜欢它还是讨厌它，冰桶挑战已经成为一种现象，从中我们可以知道对我们这个时代非常重要的一些事。这场运动如何发展到这么大规模，又为什么能发展到这么大规模，一旦解开个中奥秘，我们就能明白如何让思想——好的、坏的、美的、丑的——在新势力的世界广为传播。

金句和热梗的巨大差异

在旧势力的工具箱中，我们的锤子和扳手是铿锵有力的口号和名言。充当媒体主力军的先是广播，后来是电视，所以人们对那些精雕细琢、脍炙人口的金句推崇备至："我们将在海滩上与他们作战"①，

---

① We shall fight them on the beaches 出自温斯顿·丘吉尔 1940 年 6 月 4 日的下院演说。——译者注

"给我听好了：不再加税"①，"Just do it"，"任务完成"②，"牛肉在哪里？"③。这些信息是为"自上而下灌输"而设计的，通过数量有限但功能强大的中间媒介向大众传播，而这些中间媒介则成为连接庞大的受众群体与想要对其进行宣传的机构和品牌的关键纽带。

那个时代的惊人之处在于，我们能够分享的文化体验少得可怜。大多数人看的都是同样的几个电视节目，读的也是同一类报纸。如果你有机会进入或者有权利用主流媒体或者有钱付费做广告，那么你就会成为极少数能够真正左右这种文化的人之一。如果没有这种权限，你的思想充其量也就跑个龙套，当个点缀。在这种情况下，旧势力传媒公司能够攫取巨大的利润。

新媒体的崛起改变了这一切。组织和个人开始绕过大媒体，讲述自己的故事。受众开始碎片化。宣传的大路条条通畅，不必非要通向麦迪逊大道或当地报纸的办公室。不过，虽然媒体在变，但信息的传递却还是老样子。组织依靠的仍然是驾轻就熟的旧势力模式。故事继续"自上而下灌输"给观众，只不过现在也学会了通过公司博客发布或推特推送，不再是简单地发一篇新闻稿或在《财富》杂志上做一版

---

① Read my lips: no new tax 出自老布什 1988 年 8 月 18 日接受共和党总统候选人提名后的演说。这番话对于他当选总统起了很大作用，但他在任内未能信守不加税的诺言，结果这句话又成为公众嘲讽政客不守承诺的讽刺语。——译者注

② Mission accomplished 这句话出现的场合比较多，如即时战略游戏经典之作《红色警戒》在每次成功过关之后以此为结束语，还有汤姆·克鲁斯主演的《碟中谍》第四部的台词等。——译者注

③ Where is the beef？出自 1984 年美国快餐连锁企业温迪制作的商业广告。片中，由著名影星克拉拉·佩乐扮演一位有点斤斤计较的老太太，面对一个很大的汉堡包笑逐颜开，但打开后发现里面的肉饼很小。老太太很不开心，喊了一句："牛肉在哪里？"温迪这个广告意在讽刺麦当劳出品的汉堡包名不符实，没有向消费者提供足量肉饼，但播出后这句话不胫而走，竟然成为全美流行的口头禅。——译者注

跨页软文报道。"精心打磨然后一炮而红"仍然是主流方式。

事实上，像脸书和推特这样的平台在很大程度上仍然依赖于传统的广告方式。企业要花钱才能偷偷了解你在关心什么（你浏览的新闻或你想观看的视频），然后想办法让你关注它们的产品或创意。与电视广告相比，这种做法当然更加不易为人所察觉，而且肯定也更有针对性，但两种模式在本质上基本还是一样的。即使是大肆吹捧的"原生广告"，就是让在线广告信息看起来像是真正的报道内容一样，其实也是换汤不换药，只不过这种软文广告和植入广告能够被新一代受众接受罢了。

总还是有一些新气象，而且规模还不小，我们通过冰桶挑战也看到了这一点。不仅如此，我们对于思想传播的思考也在发生变化。现在的工作不是简单地创造几句能够叫得响的金句，而是要创造我们所说的能够形成涟漪的热梗——不管是图像还是短语，能够在各种媒体形式上传播。不仅要在设计上考虑"横向传播"，而且要能通过同等社区的不断加工、分享和定制，变得更加有生命力，远远超出热梗创作者的控制。冰桶挑战的流行，不是因为它本身的内容有多完美，像耐克的口号"Just do it"那样有感染力，而是因为它创造了一个引人注目的环境，全世界的人都能在这个环境里播下行动的种子，让它发展壮大。将一个行动的蓝图，滴入快速运动的思想信息流中，就像水中的涟漪那样，能够向任何一个方向展开行动，能够以任何一种形式展开行动。

从"为黏性而生"到"为扩散而生"

在"精心打磨然后一炮而红"的时代，营销活动必须设计得马上就能让人记住。在奇普·希思和丹·希思兄弟合著的精彩畅销书《让创意更有黏性》中，二人详细解释了"黏性"的概念，分析了某些想法为什么能"黏"在我们的脑子里[75]。他们举了很多例子，从肯尼迪总统的"人类登月"演讲，到游客醒来发现少了一个肾的城市传奇，以及杰瑞德代言的商业广告，这位仁兄硬是靠吃赛百味的三明治减掉了一半的体重（不过赛百味现在肯定巴不得和他划清界限，不要那么黏才好）。

通过分析这些例子的共性，希思兄弟认为，如果某个创意有黏性，那么它就一定具备以下6种品质。

- 简单（Simple）——简明扼要是关键。
- 意外（Unexpected）——出人意料，刺激你去了解更多。
- 具体（Concrete）——为人们描绘一幅清晰的心理图像。
- 可信（Credible）——使用统计数据、专家现身说法等。
- 情感（Emotional）——打动人心，唤醒内心深处的人性。
- 故事（Stories）——带你了解事情的经过，帮助你分析某个现有问题可能会如何变化。

最后一个S没有任何含义，但他们无论如何都得留下它，因为SUCCES是一个由首字母组成的缩略词，黏性比不上SUCCESS（成功）。这本书对于想要了解创意如何吸引人们的注意，如何在人们脑海中产生共鸣的人很有用，介绍的都是一些在让创意脱颖而出方面屡试不爽的经验之谈。

但是，新势力的兴起也要求我们考虑一些新的原则。我们搞明白了如何"让它有黏性"，但是在一个躁动参与的世界里，信息泛滥，我们如何"扩散"？当人们不再满足于简单地消费创意，而是越来越期望面对一个无限大的潜在受众，对这些创意进行构思、调整和传播时，又有哪些因素能够帮助创意在21世纪胜出？

有希思兄弟珠玉在前，我们斗胆效颦，在 SUCCESS 前面再加上一个 ACE，作为当今许多最成功的创意和宣传策略的经验总结。ACE 代表三个设计原则，它们是让创意在新势力世界中广为扩散的关键。

- 可行动性（Actionable）——创意的目的是让你去做点什么，不仅仅是欣赏、记忆和消费。它的本质是呼吁采取行动，从分享做起，但往往还要走得更远。
- 可连通性（Connected）——创意要能促进你与关心的人或拥有相同价值观的人建立相互对等的联系。可以相互连通的创意会让你拉近与其他人的距离，让你加入志同道合的伙伴群体，或是感觉成为其中的一部分。这样才能引发一种网络效应，将创意进一步传播扩散。
- 可扩展性（Extensible）——创意要能很容易地由参与者自定义、二次加工和塑造。在结构上，它要有一个共同的主干，但同时也要鼓励各色人等对它进行改变和扩展。

我们可以看到，这些特点在冰桶挑战中表现得非常充分。

首先，冰桶挑战显然具有几个方面的"可行动性"。当然，它要求你捐款。但那不是核心行动，甚至都不是主要成果。参与挑战的人要多于捐款给 ALS 的人（而这一点正是冰桶挑战最受人诟病而且无力反驳的地方）。它要求你制作视频并分享。它要求你提名你的朋友参与。它要求你点赞、分享和评论别人的帖子。

其次，冰桶挑战至少在三个层面上具有可连通性。第一（可能也是最重要的一个层面），它通过分享和提名将你与自己最亲近、最直接的伙伴群体联系起来。提出这样的倡议，也就意味着赋予了别人我们称之为"允许推广"的权力，而且并不局限于普通人，还包括名人。冰桶挑战提供了一种完美的方式，让比尔·盖茨这样一类严肃而强势的人物在广大受众面前成功塑造了亲民人性的一面，也让那些年轻的 YouTube 网红有了新的借口，可以穿着比基尼或泳裤在粉丝面前大秀特秀。第二，冰桶挑战把普通人与参与其中的名人联系在一起，不管是穿着皮制捆绑装的 Lady Gaga，还是只穿一条裤衩站在游艇甲板上的 NBA 球星勒布朗·詹姆斯，你都可以找个理由，挑个时间和他们分享互动。第三，冰桶挑战邀请你加入一个新的全球"朋友圈"，大家出于支持 ALS 的目的集结在一起，它要求你为更大的"大我"做出贡献。ALS"积德行善"的因素只是背景和声，你才是那位摇滚明星，你的朋友给你伴奏，你的社交网络就是你的观众。

最后，冰桶挑战具有可扩展性，因为每一次冰桶挑战行动都是独一无二的，每个视频都有自己的观众，都是定制的、个性化的。旧时代那种"精心打磨然后一炮而红"的策略，在这个世界完全行不通。冰桶挑战的潜力很大，人们可以不断进行微调改动，可以充分展现个性风采，参与其中的每个人不仅是参与者，更成为新的创造者。来自印度海德拉巴的记者曼朱·拉莎·卡兰尼迪将冰桶挑战变成了米桶挑战[76]。《星际迷航》的大明星帕特里克·斯图尔特则分享了自己的一份优雅[77]。在一段无言的视频中，他写了一张支票，然后用冰钳从冰桶中挑出两个冰块放进平底玻璃杯，倒入一点单麦芽威士忌，慢斟啜饮。冰桶挑战正是这样一杯完美混合的情感鸡尾酒：它让人心生共鸣，因为大家都在为同一项社会事业而努力，但它也让人感觉不同，每段视频都体现了创作者和网络的能动性。

在近年来许多创意传播的成功案例中，都能找到可行动性、可连通性和可扩展性这三大原则的身影，无论是初创公司、品牌投资、广告活动，还是（我们将在本章最后读到的）恐怖主义。

A 代表"可行动性"

BuzzFeed 的大名，在今天早已尽人皆知。它的一个小测试"你实际应该住在哪个城市"[78]有1400万人作答，一条裙子是金色还是蓝色又引来数百万人参与争论[79]，而像"灵活17倍的双关节①人士可以玩儿得更大"[80]或"有史以来100个最地道的澳大利亚用词"这样的文章更是得到众多读者的转发分享。吃货们都聚集在 Tasty（美味）的招牌下[81]，这是 BuzzFeed 在脸书社区专门建立的美食账号，吸引了 8500 多万个关注。喜欢尝试新东西的人则会使用 BuzzFeed 提供的社区创建内容平台，给自己拉一份 BuzzFeed 风格的清单体文章。还有些人甚至已经把 BuzzFeed 屡获新闻大奖的报道读了个遍，不管是总统政治的深度分析，还是变性女人的人生故事，而 BuzzFeed 在轻量级内容上取得的成功，也推动公司更加支持重量级新闻的报道。

其实，刚开始的时候，BuzzFeed 在很多人眼里就是个笑话——特别是当权派，但现在大家都已经笑不出来了。BuzzFeed 的市值高达 15 亿美元以上，被《快公司》评选为最具创新力的公司之一，这也让它名声大振，成为"媒体世界的羡慕嫉妒恨"[82]。

BuzzFeed 成功的核心在于它想让它的读者有所行动。换句话说，它的主要目标不是让自己的内容被阅读，而是被分享。正如其主编本·史密斯所说：

> 如果你的目标——就像 BuzzFeed 的目标——是为读者提供特别新鲜、有趣、有启发性或令人愉快的一些东西，让他们感

---

① "双关节"是指关节过度活动，可以做到常人无法做到的动作，更多表演参见原文链接。——译者注

到不分享都不行，那你做的工作就必须能够兑现这一首要目标，以及其他目标。这是一个非常高的标准。喜欢阅读是一回事，而主动选择与朋友分享是另一回事。这是分享的核心，也是脸书、推特、Pinterest 以及其他社交网络平台的核心。[83]

人们很容易把这项工作当成微不足道的事，从很多方面来说，它也确实是小事一桩。但是 BuzzFeed 以极其严肃认真的态度对待它并赢得了胜利。公司通过数据驱动的分析来了解受众，研究怎样让读者点击内容以及刺激他们。成功的奥秘就在于此。

老牌媒体也开始慢慢醒悟过来。2013 年，《纽约时报》制作的最受欢迎的单条内容并非开创性的调查性新闻，而是一个由 25 个问题组成的小测验，让读者可以绘制他们自己的"个人方言地图"[84]，找出美国哪个地方的人使用的语言和短语与读者自己使用的最相近。

BuzzFeed 对行动的推动力，可以与《经济学人》的经营理念比较一番。作为全球历史最悠久、最受尊敬的媒体品牌之一，《经济学人》自有其生存之道。正如经济学人集团媒体业务总裁保罗·罗西所说，"我们希望让你的头脑创造价值"[85]。这一理念践行至今，让它获得了巨大的影响力，经济学人集团制作的内容现在已经成为各国元首和行业领袖的每周必读之作。诸如"看过这些图片，你不说'我靠'就算我输"[86]这一类标题，《经济学人》是宁死也不屑于刊载的。

不过，要说像《经济学人》这样的老牌媒体一点儿也不需要掌握曾让 BuzzFeed 大获成功的一些技巧，也很难说得通。《经济学人》成立时是一个运动组织，1843 年为废除英国《玉米法》而创建，在各个历史时期一些重大文化和政治问题上一直敢为人先，冲锋在前。例如，早在 20 世纪 90 年代中期，就在同性婚姻还被认为是一种"奇怪而激进的"[87]观点的时代（连《经济学人》的编辑们也不否认这一点），这份杂志就给予同性婚姻以原则性支持，帮助其进一步获得主流合法性。

在一个事实本身也会在公开辩论中受到明目张胆的挑战的时代，为了维持自己的地位和影响力，像《经济学人》这样的老牌媒体必须严肃认真地思考一个问题，即应该如何围绕杂志所珍视的原则，吸引和构建自己的读者群（在本书后面的章节中，我们将讲述荷兰媒体《记者》的故事，它的经历为扎根于严肃新闻报道的媒体如何发动读者组建社区提供了教科书般的经典案例）。

创造具有可行动性的创意，只增加"点赞"量可不算大功告成。它要求组织去思考和研究，怎样才能把社区的行动嵌入传播架构。这是一个理念问题，不是技术问题，其核心原则是你的社区成员不能只是简单地消费或附和，而是要能做更多的事情。

C 代表"可连通性"

2016 年，脸书被指控影响了当年美国总统大选的结果，但其实这已经不是它第一次用算法左右政局走向了。

早在 2010 年，脸书就曾启动一项实验，以测试其平台是否有助于政治动员。它在美国国会选举前发送了 6100 万条信息，并将接收信息的人分为三组[88]。

第一组收到的是一条"信息性"信息，其中包括他们可以去哪里投票的信息，一些鼓励投票的话语，以及一个"我已投票"的按钮供他们点击。我们可以把这些人视为"公示"组。

另一组完全没有收到任何信息。我们称这帮人为对照组。

大多数人收到的是"社交性"信息，内容与"公示"组的一样，但有一个很大的区别。"社交性"信息在收件人的脸书朋友圈里随机挑选了已经点击"我已投票"按钮的人，并将不超过6个人的个人资料图片显示给收件人。

加利福尼亚大学圣迭戈分校的研究人员与脸书的数据科学团队合作，将在线行动与公开记录进行比较，以便了解用户收到（或未收到）某一条信息是否会影响该用户的投票。他们的研究成果后来发表在《自然》杂志上[89]。

他们的第一个惊人成果是，公示组的投票率与对照组相同。即便使用了很多人认为可能是全球最昂贵的数字广告空间（推送新闻的置顶位置）投放信息，并且提供了可以操作的"我已投票"按钮，公示组的投票人数仍然与没有收到任何信息的对照组无显著差异。这项发现对那些在"金句"模式下运行的组织来说意义深远。吸睛式操作的极限也就是这个水平了。

第二个结论来自公示组和社交组之间的动员能力差异。只不过增加了已投票的用户朋友的照片，就导致了非常不同的结果。社交组成员点击"我已投票"按钮的可能性增加了2%，而研究人员估计这条社交信息可以使投票人数增加6万。这是第一个证明网络世界可以"大规模影响重大现实世界行为"的研究。

第三个结论来自对那些不属于上述任何群组，但在他们的新闻推送中看到自己的朋友按下"我已投票"按钮的人的研究。研究人员发现，这些受到"间接"影响的用户中有2.8万人投票。这一组人投票的可能性是那些没有看到任何东西的人的4倍。

科学家总结说，脸书的实验可以导致选民投票率增加，数量之大令人不容小觑。因此，在一场竞争激烈、难分伯仲的竞选中，脸书可能会发挥决定胜败的作用。而且这些人出来投票不是因为受到了候选人的强迫，也不是因为听从了推送新闻置顶广告的叮嘱，而是因为他们看到自己的朋友去投票了，所以他们也要去。

当我们思考应该如何在 21 世纪传播思想时，实验清楚地表明它们是横向传播的。如果通过设计可以在小范围的朋友圈里传递，那么一项重要的创意还会变得更加强大。麻省理工学院的亚历克斯·潘特兰在他的《社交物理学》一书中详细介绍了脸书的投票实验，他告诉我们："如果一种创意得到社区的认可和接受，人们的行为实际上就会开始改变，如果得不到，那就很少会改变。"[90]

这就是思想的"连通"非常重要的原因所在。今天，蜻蜓点水式地让一大批人听你讲话，哪怕人再多，也未必能引起共鸣。最能引起共鸣的，反而是那些在同龄人中广为传播的有关归属感和身份认同的个性化表达。正如 BuzzFeed 前总裁乔恩·斯坦伯格和杰克·克劳切克在《广告时代》中指出的那样："我们的数据表明，即使是病毒传播级别的在线共享，也是通过很多小团体实现的，光靠少数几个大 V 的孤帖或是推送根本办不到。虽然大 V 们可能接触到广泛的受众，但其影响是短暂的。只有当内容的传播超出特定的影响范围，通过……人们与朋友的分享而在整个社交网络传播时，内容才会实现病毒式传播。"[91] 好消息是什么？你对朋友们的影响可能要比网红金·卡戴珊大得多！

如果个人和同伴的际遇与某种更崇高的信念或哲理挂上了钩，"连通"的作用还会更强烈，影响也会更广泛。《人在纽约》的大受欢迎正是这一效应的结果[92]。这是一部由同名博客改编而成的畅销书，作者是街头摄影师布兰登·斯坦顿。从 2010 年开始，斯坦顿在博客上发布普通市民的抓拍肖像照，附以他与拍摄对象短暂交谈的片语亮点。照片内容的范围很广，既有温馨的普通一刻——母亲和儿子坐在长凳上，文字说明是"我们正在谈论每天洗澡有多重要"[93]，也有让人伤感的一幕—— 一位愁容满面的女性，下面写着几行字："我和妈妈还有舅舅们一起生活。我们 12 个人住在一个房子里。每个人都要做出牺牲,才能供我上大学。"

在追名逐利的浮华世界中,《人在纽约》仍然在传达一份坚持与信念:人虽蝼蚁,命非草芥。斯坦顿的人像摄影就是写给蝼蚁人生的"情书"。

这些"情书"获得了广泛的分享。斯坦顿在脸书上拥有 1700 万个关注,随着时间的推移,他的拥趸相互之间慢慢产生了一种社区的归属感[94]。他提供的每张照片都为他们提供了一些真正有价值的东西,日复一日地展现着共同的人性光辉。无论对他点赞、点评、分享还是加关注,都只需要几秒就可以完成,然而这却是一种强有力的方式,能够让人们向身边的同类发出这样的信号——"人人爱我,我爱人人"。

E 代表"可扩展性"

2012 年,一家老机构萌生了一个新想法。"92 大街 Y"(92nd Street Y,以下简称"92Y")是纽约一家已有 144 年历史的老牌文化机构,拥有数百名员工,负责管理数千个本地项目。在这里工作的亨利和他的同事们发起了 #GivingTuesday(感恩星期二)的慈善活动,旨在鼓励人们经过"黑色星期五"和"剁手星期一"的疯狂消费之后,留出一天时间做些捐赠的善事。他们的目标是在感恩节假期购物季期间打造一个"开放日",让人们在血拼购物之余也为利他精神留出一天。这是一个引发涟漪的典型热梗行动:亨利和他的团队在全社会播撒创意的种子,建立网站,为想要开展活动的组织提供一些工具和技巧,然后放手让群众把事情做起来。

在前 5 年,"感恩星期二"激发了无数民众积极开展和参与义务献血、衣物捐助、志愿者活动以及公民革新运动,为非营利组织募集了数亿美元的捐款。2015 年，贝宝（PayPal）甚至创造了 24 小时内在线募捐资金的吉尼斯世界纪录[95]。公民科技思想家、公民市政厅（Civic Hall）联合创始人米卡·西弗里这样形容道："可以说，它已成为 10 年来最成功的公民科技文化黑客。"[96]

对于"感恩星期二"这样的创意，旧势力的操作方式一定需要 92Y 严密控制，高度负责。可能也有参与的办法，但每个人都必须确保在每次提及活动的时候为 92Y 表表功，说些赞许的话。

但"感恩星期二"是一个新势力的创意，本来就是可以扩展的创意。也就是说，让人们接受它，继续推动它发展，并衍生和变化出新的形式。因此，当密歇根大学决定将 #GivingTuesday 变身为 #GivingBlueDay（感恩蓝色时光①），以便更能激发校友们对母校的感情时，92Y 不但没有制止，反而把这种做法视为创意成功的标志。而在旧势力的世界中，这样的挪用可能马上就会导致主办方给律师打电话。"悬崖勒马，停止侵权，"他们会惊呼，"我们的品牌完整性正受到威胁！"但 92Y 的团队知道，通过对 #GivingTuesday 的改动，密歇根大学增加了对慈善捐赠活动的参与和投入。这是对整个项目的推动，而不是威胁。

这种方法得到了回报。#GivingBlueDay 成为密歇根大学有史以来第一个在线筹款日。它雄心勃勃地设定了 100 万美元的筹款目标，结果第一年就筹集了 320 万美元，第二年筹集了 430 万美元，第三年筹集了 540 万美元[97]。而密歇根大学并不是唯一一家对"感恩星期二"这个品牌做出调整以使其能够更清楚地表达其诉求的机构。一个名叫"穿出成功"（Dress for Success）的组织将 #GivingTuesday 化身为 #GivingShoesDay（感恩鞋日），现在已经为重返工作场所的贫

---

① 蓝色和黄色是密歇根大学的校色，学校的口号就是"Go Blue"。——译者注

困女性募集到了数千双女鞋的捐赠[98]。还有一个 #GivingZooDay（感恩动物园日），美国各地的动物园联合起来展示它们对当地社区的贡献[99]。

后来，人们连活动的架子都彻底改变了，只保留其精髓。这时，事情就变得更加有趣了。巴尔的摩的社区联手推出了 #BMoreGivesMore（巴尔的摩捐更多），这是一个 #GivingTuesday 式的活动，其目标是宣传这座城市为"美国最慷慨的城市"。从当地比萨店到大企业，人人出力，个个争先。它们一起为当地慈善机构筹集了超过500万美元的善款[100]。

在世界的另一边，巴西大城市索罗卡巴的市政管理层听说巴尔的摩的活动大获成功，于是也组织了自己的捐赠活动，称之为"Doa Sorocaba"[101]。除了捐钱，索罗卡巴的社区工作者也走上街头，组织献血、提供免费食物、捐赠图书等活动，用巴西特色复制了巴尔的摩的成功。

随着运动向全球扩散——现在已有近百个国家参与其中——这一创意的形式也有了更多变化。在南美洲，#GivingTuesday 化身为 #UnDiaParaDar（感恩一日）[102]。新加坡将 #GivingTuesday 改造为 #GivingWeek（感恩周）[103]。而在俄罗斯，它是 #щедрыйвторник[104]。

所有这些延伸和衍变让这场运动的声势日渐浩大。在世界各地，人们在同一时刻做着同一件事，怀抱着同一个目的，只不过活动的理念可以进行调整，以适应当地文化。这样一种形式所激发的主人翁责任感和共鸣，是严格的特许经营模式永远不可能达到的。

通常，最具可扩展性的创意感觉并不完美，也不完整，但如果创意让人感觉"不可冒犯"或者雕琢过度，反而会让其他人感觉很难驾驭它，或很难让它成为自己的东西。

墨西哥食品连锁品牌塔可钟为可扩展创意提供了一个屡获殊荣

的范例。为了纪念2016年的五月五日节（Cinco de Mayo），塔可钟在Snapchat上推出了一款特制滤镜，可以把人们的头像变成巨型墨西哥卷饼，还能在上面浇上辣酱。一天之内，这款新滤镜就获得2.24亿次观看，成为Snapchat有史以来最受欢迎的滤镜[105]。

许多人会嗤之以鼻，但这样一种参与令黄金时段电视节目传统广告位的广告效果相形见绌。那个坐在沙发上吃薯片的家伙，可能会也可能不会注意他面前的电视机，对着他以及同一家有线电视服务商服务的其他观众哇啦哇啦传递的广告信息，因为他正不耐烦地等待他最喜欢的节目。但是把脑袋变成墨西哥卷饼的Snapchat网友们却与塔可钟这个品牌展开了积极的互动。《广告周刊》报道称："用户玩这款塔可钟广告游戏的平均时间是24秒，然后再尽快发送出去。"[106] 最重要的是，用户将品牌的信息也扩散给他的朋友，而且由于双方是朋友，这样的扩散是值得信赖的、有影响力的。

对于ACE创意，病毒式传播不仅仅是一种爆炸性的分享。它允许信息的每个载体都添加一个突变，使之在自己的朋友圈里更具传染性。人们现在对"运动"说得挺多的，但如果"运动"在动起来的时候没有你的参与，那它就真的只是一种运动了。

创意之战

"冰桶挑战"的一个意想不到的结果是，它导致了慈善募捐的旧势力前辈——"马拉松电视慈善秀"的终结。肌肉萎缩症协会（MDA）的马拉松电视慈善秀于1956年开播，由迪恩·马丁和杰瑞·刘易斯两人一手打造，但现在这档节目已被全世界数百万人厌弃，观众不再满足于面对名人提问那种巴甫洛夫条件反射式的回答。

"结束我们心爱的电视马拉松，这个决定并不那么容易。"肌肉萎缩症协会前总裁兼首席执行官史蒂文·M. 德克斯说，"在过去的几年中，节目进行了调整，以求适应观众和捐赠模式的变化，但是去年夏天的冰桶挑战再次向我们证明了一点，今天的患者家庭、捐赠者和赞助商正在期待着我们以新的、创造性和内生性的方式来支持我们的使命。"[107]

马拉松电视慈善秀的模式也有可行动性，但它的可行动性是建立在一个非常基本的层面上，就是需要人们打电话进来，而且它的可连通性不是特别强，可扩展性则根本没有。观众打电话捐款，心里希望某个名人可能接听电话，这样的连通意义不大，也缺乏个人对个人的那种平等互动，并且只有打电话这一种方式可以参与进来。

不过，马拉松电视慈善秀肯定也实现了旧势力模式下慈善募捐活动的设计初衷。60多年来，它为肌肉萎缩症协会带来了稳定可靠的资金流，增强了社会和公众对这种病的认识。相比之下，冰桶挑战的所有"创造性和内生性"元素在马拉松电视慈善秀模式中几乎看不到，事实证明也不那么可靠。ALS 协会第二轮冰桶挑战的筹款就从 2014 年 8 月如激流飞瀑一般的 7970 万美元一下子减少到 2015 年 8 月 50 万美元的涓涓细流[108]。

凡是老板或董事会向员工发出命令，要求"我们也要有自己的冰桶挑战"的组织，有一个算一个，全属于没搞清重点。领导者可以做的，是将 ACE 原则融入他们的所有工作，培养坚持不懈推进这项工作的能力，而不是祈祷天上掉馅饼，一夜变富翁。

ISIS 的 ACE 宣传

"有时候，不如干脆放下一切，只是呼吸。"[109]

具有很强抚慰感的白色大写印刷体文字叠加在一架飞机在落日中起飞的经过滤镜处理的照片上，这是乌姆·蕾丝在她颇受欢迎的汤博乐博客上贴出的几个表情包之一。

对于经常浏览博客的人来说，这种帖子的味道再熟悉不过了。大多数年轻女性喜欢在她们的社交媒体账户中放一些暧昧闷骚的表情包，但乌姆·蕾丝不一样，她的表达非常直白。在各种蠢萌搞怪的表情符号、五颜六色的街头照片和 GIF 动图背后，乌姆·蕾丝的首要目的是恳求她的读者打点行装，登上飞机，远走高飞，投奔 ISIS。她的成功使我们清醒地意识到，ACE 创意传播影响的绝不仅仅是资金筹集或产品更新。

我们在本书一开始就提到过乌姆·蕾丝，人们普遍认为这个名字是阿克萨·马哈茂德的网名。马哈茂德是一位年轻的苏格兰女孩，2013 年 11 月从格拉斯哥离家出走，当时她只有 19 岁。她的父母怎么也想不到，一个外表和善，就读名校的学生，居然进行了一次"大迁徙"，投奔了叙利亚的 ISIS。马哈茂德在她自己的汤博乐博客里反复说明了这个问题。她解释说，"大迁徙"这个词的意思，是"脱离或放弃"一个非伊斯兰的地方，投奔"现在存在伊斯兰的地方"。2014 年 8 月，她在博客上转发了一条来自 @Bintladen 的推文："8 个月以来的第一次，你和你的大迁徙伙伴分开了。"加了一个皱眉的表情符。

马哈茂德被称为"ISIS 海报女郎"[110]，她的汤博乐博客和推特账户（现在已被封号）大受欢迎，说明 ISIS 熟练掌握了 21 世纪的通信工具和宣传策略。而且几乎可以肯定，她不是一个人在战斗，有一大群所谓的"'圣战'新娘"[111]巧妙地利用汤博乐和推特的套路，定期为可能招募的其他女孩子提供建议和指导，甚至包括提供进行大迁徙的行装清单示例，连最细枝末节的内容都想到了。

她在推特上向战士们送上个人的鼓励："效仿伍尔维奇、得克萨斯和波士顿等地兄弟们的榜样。不要恐惧，因为真主……与信徒永远在一起。"[112]

马哈茂德和其他人还使用一个名为 Surespot 的加密在线信息应用来培训潜在的英国新兵，正如《每日纪事报》报道的那样，"从叙利亚发出秘密建议"[113]。

通过直接与同龄人沟通，马哈茂德和与她类似的一批人帮助 ISIS 建立了一个巨大的粉丝团，让那些响应其暴力召唤的人感觉会在这个新家庭中找到归属感和支持感。但谁都很难做到把家人完全弃之脑后，这时，马哈茂德就会特别心机地对那些她想要招募的人表示同情，用充满感情、很容易引起共鸣的文字，回忆当年离家出走是多么艰难。

"一旦你越过边界，你打的第一个电话会成为你将要做的最困难的事情之一，"马哈茂德在一篇得到几十次转发和点赞的帖子里告诉她的粉丝们，"当你听到他们的呜咽并在电话里疯狂地乞求你回来时，那种感觉实在太难受了。"[114]

在过去几年中，ISIS 巧妙地利用了我们在本章介绍的诸多原则来传播其仇恨和暴力的意识形态，并为其事业招募了成千上万的男男女女。通过将残忍和胁迫——发动战争、绑架和恐怖行为——与"为扩散而生"的 ACE 传播策略高效结合，ISIS 成功激发了许多没有经过它培训或指导的人投身暴力行为并因此获得巨大的发展。近年来，恐怕没有哪个组织在思想传播上能够走得像 ISIS 这样远，这样超乎人们的预期。

ISIS可能想把我们带回到"黑暗时代"，但它的宣传机器却是多平台、多管道、绝对现代化的。它也曾在旧势力策略上下过很大的功夫，例如创建像"阿玛克通讯社"这样集中化的媒体机构，通过它们对外散布消息，传达ISIS领导人的旨意[115]。但是现在，它却采取了一种完全适应社交媒体时代的分散式"内容策略"。它调整了熟悉的模因，咆哮着"#YODO-You only die once（你只死一次），为何不牺牲殉道？"[116]，并且鼓励战士们在他们第一次杀人之后发布自己血淋淋的双手的照片（可扩展创意的一个可怕例子）。这种互动产生了令人不寒而栗的影响。这个组织的网络存在感如此之强，以至于它创造了一种自我实现的动力，也让越来越多的人感觉到它的力量，风头甚至盖过了与其争抢无知新人的其他极端主义团体。

《卫报》在2014年报道称，这类网上活动有很大一部分并不是ISIS"总部"推动的，其内容多是由它的崇拜者在没有任何动议或指示的情况下自行拼凑攒制而成[117]。当时，社交媒体的帖子对于促成伊拉克军队的大规模逃亡发挥了很大作用，因为士兵们担心ISIS将要占领巴格达。正如ISIS支持者阿布·巴克尔·贾纳比所说的那样："照片上写着'巴格达，我们来了'。没有人要求其创作者这样做，但他们就是这样做了。"[118]而《卫报》也在2014年评论说："现在，在一个YouTube、推特、智能手机、廉价相机和软件大行其道的时代，超级大国失去了对信息的控制权。具有讽刺意味的是，这种媒体民主化的受益者却是一个致力于从地球上消除民主的中世纪神权政体。"[119]

ISIS让它的支持者成为其思想的主人和创造者，进而为世界带来了一场浩劫。

如何反击：以 ACE 对 ACE

在其空投传单的策略证明无效后，美国政府打算认真对待社交媒体的使用问题。美国战略反恐宣传中心（CSCC）针对那些同情"圣战"但尚未决定诉诸暴力的人发起了"三思而行，别蹚浑水"的宣传运动[120]。它的目标是对那些摇摆不定的新成员施加反作用力，争取他们回头是岸。

从表面上看，这个创意似乎很有前途。但正如我们在第一章所描述的那样，实际结果越来越接近于一种"自己拿自己开涮"的窘境：一张美国国务院徽章的大头照外加用国务院那阴冷的混凝土办公楼照片做成的推特横幅[121]。它的推特账号也是一种尖酸刻薄、恶声恶气的派头，总是挑起和伊斯兰"圣战"分子的网上口水战，而最后在这些骂战中占到上风的却又总是那些"圣战"者[122]。

最糟糕的可能还要算美国国务院发布的"动画"视频——《欢迎来到 ISIS 的土地》[123]。美国政府试图运用讽刺的力量打击极端主义（比如配上这样一条文字——"旅行便宜是因为你不需要回程票"），但结果不仅招来那些试图皈依极端主义的人的嘲弄，还成为深夜脱口秀主持人们大肆取笑的谈资。

这些失误令美国开始意识到需要采取不同的方法。反恐宣传中心协调员阿尔贝托·费尔南德斯指出了一个新方向，他在 2015 年对国会说："你需要找到一种办法，来形成松散的、开源的社区，有共同利益，能够形成舆论声势，能够对 ISIS 的信息进行回击，打消它们的影响。这不是一件不可能完成的事情，是可以做到的。"[124]

新的跨部门机构"全球参与中心"正在努力实现这一目标。中心摒弃了"三思而行，别蹚浑水"那种自上而下的威吓腔调，试图建立一个"正能量信息传递网络"[125]，不仅可以分享对极端言论的驳斥，而且还可以通过替代性叙事把人们从更极端的立场上拉回来，让更多的人听到中心的合作伙伴——从宗教领袖到学校——发出的声音。

中心还与脸书和全球数百所大学合作，开展了一项潜力巨大的工作——P2P（点对点）挑战极端主义竞赛。这个竞赛的具体情况，基本可以用一句话来概括：学生们提出创造性的方法，"在启发教育同龄人的同时，遏制和回击网络仇恨、偏见和极端主义"[126]。

获奖作品是"命运，从冷漠到共情"（FATE, From Apathy to Empathy）。这项活动由巴基斯坦拉合尔管理科学大学的学生们创建，旨在消除由于不断受到极端形象的影响而导致的麻木和冷漠，同时扭转有关穆斯林的负面刻板印象。发动群众现身说法，讲述恐怖主义如何影响自己的生活[127]。

另一件作品来自一群芬兰学生，他们推出了"快闪餐馆"运动，让难民与当地人分享他们家乡的食物[128]。一个美国团队创建了一项Snapchat活动[129]，而来自阿塞拜疆的一个班的学生则制作了"容忍工具包"，供教师在课堂上使用[130]。

当然，现在还没有"一击必杀式的应用"来击败极端主义的宣传，没有哪种思想或者重大事件可以在一夜之间改变游戏格局。技术平台需要做更多的工作来阻止极端主义思想的传播，因为这个问题正在造成越来越严重的商业影响。例如，广告商正在减少对谷歌和脸书这类平台的支出，因为他们担心自己的广告会和极端主义内容和假新闻放在一起，而他们自己又很清楚一点，那就是他们的商业模式长期受益于这样一个事实，即各种挑衅性内容往往比平淡和善良更具诱惑力与流行性（不过对于极端内容这一问题，现在谷歌的智囊团Jigsaw提供了一种比较可行的解决方案，他们采用一种被称为"重新定向"的方法，让那些有可能被恐怖分子招募的新人在搜索一系列通常由 ISIS 崇拜者使用的关键词时，搜索到的反而是一些劝阻他们的内容，包括由一些真实可信的人录制的视频证言[131]）。

美国及其盟国需要一支分散化的社交媒体军队，其成员必须诚实可靠，也就是说，要以温和穆斯林和其他一些人为主。这些人未必是美国外交政策的狂热拥趸，但却能够通过人和人之间的沟通让人信服地接受另一条道路的选择。在一个新势力世界，这样的思想之战并不是官僚体系和恐怖分子之间的拉锯战，而是苏格兰青少年和巴基斯坦商学院学生之间的较量。

那些能够更好、更快、更持久地传播思想的人将赢得未来。但在一个假新闻满天飞，充斥着形形色色极端主义者的世界里，面对那些否认气候变化的人，否认大屠杀的人，反对接种疫苗的人，传播真理并不是一件容易的事。那些站在天使一方的人，那些希望传播爱心，促进多元化，或为科学辩护的人，必须首先认清一个痛苦的现实：新势力是能够加剧仇恨、扩大误解的。实际上，那些黑暗势力一开始往往占据更大的优势，因为其煽动和蛊惑更能吸引我们的眼球，更能捕获我们的点击量。仅仅掌握真理是不够的，真理需要 ACE。

4

提升参与度的 5 个步骤

一群肤色各异、种族多元的年轻人展开一场抗议活动,他们举止大方,衣着也是流行的做旧时尚风,差不多是你见过的最有范儿的一拨人。他们沿着街道行进,微笑着,挥舞着拳头,高举着"加入对话"的标语牌,字迹五花八门,形若涂鸦。

随着情节的发展,你可以看到他们周围的人依旧我行我素过着自己的生活:两个女人在吃早午餐;一位大提琴手在一处看起来像厂房的空间里练琴;一个戴着穆斯林头巾的年轻女子看起来像是在为某个摄影项目选照片而烦恼;还有肯德尔·詹纳,这位卡戴珊家族成员,现实世界的大明星,正在拍摄时尚大片。配音歌曲由鲍勃·马利的儿子斯基普[①]创作:"我们是运动的一代!"你注意到,所有人都有一个共同点:他们都喝百事可乐。

你可能已经知道接下来会发生什么:大提琴手、年轻的穆斯林摄影师和詹纳都加入了游行的群众队伍。肯德尔揭掉了她的金色假发以示和群众站在一起。她走近一排面色冷峻严肃的警察。作为一位非常有魅力的白人女子,詹纳试图把自己打造成抗议的领导者,她勇敢地走向一位同样极富魅力的白人男警官,递给他一听百事可乐。警官接过百事可乐,咧嘴报以一个微笑,暴力的威胁解除了,抗议者欢呼雀跃,喜不自胜。

这则广告让百事可乐栽了一个大跟头[132]。本来,随着 Black Lives Matter 运动在 2017 年初全面展开,百事可乐也想在文化时代

---

① 维基百科上的信息显示,斯基普·马利是鲍勃·马利的外孙。——译者注

精神的变革中蹭一下热点，但它的做法实在太笨了。广告确实激发了一场运动：所有人无论政治立场是什么，都开始反对百事可乐。正如《纽约客》报道此事的标题所说的那样："百事可乐的肯德尔·詹纳广告招来网民发推挖苦嘲笑。"[133] 在巨大的压力下，百事可乐撤下了这则广告。（而且还向肯德尔·詹纳道歉了。有没有搞错？）

百事可乐的广告让我们看到了一个社会运动持续扩散并成为"主流"的世界。无论你是试图修改法律，还是推出应用程序，哪怕只是尝试卖苏打水，掌握一批互通声气，充满热情的群众，赢得他们的支持，都已成为一项事关成败的重要资产。运动已成星火燎原之势，无论是真实世界里的运动，还是百事可乐式的"真实"运动，也无论是由谁来发起，品牌、组织，或者是坐在卧室里与数百万粉丝互动的十几岁的少年。

在本章，我们将探讨如何在新势力的世界中培养群众基础，介绍我们在社会运动活动的组织开展过程中所学到的最重要的经验教训。我们先来回顾一下，看看杰里米如何协助打造一项堪称新势力时代先驱的社会群众运动。

GetUp 的故事

那是在 2004 年底，自 20 世纪 90 年代中期以来一直主政澳大利亚的总理约翰·霍华德刚刚第四次当选，继续连任。包括杰里米在内的许多澳大利亚人都很沮丧。霍华德带领澳大利亚加入伊拉克战争，拒绝对澳大利亚原住民蒙受的历史不公道歉，还支持执行一项政策，导致包括儿童在内的数千名难民被关在沙漠监狱中。

不是每个人都赞同杰里米的观点。霍华德迎合了澳大利亚文化中强大的传统主义和本土主义思想,是一位非常精明的政治家。四连胜之余威令学者专家都认为他是不可战胜的。反对党工党溃不成军,一塌糊涂,虽然很多人对霍华德那种还停留在20世纪50年代,"何不食肉糜"式的澳大利亚愿景感到不舒服,但他们也准备放弃抗争。

圣诞节过后的某一天,杰里米和他的朋友大卫·马登一起坐在悉尼的邦迪海滩上,制订了一项计划。大卫和杰里米曾一起在哈佛大学肯尼迪政府学院读研究生,两人在美国搞了一年反伊拉克战争志愿活动,刚刚回国。也正在那一年,他们开始尝试数字激进主义和众筹等未来即将改变美国政治的各种新势力工具。

他们都曾多年参加澳大利亚的大型抗议活动,例如加入成千上万的人走过悉尼标志性的海港大桥,呼吁与澳大利亚原住民和解。然而,尽管人们能够在这些时刻爆发出巨大的能量,但往往事情一完各回各家,一切很快又会恢复正常。组织工作最大的挑战不仅仅是团结人们参加某一场激情抗议,而是要找到一种方法来一次又一次地引导这种激情。

对于两个20多岁、从未加入过任何政党,也没有任何拿得上台面的政治人脉的年轻人来说,这是一个雄心勃勃的目标。但他们也有一个很大的优势,年纪太轻不懂事,敢想敢干没负担。

因此在2005年8月[134],杰里米和大卫,连同他们的朋友阿曼达·塔特索尔(她曾帮助将这一想法引入现有的进步团体和劳工组织)一道,发起成立了GetUp组织,试图让民主重新展现参与精神。他们制作了一个电视广告,大胆宣称澳大利亚人正在"展开一场运动"[135]。尽管此时这场运动的参与者只有在广告中出镜的杰里米的姐姐和他7岁的侄女,但从一开始,他们就坚信,如果再多一点希望,大大增强主观能动性,澳大利亚人民就一定会觉醒。杰里米的姐姐在这则广告中的那句台词说出了他们的心声，点明了他们想要激励的精神："我不放弃，我要雄起！！"[136]

GetUp 的工作就是动员大家做一件简单的事：给自己支持的政治人物发送电子邮件。它提供的在线工具——当时还算是个新鲜事物——能够帮助普通澳大利亚人很容易地向他们的议员发送电子邮件（比寄挂号信容易多了，而挂号信则是当时人们联系其选区议员的主要方式）。它甚至可以帮助那些不知道谁在代表自己的老百姓更加容易地找到他们的议员，消除了一个重要的延误点。

一石激起千层浪。几天之内，就有成千上万的澳大利亚人使用这种工具，就他们所关心的问题给议员写邮件，然后加入 GetUp[137]。接下来发生的事情更为重要。霍华德政府及其在澳大利亚鲁珀特·默多克旗下报业的盟友们吓坏了。政府要员安德鲁·罗伯在国家电视台上现身，谴责这场运动。"参议员们的办公室收到了成百上千封电子邮件。他们很抓狂，只好清理邮箱，"他说，"这是非常不负责任的，这是垃圾邮件，这是垃圾邮件。"[138]

如果你对澳大利亚人有一点了解，就会知道，他们向当选议员发送的私人信息被别人说成是"垃圾邮件"，恐怕不会让他们开心。事态进一步恶化。政府实际上对 GetUp 进行了多次调查，试图让它关门大吉，将其移交给选举委员会接受调查，甚至还荒谬地想让反垄断调查机构介入。具有讽刺意味的是，所有这些阻挠反而增强了 GetUp 的可信度。人们开始相信这个组织可能确实可以对现有政治秩序构成威胁。在线捐款飙升，新成员涌入，新的运动诞生了。

GetUp 继续发挥自己的一点力量，取得了两年前想都不敢想的巨大成果。到 2007 年联邦大选时，这场运动的规模已经非常庞大，在约翰·霍华德自己的选区中就拥有数千名成员。议会选举揭晓，不仅霍华德政府下台，他本人还成为近百年来第一位失去议会席位的在任总理[139]。这一切都要归功于 GetUp 第一任执行董事布雷特·所罗门，在他的精心策划下，霍华德选区的 GetUp 成员踊跃参与，人数之众达到了前所未有的规模。他们挨家挨户敲门拜访，为变革造势。在截至大选当天的一段时间里，他们总共联系了 18.7 万名选民。追求进步的政治运动再次出现在澳大利亚的土地上。

在发起成立后的几年里，GetUp 还影响了其他几次重要选举的结果[140]。它不但赢得了澳大利亚最高法院一项具有里程碑意义的裁决，确立了新的宪法投票权，更协助通过了保护难民和环境的立法。而来自其成员的数千万美元小额捐款，也为整个组织的工作提供了支持和保障[141]。在外界的描述中，GetUp "可能是澳大利亚最重要的民间社会活动组织"[142]。保守派新闻评论员尼克·卡特感叹这个组织对既有政治秩序造成的颠覆性影响，他写道："GetUp 之于政坛，仿若优步之于出租车。"[143] 今天，GetUp 已经成为澳大利亚最大的政治组织，其成员人数超过了该国所有政党人数的总和。从一开始海滩上的两个年轻人，到现在有超过 100 万澳大利亚人称自己为 GetUp 成员。

培养新势力群众基础的五个步骤

如何在新势力世界中培养群众基础，如何让这股力量保持 10 年以上，GetUp 本身就是一个很好的研究对象。GetUp 发起之初，只是数字行动主义的一项早期实验。今天，社会运动的发动者和组织者可以使用的工具与战术已经大为丰富。但与此同时，实现突破也变得更加困难，因为现在大家都在尝试圈粉拉人。无论你是想当选加入本地学校的校董会，推出在线社区，还是只是想为自己的新业务增添人气，造势宣传，都可以从以下介绍的五个步骤开始，在当今社会掀起一场运动，并让它发展壮大，蓬勃前进。

第一步：找准你的"网络联系人"

在 GetUp 发展的早期阶段，杰里米和他的同事并没有试图团结每一个人。他们像激光一样，聚焦在一个世界观极其鲜明的群体上：富有同情心，追求公平，在对社会和经济问题的认识上没有那么明显的个人主义色彩；他们受过教育，更多的是女性，而且往往是婴儿潮一代。

GetUp 设计的社会活动一次又一次地触及这个群体的"痛点"——从保护他们心爱的公共广播网络免受削减经费影响，到支持难民以及采取行动应对气候变化。虽然表面上看起来这些问题之间没有什么联系，但 GetUp 明白，关注气候变化的人很可能也关心公共广播。这个群体不仅仅是在思想理念上有共通之处，实际交往也很频繁，很多人都聚居在充满城市职业者的大都市中。在 GetUp 操盘的每一次早期行动中，支持者都会被鼓励去"告诉一个朋友"，然后那个人就会变成一个招募者，把和他们理念相近、志同道合的熟人朋友拉到社区里来。

一旦 GetUp 逐步走上正轨，它所关注的重点就会扩大，其构成也变得更加多元，特别是增强了农村的代表性。然而，它的动力完全来自一个非常特殊却充满激情的社会群体，并经过他们将自己的思想和理念传播到数十万澳大利亚人中。

我们可以将这个群体视为"网络联系人"，他们拥有相同的世界观，彼此联系，并且能够在自己力所能及的范围内影响别人。对于任何新势力运动，能不能发现和培养恰当的"网络联系人"，往往决定了以后是一鸣惊人还是泯然众人矣。

举一个比较特殊的例子吧，2016 年，特朗普也有一批彼此呼应的"网络联系人"，主要是与所谓的"另类右翼"有联系的网络大 V 和段子手，外加一些茶党成员和拥枪权的死忠。当他竞选总统时，这个坚定的基本盘成为扩大群众基础的催化剂。他们有着共同的狂热信念，并在红迪网和 4chan 这类留言板与网络平台上频繁互动，广通声气。事实证明，他们在信息和各种"梗"的数字化传播上发挥了极其有效的作用，散布了很多有关特朗普和希拉里·克林顿的小道消息与八卦传闻。当然，关于希拉里·克林顿的消息多半是虚假谣言或负面信息。

Etsy 也将其早期发展归功于相互联系的核心用户。这家手工艺产品电商现在拥有数千万会员，每年的销售额高达数亿美元[144]。但它的发展腾飞也离不开一小撮精通网络技术的女权工匠。

这个平台于 2005 年由四名男子在布鲁克林成立。其中之一，罗勃·卡林是一位典型的"手艺人"，他想做一个市场来销售他那酷炫的木质外壳的电脑[145]。他不是一个人在战斗。21 世纪初，人们再度燃起对 DIY 工匠精神的热情。在线上，这股热情倾注在像 LiveJournal 这样的博客平台上[146]，而在线下，那些先锋文化盛行的城市中，手工跳蚤市场之类的场所则成为同好们的乐园。

这批人中最富激情的是一些具有女权主义观点的女性[147]。摩根·布朗在其有关 Etsy 崛起的权威论述中对此解释说，这些女性反对大规模生产的企业资本主义，期待打造新的社会和经济活动。因此，早期的 Etsy 团队有意在布鲁克林和其他地方的跳蚤市场招募最具人气的工匠，并向他们承诺会在网上提供一席之地，销售他们的作品。至关重要的是，Etsy 还在其网站上恰到好处地建立了一些社区论坛，让这些三观相似、线下就有交往的匠人在网上也能欢聚一堂。布朗引用了 2008 年初的一篇博客文章，总结了 Etsy 为吸引大众所付出的努力：

> Etsy 的核心使命是帮助艺术家和工匠靠自己的手艺谋生。这个主张似乎相当无关痛痒，但其实在我们所处的社会中，在社会、政治、文化和经济的多重作用下，靠手艺谋生已经成为一个相当大胆的战斗口号。我们希望让传统的"做事方式"有所变化……Etsy 是一个更大运动的组成部分，我们在 Etsy 是想更多地了解我们中间那些工匠的女权主义意识。[148]

那时，你绝对不可能从亚马逊或 eBay 听到这些话。Etsy 找到了属于自己的"网络联系人"。这些女性成为推动 Etsy 成长的内生动力。女权主义者之间的良性循环则促进了 Etsy 平台地位的提高，并带动了原创手工制品的网上销售。新势力成为 Etsy 的营销发动机。

第二步：打造一个新势力品牌

每家公司或机构对于如何面向全世界宣传自己这样的问题，都必须早做决策，快下决心。首先必须有一个响亮的名字，然后要在视觉美学予以落实，最好通过图像来表现，还需要改进与消费者或客户交谈的"声音"。这些东西定义了它的"品牌"——决定了世人对一件产品或一个组织的眼中所见、耳中所闻和心中所感。新势力社区的创建，同样也离不开这些至关重要的问题，但与纯粹的商业或贸易品牌或自上而下的组织品牌相比，新势力品牌的构建元素可谓截然不同。

拿运通的黑卡或宾利来说吧，它们都是奢华和特权的象征。再比如美国总统的徽章，突出的是权威、排场和声望。它们不会让普通老百姓产生任何的主观能动性。但是，如果你的设计是为了激励参与，而不是简单地刺激消费、令人仰慕或恐惧，那么这项任务的意义就完全不一样了。

GetUp 的品牌设计充分考虑了新势力的天性。这个名字本身就能唤起普罗大众的觉醒，让人们停止抱怨，重申当家做主的权利。其承诺的核心就是勉励人们起而行之。

明亮的橙色被选为品牌颜色，并在 GetUp 之后打了一个惊叹号，使整个标识感觉更像是一个号召性用语（当然，还是要提醒各位一下，只在标识的末尾添加一个惊叹号并不意味着造势活动就能取得成功，那个"Jeb! Bush"的操作很能说明问题[①]）。

GetUp 的表达方式体现了那种集体行动的精神。网站上"关于我们"的介绍内容不像是组织居高临下与其支持者或诉求对象谈话，而是用感觉好像是一家人的语气娓娓道来[149]。团队认为，GetUp 的品牌形象与其说是一个组织，倒不如说更像一个共性与个性兼备的人——一个富有同情心、聪明、理想主义，但又不是特别严肃认真的人。他们还觉得这个人不应该染上哪些毛病，比如不能是一个为权势服务的政客，也不能假装无所不知，或者是一个愤怒的、游离于社会边缘的嘴炮键盘侠。

当看到人们出现在 GetUp 的抗议现场，连他们的狗狗都穿上了亮橙色的 GetUp T 恤衫时，当社交媒体上反复出现"看我雄起"这句话时，团队清楚地意识到，GetUp 的身份认同和意见表达实际上已与其成员站在了一起。正如我们所说，你发起的一项运动取得成

[①] 杰布·布什（Jeb Bush）是老布什次子，小布什之弟，曾任佛罗里达州州长，"Jeb! Bush"是他参加 2016 年美国总统选举时的标志性口号。当然，最后当选的是特朗普。——译者注

功的关键标志之一,就是它能在没有你的情况下开始行动。

这些理念不仅适用于政治运动,爱彼迎的品牌也是基于类似的原则打造而成的。当爱彼迎在2008年崭露头角之时,三位年轻创始人布莱恩·切斯基、乔·杰比亚和内森·布莱卡斯亚克(中文名:柏思齐)还没有想过发挥新势力的影响。他们只想找法子来支付旧金山公寓的租金。但随着公司的发展,它越来越不像每个房间看起来都一样的加盟业务,反而更像是早期那些用户发起的一场运动,尽情分享对住宿新风尚的热情——新到一处马上就能体会当地的风土人情,新进一城则有主人引导参观,最后还能和某人小酌清茶,然后上床安歇。

2014年,8年后,爱彼迎已经呈现指数级增长,许多方面都超越了其早期那种更为亲密的"私房自制"的感觉。但三位创始人仍然希望确保品牌不要失去与那种原生态体验的联系。他们需要保持自己在住宿上的特色,与贝斯特韦斯特这类酒店管理集团管理的酒店区分开。丧失他们初创时期那种共有的社区精神,无疑构成了一个实实在在的商业威胁。此外,公司还面临另一个威胁:爱彼迎在全球各个城市突然遭遇一波监管挑战。爱彼迎开始号召加盟平台的房主回击市政当局,而这种做法又使得用户与平台的纽带联系显得更为关键。

在这种情况下,爱彼迎重新设计了自己的品牌,以全新的品牌故事迎接新势力时代的到来。道格拉斯·阿特金,这位拥有"全球社区主管"罕见头衔的爱彼迎高管,将其概括为"创造一个客满天下,四海一家的世界"[150]。

从设计的初衷来说,爱彼迎的新标识并不是想赢得爱彼迎社区里各类同好群组的由衷钦佩,而是想让大家进行再融合和再创造。这个柔软可塑的倒置心脏(或椒盐卷饼,看你怎么想了)在网上还真吸引了一定程度的关注，而《快公司》关于此事的报道标题或许是最好的总结："爱彼迎的新标识看起来还像什么，请看汤博乐的这篇博文。"[151]

爱彼迎甚至引入了一个名为 Create 的工具，以便房主更容易对公司的标识进行再融合，让它更能体现房主本身的意图。"如果你试图重新塑造某个品牌，大多数品牌都会给你发送一封禁止函，"爱彼迎首席执行官布莱恩·切斯基说，"我们想做的正相反。"[152] 毫无疑问，Create 这个工具确实有点玩儿噱头，但它体现了爱彼迎看待社区的方式。这是一个既可以融入其中，同时又能彰显自我的地方。爱彼迎的做法，非常契合玛丽莱恩·布鲁尔"最优独特性"的行为学理论，即建立一个有效群体的正确方法是让人们觉得自己是其中的一部分，并且可以从中脱颖而出[153]。

随着新标识的启用，爱彼迎也重新打造了自己的企业语言，下面这篇宣示听起来更像是一个强调个性生活的社区而非硅谷的赚钱机器：

> 过去，我们将"归属感"视为天经地义，理所当然。城市的前身是村庄，每个人都互相认识，每个人都知道他们拥有一个叫作"家"的地方。但是，20 世纪的机械化和工业革命将那些信任感和归属感消磨殆尽，取而代之的是批量制造的冷冰冰的旅行体验。我们之间的相互信任也消失了。在这个过程中，我们失去了一些东西。没有了它们，社区也失去了存在的意义……正因为如此，爱彼迎才会带我们重新寻找家的味道，让每个人都能感受到归属感的重要……新技术能够让人们走得更远，而我们则使用新技术让人们走得更近……归属感不仅是爱彼迎倡导的经营理念，也是我们向世界介绍爱彼迎的方式，尽

管迄今为止，这个世界还没有充分品味到个中深意。[154]

这番话与希尔顿酒店网站"关于希尔顿"典型的旧势力表述形成了鲜明对照：

"带我去希尔顿。"作为业界最知名的企业，在将近一个世纪的时间里，行走于世界各地的旅人言必称"带我去希尔顿"。凭借我们对产品、设施和服务的创新态度，希尔顿将继续成为全球酒店的代名词。希尔顿酒店集团仍然是时尚和前瞻性的全球酒店业领导者——通过我们的智能设计、创新餐厅理念、发自内心的好客精神以及对全球社区的承诺，我们将鼎力相助，让旅行更轻松。[155]

爱彼迎的品牌诉求旨在培养社区感和参与感，而这在高管们看来正是企业竞争优势的关键来源，因为它大大降低了爱彼迎的房主或客人在出现新的竞争对手时"移情别恋"的可能性。现在，爱彼迎每年都要花费数百万美元举办年度盛会，邀请旗下最活跃的几千位房主欢聚一堂，用教会甚至扶轮社的方式培养团结和团队精神。爱彼迎还投资扶持各地的房主组织，共同构建分散化的"家庭共享俱乐部"，由爱彼迎提供支持，由参与度最深的成员领导。

相比之下，希尔顿依然固守于数十年一以贯之的价值主张。它最大的卖点是希尔顿这个品牌已经得到"认可"。它知道自己的优势是众星捧月般的仰慕，而不是众人拾柴火焰高的群众运动。它的价值主张是气质和派头，而不是"归属感"。在一个新势力的世界中，希尔顿很清楚它必须屈尊纡贵，向"全球社区"脱帽致敬，但它的做法感觉非常像大局已定的事后将就。

不属于任何人的品牌

当亨利第一次产生慈善活动 #GivingTuesday 的想法时，说服他在 92Y 的同事接受这一创意可费了不少力气。"我们的标志在哪里？"有人问他，"我们必须在'感恩'和'星期二'之间加上 92Y 的标志啊。"

亨利试图解释，这种做法属于不得要领。如果 92Y 将其标志加到 #GivingTuesday 上，那么其他任何组织都不会想参加进来。它在本乡本土将是一个受欢迎的想法，但肯定无法进一步发展。亨利认为，如果他们真的希望这一举措得以传播，那么 92Y 就不能拥有它。最后，他们在"感恩"和"星期二"之间用一个简单的心脏图形代替了 92Y 的标志。整个活动的使命必须高于 92Y 的机构定位。

由大型组织创建的旧势力品牌通常伴随着严格的规则——色号要用潘通 7507C，这个版本的标志要用在这里，那个版本要用在那里，要确保它在复制时不能小于这个尺寸，以免任何人错过它。它们满脑子灌输的都是特许经营的理念，不是社会运动的思辨。麦当劳对同一性的强制执行就是一个例子。它告诉我们，品牌这个概念的真正起源，就是在某项资产上实实在在地打上不可磨灭的象征所有权的印记。

然而，#GivingTuesday 的增长之所以如此迅猛，完全是因为它能够让如此多的人在其中发挥举足轻重的作用。92Y 艺术总监查克·盖茨起初被吓了一跳，因为他看到自己为这项计划设计的心脏标志被成百上千次地改头换面，衍生出成百上千种变形图案，而且设计者往往也谈不上什么才华。加拿大人添上了枫叶，乳腺癌慈善机构将其涂成粉红色，睾丸癌慈善机构甚至将心形图案倒过来用。

不过，今天的他已经开始为自己作品的诸多变体感到自豪，将其视为自己"最伟大的成就之一"[156]。对于他来说，#GivingTuesday 的意义要比一个标志大得多。这是一个初心不变但又在不断变化的新势力品牌，供世界各地的设计者慷慨分享，无论他们是业余爱好者还是业内专家。任何人都可以主张拥有它，在这个意义上说，它不属于任何人。

请注意，这种方法并不意味着组织应该隐姓埋名或完全放弃公关宣传。不过在92Y首席创新官兼 #GivingTuesday 项目负责人阿莎·库兰看来，"非品牌化宣传"确实是一项真功夫，特别是对于旧势力机构而言，它可以遏制旧势力机构为一切宣传活动或创意打上所有权标签的本能，进而让新鲜事物得到更加广泛的传播。

另外还要注意一点，放弃所有权的做法是会产生实际回报的。假如将 #GivingTuesday 定位为92Y的活动，它可能就达不到如此大的规模，获得不了如此高的媒体曝光度。这项活动重新定义了这家拥有144年历史的机构，让它在《快公司》"最具创新力公司"名单上获得了一席之地，并帮助92Y获得了一笔1500万美元的捐赠，成立了贝尔弗创新与社会影响中心[157]。

第三步：扫清障碍，铺平道路

在20世纪，人们参与政治或社会变革可能感觉更像是一场意志的考验。为了加入某个政党，你往往不得不宣誓效忠和支持一长串的政策纲领，但其中有些东西你可能实际上是不赞成的。为了参政议政，你又不得不在所属的地方分支机构参加程序性会议，而会上最激动人心的时刻可能只不过是支持批准上次会议记录的动议。哪怕就是为了获得这么一点特权，你也要实实在在地"交学费，花心血，刷经验，攒人品"，而且都必须是不计回报地先行付出，最后还不能一步登天，要一级一级地往上爬。

如果你是一名社会活动家，你的公信力来自你敢冒多大的风险——所谓英雄，就是为了某项事业而使自己面临人身危险的人。在早期的环保运动中，你需要把自己绑到一棵树上来抗议伐木。这些事情都不是那么容易做到的（特别是如果你住的地方离行动地点很远，或者你只是一个行动已经不那么灵活的老爷爷或老奶奶，或者你只是想力所能及地做一点事，不愿意搞得太过极端）。这就意味着许多社会运动在规模上一般都不会太大，而且往往由小部分更加激进的活动家推动。那些成功建立群众基础的社会运动，如美国民权运动，都有现成的大型基础设施可供利用，例如马丁·路德·金博士的民权思想就是通过黑人教会传播的。

但是，新势力时代促进了另一种行动主义的发展，在规模扩展速度上可以比20世纪的社会运动快得多，并且可以由几乎任何人发起，甚至是那些没有正规组织或强大话语权的人。这些社会运动可以更容易地让更广泛的人群加入进来，包括那些以前被抛在一边的看客或顾虑较多无法轻易参与的人。

这种动态不仅仅体现在行动主义的领域。我们这个时代的一个宏观主题是，无论我们是抗议、休假，还是管理我们的约会生活，几乎任何事情的参与都变得更加容易。"约会"应用Tinder最出名的特点，就是大幅降低了约会有关的交易成本，只要在手机屏幕上左右滑动几次就能搞定，效率之高令人震惊[158]。想加入的话，你甚至不需要创建个人资料。Tinder可以将我们现有的脸书个人资料和图片拼凑起来为我们制作一份资料，我们可以马上进行评判和接受评判。这一切的共同点是，我们正在经历一个参与障碍持续降低的过程，一个更加注重改善和简化用户体验的过程。在一个充满竞争机会，时时参与竞争的世界中，实现"无阻化"（frictionlessness）——消除行动和参与的障碍——已经成为任何试图建立群众基础的人必须掌握的一门艺术。

GetUp 早期成功背后最重要的一个因素是,它让人的参与变得非常容易,而且是疯狂忙碌,信息过载,但充满善意的 21 世纪的人。没有会员会费,也没有对平台效忠的承诺,更没有立即走上街头的要求。相反,GetUp 只是要求人们在加入时就自己关心的某个问题(就一个问题)签署一份在线请愿书。GetUp 的组织者坚持不懈地专注于如何帮助大家更顺利地完成这件事——如何消除签署请愿书的所有障碍,请愿登录页面需要多长时间加载,登录时应该提供多少信息(姓名、电子邮件和邮政编码)。这种做法让一些更为传统的团体感到恐惧——加入变得这么容易,引来的会不会只是一些意志薄弱的人和痞子?传统团体的注册表格需要预先提供更多的信息,所以按照要求费半天劲从头到尾走完整个流程的人也就少了很多。GetUp 的口头禅(也是硅谷的口头禅)是,让入门尽可能容易。结果在这个过程中,组织者和参与者之间的互动关系被彻底扭转。GetUp 成为责任更大的一方,要为其成员提供更有意义的机会来提高他们的参与度,而成员则不需要证明他们对事业的不懈承诺。

一个和所谓"网络神童"不太沾边儿的人,使用相同的基本逻辑创造了一股巨大的新势力浪潮。印度反腐活动家基桑·哈扎尔已达八十高龄。他可不是穿连帽衫的年轻人。几十年来,哈扎尔一直致力于通过秉承甘地传统的"绝食到死"这一类以个人牺牲行为推动的非暴力抗议来寻求社会正义,抗议官员腐败和法律不公。换句话说,在从事社会活动的大部分时间里,他一直采用传统的运动手法,做我们大多数人永远都没有勇气或主动去做的事。

2011 年,哈扎尔正在进行他最大的社会活动——支持所谓的"Jan Lokpal"立法,这是一项国家反腐败法案,旨在加强监察部门的权力,对包括总理在内的各级政府公职人员进行问责[159]。他的宣传造势活动引起了普通印度人的共鸣,大家都受够了身边无处不在、或大或小的腐败行为,这些腐败行为削弱了人民与公共机构之间的信任。

2011年4月初,在印度总理拒绝了他的要求之后,哈扎尔宣布他开始绝食直到 Jan Lokpal 法案通过[160]。绝食抗议是一种非常强大的战术,尤其在印度,这更是一种有着光荣传统的抗议手法。绝食自带巨大的道德权威,由此引发的一幕幕人间活剧往往会吸引媒体的注意力,而在任何反对强大利益集团的运动中,媒体的关注都是如氧气一般不可或缺,事关生死成败的关键因素。但是,绝食抗议也有一个弱点:除了表达支持外,其他人做不了任何事情(至少在你也愿意参加绝食之前是这样的)。如果说社会活动家的工作是向他的支持者灌输主观能动性,那么哈扎尔心里很清楚,他还需要做点什么。

哈扎尔开始尝试新策略。他要求支持其抗议活动的印度人给他发一条短信。大多数印度人都有手机,而在新兴的中产阶级中(他们构成了哈扎尔支持者的主力),手机的普及率接近100%。于是,哈扎尔为自己编了一条简短的信息,并从普通的印度人那里获得了大约8万份回复文本,一次值得尊敬的努力[161]。

接下来,哈扎尔巧妙地改变了他的战术。在整个印度和发展中国家的其他许多地方,人们喜欢使用"未接来电"相互沟通。如果你约朋友一起喝咖啡却迟到了,你就给他们留个未接来电。如果你正在和某人交往并且只是想让他知道你正在想他,那你就留一个未接来电(没错,就这么回事儿,在某些文化中,向你的爱人表达关心的方式就是挂掉电话)。为什么人们会拨打未接来电?因为和打电话或发短信不一样,未接来电是免费的,而且也不费事。

这一战术微调带来了神奇的变化。当哈扎尔提供一个国内电话号码，号召印度人用未接来电的方式表示支持他的反腐败运动时，数字一下子从 8 万蹿升到 3500 万[162]。

3500 万个未接来电。这是人类历史上最大规模的一次有组织抗议活动（我们还没有找到规模更大的抗议活动）。它是怎样发生的？手机的广泛普及显然是关键所在——10 年前，这样的运动还是不可能的。对于印度新兴的中产阶级来说，这也是一次非凡的实力展现。这个例子还很好地说明了如何以新势力方式建设群众基础——其核心就是运用现有行为（未接来电，大家都已经熟悉的东西）以及减少参与障碍，让参与真正实现无阻化。

第四步：推动人们提高参与度

你可能会问，那又能怎样？3500 万个未接来电又有什么意义？这不就是"唯点击论"吗？马尔科姆·格拉德威尔在《纽约客》上发表了一篇宏论，表达的就是这一观点。他认为，网络行动主义使得参与变得如此容易，以至于一切最终都建立在"弱关系"的基础上，而"强关系"行动主义则是人们需要冒着生命危险建立深厚的面对面关系[163]。从某种意义上说，格拉德威尔是对的：承诺很重要。正如我们将在下一章中探讨的那样，对任何运动或新势力社区来说，一些最重要的工作仍然需要由其中的"超级参与者"来完成。不过哈扎尔也发现，这种把更多的人拉进来的新能力，为宣传造势，扩大影响力带来了难以置信的巨大机会。

对于哈扎尔来说，群众支持的规模有着非常重要的意义。首先，庞大的人数提供了巨大的道德合法性，因为人太多，所以政府难以无视。更重要的是，哈扎尔将这些电话号码变成了真正的、实实在在的力量。在发出行动号召之后两周,哈扎尔的抗议活动已经积累了全世界规模最大的支持者电话号码簿。接下来怎么办?

当时,哈扎尔的团队联系了名单上的支持者,组织了数十万人在德里和其他城市参加现实世界的抗议活动[164]。这是一次从手机到线下力量的非凡展示。虽然哈扎尔的法案没有按原样通过,但政府确实接受了他的一些要求。他在 2011 年的抗议活动帮助推动了印度反腐败法律的彻底变革。后来,一个名叫"/The Rules",由杰里米领导的"使命"组织赞助扶持,专注于发展中国家公民赋权的团队,还专门开发了一种技术来帮助其他人效仿哈扎尔的成功经验[165]。这是一种被称为"/Crowdring"的工具,能够让其他国家的社会运动组织者发起属于自己的未接来电活动。

正如哈扎尔所做的那样,如果运动的组织者知道如何将人们从更加肤浅的表面参与转变为更加牢固的深度参与,那么格拉德威尔对"低障碍"行动主义的批评就毫无意义。这仍然离不开我们所说的"参与度"的讨论范畴。

参与度量表的最左边是明确的旧势力行为:服从和消费。大多数旧势力模式对我们的要求也不外乎这两点。报税、买鞋、续订,都是如此。当然,服从和消费都不会很快消失。我们许多最重要的社会和经济体制仍然主要依靠它们运行。

参与度量表

旧势力行为		新势力行为					
服从	消费	分享	加盟	调适	融资	生产	塑造
传统合规	传统消费	分享他人的内容或创意	支持或加入新势力社区	对他人的内容或创意进行再融合	在新势力社区内部寻找资金支持	在新势力社区内部创造或提供内容、资产	塑造或保护新势力社区的规范

如果你想开展一项运动或培养一批群众，就需要解锁一系列新势力行为。通过简单的低障碍的请求把人们拉进门，实现最低级的参与度。例如，可以要求人们消费，然后分享内容，也可以通过加盟：在 GetUp 的例子中，就是签署你的第一份请愿书。一旦你招募了这些新参与者，剩下的工作就是让他们保持参与并使人们的参与度更上一层楼，转向障碍更高的行为。例如，对别人的内容进行调适或再融合，项目众筹，创建和上传具有鲜明个人特色的内容或资产（我们称之为"生产"），或者，在参与度达到最高级时，成为整个社区的"塑造者"，有能力影响群众的战略、规范和文化，但往往又没有任何形式的正式权威。例如，爱彼迎的超级房主，他们为平台上的其他人设定了规范，还有 Black Lives Matter 的创始人们，他们发挥了重要的非正式的作用，以及红迪网那些最具影响力的志愿版主，我们将在下一章详细讲述他们的故事。

作为一个专注于会议和演讲的社区，TED 就非常善于推动用户提升参与规模[166]。为了吸引人们入门，TED 邀请我们观看（也就是消费）其最引人注目的 TED 演讲视频，而这些演讲视频都是从其正式举办的大会和各地基层组织的会议 TEDx 中精选出来的。然后，它鼓励我们分享这些讨论，甚至为观看者提供跟踪软件，帮助他们了解他们已经将视频分享给了多少人——一种增强我们能动性的聪明办法。随着参与度的提升，我们接下来会被要求以各种方式加入 TED 社区，并以各种方式建立相互之间的密切关系，例如，可以提名某人荣获 TED 奖。在这个过程中，我们受到鼓励，将自己视为"TED 大神"，这个带有某种品牌宣示意义的响亮称号有助于人们建立共同的身份认同。TED 大神可以加入其志愿翻译团队，进而改编 TED 的原创内容，将 TED 最为世人称道的商业新名词和流行科学用自己的语言解释给大家听。再进一步，TED 大神可以通过一系列方式为 TED 的工作提供资金，包括参加标价极高的 TED 正式会议，也可以选择更容易参与的 TEDx 活动。最后，TED 大神还能够通过组织他们自己的 TEDx 会议或提供他们自己的 TEDx 会谈来成为制作人。从马德里到曼彻斯特，全世界已经举办了两万多场活动[167]。最忠诚和最活跃的 TEDx 组织者成为这一社区的塑造者，在 TED 召集的全球聚会协助引导整个组织的发展方向。

当然，只有一小部分 TED 大神能够完整走完参与度量表的每一个阶段，从单纯的内容消费者成长为 TEDx 的超级组织者。但是，提供这条路径使 TED 能够将人们从内容消费者和粉丝升级到更有价值的角色，如资助者或组织者。

即使在建设新势力社区的早期阶段，建立一个推动人们不断提升参与度的结构也是至关重要的。在失败的例子中，也许最无厘头的要算是社交网络应用程序 Yo 了[168]。这个应用于 2014 年上市，本来是某位以色列软件开发人员当作愚人节的玩笑开发的，只有一个令人难以置信的低障碍功能：点击一次，"Yo"这个词就自动发送给联系人列表中的某个朋友。如果对方选择回应，你的朋友还可以"Yo"回来。不过，Yo 仍然赢得了脑洞大开的网民的追捧。Yo 一度成为苹果应用商店中排名第一的社交网络应用程序，总排名第四[169]。更让很多人大跌眼镜的是，它居然募集了 7 位数的风险投资。科技博主罗伯特·斯科布尔将 Yo 描述为"我生命中见过的最愚蠢、最令人上瘾的应用"。[170] 但仅仅上瘾肯定是不够的。Yo 的用户简直就是一阵旋风，来得快去得也快。就在推出几个月后，Yo 在应用商店的排名就跌至 1277 位[171]。应用的开发人员使用他们的风险投资来开拓新路，超越 Yo 式互动，提升参与度，例如在你的 Yo 中添加位置和照片以及创建群组以提高应用的社交性。但是因为在 Yo 最初激增期间这些措施都没有到位，也就错过了通过早期的病毒式传播实现大发展的良机。

今天，身居社会运动最前沿的活动家们既了解如何创建无阻力的切入点，又精通参与度的提升之道。Black Lives Matter 已经成为自民权运动兴起以来最具成效的种族正义运动，将格拉德威尔所谓的"弱关系"行动主义——非常简单的联系和分享形式，像快速传播信息的主题标签——与更坚定的行动结合起来，不断提升参与度，从向志同道合的行动与提供资金支持，到"制作"现实世界的抗议活动和建立地方分会。

第五步：风口的三种驾驭方式

美国民权领袖约翰·加德纳认为："文明是一个民族念念不忘，铭记于心的一出大戏。"[172] 他的深刻见解有助于我们思考新势力社区和社会运动的发展历程。那些最成功的社会运动都保有一个小秘密，它们不仅会以小步快跑的方式稳步成长，还会利用某些很难预测却极具戏剧性和紧迫感的辉煌时刻乘势而起，大展宏图。在特朗普就职典礼后第二天举行的"妇女向华盛顿进军"运动，已经成为借势推动新势力浪潮的一个标志性例子。这个"势"，就是未能选出美国历史上的首位女总统，反而让一个发表性别歧视言论的人当选而产生的一波具有历史意义的失望情绪。

优秀的组织者会充分利用群众人数持续增长的有利时机。有时，这样的良机有如天赐，绝非人力所能争取。在这种情况下，他们所能做的，就是抓住它，充分利用它，哪怕起初看起来更像是挫折而不是机会。有时，他们也能慧眼识天机，在茫茫人海中捕捉到某个宝贵时刻，利用它推动运动的发展。还有的时候，他们甚至能够凭空创造一个机会。我们把这三种情形统称为"风口的三种驾驭方式"。

创造风口

比阿特丽斯·埃勒斯是里约热内卢十大名校之一弗里德里希中学的学生。作为一所市立学校,弗里德里希中学以服务弱势"里约人"(自豪的里约热内卢市民用来描述自己的名词)而闻名,其中包括许多残疾年轻人。像里约热内卢的许多社区空间一样,学校在没有得到任何预警的情况下被政府征用,而且还被标记为即将拆除,以便为奥运开发让路。具体来讲,就是建造一个非常无趣、了无新意的停车场。

年轻的埃勒斯不顾一切地想拯救她的学校,也因此声名远扬。为了达到目的,她使用了一个名为 Panela de Pressao(压力锅)的在线工具,能够让里约热内卢人通过手机对事关其利益的问题发起抗议活动。Panela de Pressao 背后的运作逻辑是,为了有机会卓有成效地参与政府事务,市民需要一种方法来找出真正的决策者,然后与其他人一起对这个人施加压力。这个工具是里约热内卢反腐败和公民参与团体 Meu Rio 的产品,而 Meu Rio 又是杰里米的组织"使命"和来自里约热内卢的一位出色的年轻女子亚历桑德拉·奥罗菲诺悉心栽培的心血结晶[173]。在千禧一代的里约人中,超过 10% 是 Meu Rio 的成员,该组织积极投身于自下而上的抗议和公民参与浪潮,力图除弊革新,重塑巴西的政治蓝图[174]。

埃勒斯开始抗议后不久,就与 Meu Rio 一拍即合。这么宝贵的学校怎么能以如此傲慢的方式被拆掉呢?Meu Rio 也在问。当它看到这个女孩的抗议已经初步引起公众的关注时,马上决定将她的战斗转变为运动组织者所谓的"标志性的造势故事"。

由此,亚历桑德拉和她的团队开始用更加戏剧化的手法,有时甚至是略带夸张和做作地开展他们的造势活动。他们建立了一个网站,对学校进行 24 小时视频直播,并呼吁里约热内卢人全天候监控视频内容，寻找随时都有可能出现的推土机和其他拆除设备。Meu Rio 随后更请求人们在网站上注册手机号码，登记成为学校的"市民卫士"，并邀请身边的朋友和邻居也这样做。一旦推土机抵达，市民卫士就会在短信的催促下赶往学校，组建人墙保护它，形成一道反抗的防御圈[175]。

这次抗议立即吸引了整座城市的眼球。数千人签约保护学校，随后引发了大量的媒体报道。群众的部分怒火突然转向拥有最终决定权，能够拯救学校的决策者——里约热内卢州的州长，而他在那之前一直无视贫困地区的学生、教师和家长的请求。

在开始现场直播之后的 72 小时内，州长的心思发生了相当显著的变化。他决定取消拆迁，直到建成一所新学校。又经过 Meu Rio 6 个月坚持不懈的抗议，州长完全屈服了：弗里德里希中学得救了[176]。埃勒斯赢得了一场伟大的胜利，但也许更重要的是，这次抗议向里约热内卢的政客发出了一个信号：下次你再试图不与社区商量就拆除学校，人民就会问责你（我们会把全部过程事无巨细地录下来）。这一小小的胜利也引发了里约热内卢关于奥运开发无人负责，无处讲理的更大辩论，而此前这个问题一直没有得到根本解决，直到埃勒斯抓住机会，充分暴露了其中的不公。对于 Meu Rio 来说，它也通过将埃勒斯的遭遇转化为一个文化上的闪光点，创造了一个风口，培养了自己的群众基础，推动了社会运动的发展。

2010 年，GetUp 创造了属于自己的闪光一刻，将澳大利亚对难民的非人道待遇曝光天下，引发世人的广泛关注。

在澳大利亚议会新闻画廊的年度慈善晚宴上，经常会拍卖一些与不同政客的"约会"机会，而拍下这些"约会"的，往往都是寻求与当选官员混个脸熟的公司利益集团。当时的反对党领袖是托尼·阿伯特，他激烈反对赋予难民各项权利，同时也是一位狂热的冲浪爱好者。他把自己的冲浪授课放到晚宴进行拍卖，而 GetUp 决定当一回程咬金，把这次机会抢到手。于是，GetUp 请求成员为拍卖竞标众筹资金。如果 GetUp 中标了，阿伯特将不得不为里兹·瓦基尔上一堂冲浪课[177]。里兹·瓦基尔是一名难民，1999 年逃离阿富汗并在澳大利亚臭名昭著的移民拘留中心忍受了将近一年的煎熬。在三个小时内，GetUp 成员的筹资额就达到 5 万美元，为瓦基尔赢得了一次与阿伯特的会面机会，并得到了公众的高度关注。GetUp 找到了一种方法，不但成功地把媒体的想象力引导到一个重要的话题上，而且为组织成员赢得了一次"臭不要脸"的胜利。

追逐风口

有时，风势已起，风头正劲，群众组织者的工作就是追逐风口并驾驭它的力量。红迪网就是这样成气候的，这个人气极旺的网络平台在人们对其喜欢的内容的一片"点赞"之中，真正飞起来了。

红迪网于 2005 年成立，此后 5 年中，它始终不过是用户驱动的聚合类网站中的普通一员，和它差不多的网站"掘客"（Digg）则要大得多，每月都有数千万访客忙着投票选出自己喜欢的内容。2010 年，掘客发布了网站的"第四版"，结果引发了一场地震[178]。新的网站功能剥夺了用户制作内容的优先推送，转而把 Mashable.com 等大型在线发布商的内容放到了优先推送的位置，同时还推出了"赞助商链接"，试图通过网站套现获利。大约在同一时间，一小撮掘客用户也想出了一个歪点子，绕过系统的规则限制，使网站的文章推荐功能将普通用户的内容拒之门外，只支持该小组的首选链接。他们的做法严重削弱了网站的民主性质。2010 年 8 月 30 日，另一组对新变化感到焦虑的用户宣布发起"退出掘客日"，他们从红迪网上扒来大量内容对掘客进行灌水[179]。作为实力还不能和掘客抗衡的竞争对手，红迪网敏锐地捕捉到了这次风口，并以精彩的应对追到了它。红迪网的联合创始人亚历克西斯·欧海宁给掘客的联合创始人兼首席执行官凯文·罗斯写了一封公开信，感叹（几乎毫不掩饰那种幸灾乐祸的情绪）掘客已经偏离了它"还权于民"的创业初衷[180]。红迪网甚至暂时更改了它的标识，加上了掘客的铲子，以对其用户示好。这一举动堪称新势力模式下品牌宣传的一次神来之笔。数百万用户迅速地、浩浩荡荡地从掘客搬到红迪网。这次声势浩大的掘客"出埃及记"彻底毁灭了掘客的流量，让这家曾经价值两亿美元的企业最终仅以50万美元的价格挥泪甩卖[181]。经此一役，红迪网终于发展成为我们现在知道的样子（在下一章中，我们还将继续讨论红迪网面对在如此短的时间内建立起来的庞大群众基础，又在管理上有过哪些亮点，出过哪些昏着儿）。

化人之危为我之机，这是一门艺术，但也绝非什么新鲜事儿。不过，要在一个只有几分钟的时间窗口来动员群众，机会转瞬即逝的时代做到这一点，那还是需要一些新本事的。美国饼干品牌奥利奥就深谙此道。2013年超级碗比赛期间，体育场突然停电，导致灯光熄灭超过30分钟。奥利奥迅速出击，发布了一条题为"你在黑暗中，仍可蘸一蘸"的推文，配图则是一块聚光灯照耀下的孤零零的奥利奥饼干[182]。这条推文迅速引发病毒式传播，不但成为"超级碗的大赢家"，更造就了营销界的一段传奇[183]。但在这个故事背后，人们往往遗忘了一个事实，那就是奥利奥在比赛期间有一个15人的社交媒体团队随时待命，进行这种快速反应。

我们并不都拥有奥利奥的资源，但奥利奥一手漂亮的操作提醒我们，追逐风口需要基础设施的有力配合。任何培养群众基础的人，都应该时刻留意可能激发群众的风口，并做好准备。当需求达到最大，并且人们的情绪反应达到顶峰时，能够在短短几分钟或几小时内采取行动。许多旧势力组织单单组一篇新闻稿就需要花费数天时间。但现在建立的组织，需要更快的行动速度，能够在短时间内汲取能量并将其转化为新的支持力量。需要一级又一级请示审批的拜占庭式的官僚机构干不了追逐风口的事。

拥抱风口

有时，培养群众基础的最佳方式，就是接受风口已经到来的事实，顺势而为，让你自己卷入其中。正如我们之前讨论的那样，著名政客和保守派媒体对 GetUp 的大量攻击，反而成为推动 GetUp 早期发展的关键因素。

我们最喜欢的拥抱风口的例子来自一个很有激情的童子军团体。2015 年，某位捐助者向西华盛顿女童子军捐款 10 万美元，目标是向较贫穷的童子军提供经济援助，但规定这些资金不得用于资助变性女孩。女童子军认为这么做太不公平，于是简单说了句"放马过来"，索性把钱退了回去，另建了一个 #forEVERYGirl 的账号进行众筹来弥补预算不足的缺口，同时也把对年轻变性女性的援助加了进去[184]。童子军们筹集了 33.8 万美元，不但赢得了一大波支持，还有力地宣传了包容性的价值观[185]。其中一位支持者动情地描述了这场运动对她的意义：

> 我参加了 15 年的女童子军……5 年里我两次看到你们为像我这样的跨性别人士挺身而出。我哭了，我感到如此快乐，因为我也成为其中一部分，实在太赞了。所以谢谢你们！非常非常感谢！感谢你们给予那些只为活出真我而努力的人一点爱，一个家，一段友情。感谢你们坚守女童子军从小教导我的一切。你们是我的英雄……奎茵，#ForEVERYGirl 支持者[186]。

即便是那些特别不愿意招惹是非的大公司也认识到拥抱风口的价值，而原来它们可能只想避免争议，息事宁人。2017 年，以保守言论著称的"杠精"安·库尔特在社交媒体上攻击达美航空更换了她的飞机座位（还上传了一段特别没礼貌的视频，镜头都快贴到那位分配坐到她座位上的女性的脸上），达美选择不再忍气吞声，通过推特回应她的行为是"不必要和不可接受的"。虽然这么做得罪了库尔特的一些支持者，但达美航空的大胆还击还是赢得了罕见的积极关注。新闻网站 Vox 的马修·伊格莱西亚斯对公众反应的总结堪称点睛："我无法相信安·库尔特居然让老百姓同情起三大航空公司了。"

无论是创造、追逐，还是拥抱风口，都有一些经验值得组织汲取。首先，紧迫性很重要。对众筹的研究表明，截止日期就是一切——在众筹活动中筹集到的大部分资金都是在最后 72 小时内筹得的[187]。我们已经看到，许多沮丧的运动组织者或众筹发起人发现，如果你给人们规定一个截止日期并传递出一种紧迫感，人们真的会伸出援手慨然相助。

大卫对抗歌利亚的故事是培养群众基础的理想素材，那些对社区内心秉持的价值观构成威胁的危机也是如此。即使打了败仗，也能发挥作用。2013 年，爱彼迎在纽约输了一个大官司，纽约的房主将无权把房子短租出去提供服务。但是，爱彼迎却借败诉这件事大造声势，将全国各地的房主集结起来，解释其面临的长期挑战。爱彼迎将纽约的失败看作其动员房主亲自游说消除监管障碍的重要里程碑[188]。

风口终会过去，狂风暴雨最终总会化作绵绵细雨。那也没关系。哈扎尔在尝试短信之后才偶然发现了未接来电的妙用。而在 GetUp 的早期发展过程中，能够让其成员增长一半以上的行动不到 10%。

一个成功发展的新势力社区往往是年复一年、月复一月的小幅增长积聚而成的。

一个社会运动已成燎原之势,而每个人都想自己做点什么的世界,会产生怎样的影响?

我们正在见证"水军"("WeWashing")的兴起。这个词是我们的朋友黄立祥拼凑创造的,意在描述像百事可乐这样的大品牌如何利用群众但却对参与群众运动没有任何真正的兴趣[189]。

随着培养群众基础的技能得到更加广泛的分享,公共领域越来越多地成为组织和品牌进行某种"饥饿游戏"的地方,每个人都拼了老命想让风口朝着对它们有利的方向吹。在这场比赛中,那些最容易赢得厚爱的人往往是在很多方面最敢冒尖儿的人:最能喊,最搞笑,最具挑衅性,最大胆。但是这种做法的社会影响并不一定是最好的,也不会引发最深刻的思想讨论。这种势头发展下去,很快就会冒出许许多多让人冷汗直流的问题:巴尔的摩的迈克·马丁就用他的悲惨故事树立了一个反面典型,他在YouTube上用"DaddyOFive"的账号发布了许多视频,赢得了众多网民的关注。而这些视频的内容,多以他和妻子希瑟恶搞他们自己的孩子为主,有时简直到了残忍的程度。在一段视频中,他们在儿子的卧室地板上喷了隐形墨水,然后在他抽泣时向他尖叫了5分钟[190]。另一段视频里,他们鼓励儿子去扇他妹妹的脸。在其他YouTube用户团结起来保护孩子们免受虐待之后,迈克和希瑟最终失去了孩子们的监护权。在他们姗姗来迟的悔过视频中,希瑟解释说,为了赢得更多的点击和关注,他们只好逐渐加码,越玩儿越大:"一旦人们开始关注我们……我们就从不那么糟糕的事情开始……然后我们越走越远,寻找更大的刺激……看看怎么做才能获得更多的观看量。"[191]

其实，在这个网红辈出、热点秒移的世界中，最有效的群众组织者将是那些能够提高人们的参与程度，长期维持和哺育社区，应对众多挑战，懂得妥协，能够在需要采取行动时做出取舍的人。

这个关键能力，就是我们下一章讨论的主题。

超级参与者、普通参与者与平台

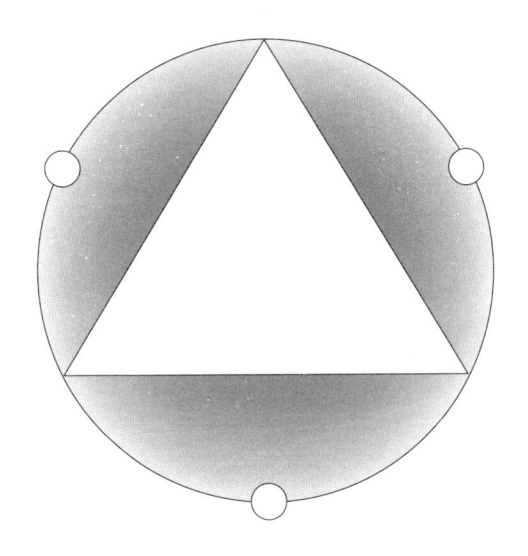

上面这张图不是什么神秘主义的符号，也和无政府主义者的呐喊抗议不沾边。这是我们将在本章详加分析的一个框架，可以帮助我们了解新势力社区是如何运作的。今天的许多新势力平台具备不逊于大型企业的经济实力，人数之众更堪比许多国家的人口。我们的日常起居和生计都被它们大包大揽，囊括其中。因此，了解它们的运作方式，我们在其中发挥的作用以及它们对社会的影响，具有至关重要的意义。

本章，我们将研究这些社区所展现出来的各种功能作用和动态关系——是什么因素让它们茁壮成长，又是什么因素让它们四分五裂，乃至灰飞烟灭。下面，我们就来看看当这些社区与更广阔的世界互动，并在某些情况下相互冲突时会发生什么。

我们的研究从一个严重失控的新势力社区入手，故事是这个样子的。

"红迪造反"记

"亲爱的红迪,你开始变烂了。"[192]

这个帖子来自红迪网的一位铁粉"qgyh2"。此前,他是红迪有史以来评分最高帖子的策划者,当时那个帖子的标题是"测试帖,请忽略"。可以想见,红迪网社区的逆反天性被即刻引爆,一拨又一拨的网民嬉皮笑脸地和他对着干,终于成就了红迪的第一神帖。

但现在他已经受够了。

他罗列出自己的不满:红迪已经把那些真正关心社区的好人赶走了,它请的人不对,它开始忽视用户的呼声。

在他看来,红迪已经迷失了方向,变得公司利益至上。"红迪,当你的投资者盘踞在他们的老窝里数钱时,他们会将红迪网列为他们的主要资产。但是,红迪网不是你的主要资产,红迪的用户和社区才是你的主要资产。"

他告诫红迪要从以前一个在线社区"掘客"的命运中吸取教训——掘客的用户跳槽,导致了它的崩溃。

他最后简单总结道:"所以请不要再装傻了,一起行动吧。谢谢! Q。"

在2015年7月的第四个周末,这个美国第九大最受欢迎的网站陷入停顿。服务器问题?云故障?网络攻击?都不是,原因是用户哗变。

受到狂热追捧的社交分享网站红迪网将自己称为"互联网的头版"[193]。它赖以发达的根基"新势力化"是最彻底的:用户分享他们在其他网页上的链接,然后"点赞"他们喜欢的内容(或者"踩"他们不喜欢的内容),基本在没有任何编辑干扰的情况下攒出自己的网页。在很多方面,红迪网都和《纽约时报》的风格背道而驰。每天"赞"和"踩"的点击投票超过2100万次[194]。这是一个什么概念呢？红迪网为期一周的投票表决数量就能超过美国总统大选。这是一个巨大的参与引擎。

用户提供的内容构成了红迪每个帖子的基本要素，或喜，或恼，或感动，或激怒。一张有40种比萨的图片。一段警察发呆出神儿的视频。一个有趣的问题，例如"哪件事情只发生在你的国家"。如果你不是逾两亿红迪月活跃用户中的一员，那么你可能意识不到在你的社交媒体信息流中四处流传，对我们的流行文化影响力与日俱增的许多表情包、视频和想法，其实都源于红迪，而且可能只用几天时间就会在脸书上流行开来，或者登上当地的电视新闻。红迪网的政治影响力也不容小觑，研究表明，特朗普的"另类右翼"支持者在2016年总统大选期间成功发起社交媒体上所谓的"表情包大战"，红迪网就是他们啸聚协同最重要的网络空间之一[195]。

红迪网远不止是一场没有任何规则或控制，谁都可以参加的"置顶大赛"。实际上，红迪的架构非常精细。它被划分为多个"讨论区"，供人们讨论和参与特定主题。主题的数量超过100万个，从常见的"/r/climatechange"（气候变化主题）到总统粉丝们的"/r/the_donald"（特朗普主题），甚至还有一个特别活跃的小组，致力于分享"病态美丽事物"的图片——"/r/morbidlybeautiful"[196]。至关重要的是，网站本身是控制不了这些讨论区的。讨论区的用户自己选出义务版主来负责运营。这种结构让红迪网的用户，尤其是版主们，迸发出巨大的主观能动性（相比之下，像脸书这类网站是可以控制人们看到和参与的内容的）。版主负责设定方向，营造讨论氛围，手上还掌握着各种现成的工具和选择。"红迪规则"[197]（姑且就这么叫吧）禁止非法或操纵投票系统，但除此之外，剩下的就全由版主决定了。如果把红迪网比作是互联网的狂野西部，版主扮演的就是酒馆酒保和治安官的角色。

除了版主（更多的时候他们被写成"斑竹"），红迪世界的主力就是它的用户了。红迪网的用户多为年轻男性技术宅，他们是点赞、发链接和进行点评的主力。而红迪的"管理员"，也就是从红迪公司拿薪水的那些员工，则负责让红迪社区茁壮成长，同时增加红迪公司的利益——正如我们将要讨论的那样，这些目标并不总是相互兼容的，也不一定与社区的利益或者目标相一致。

一个最受欢迎的版块是"随便你问"（Ask Me Anything，缩写为AMA）主题帖，从巴拉克·奥巴马到比尔·盖茨，每个人都可以担任答主，回答红迪社区的提问。在我们写这篇文章的时候，一位90多岁的德国女性以其在第二次世界大战期间的护士经历而成为AMA社区的明星，而且她的帖子现在是红迪排名第二的主题帖，略高于一篇讨论刑事司法改革的帖子和《周六夜现场》有关碧昂丝的一出滑稽短剧的链接。

维多利亚·泰勒于2013年加入红迪公司担任传媒总监。之后，她成为人才总监，负责监督超过2500名答主（AMA），并代表公司与许多十分重要的版主对接沟通。她深受"斑竹"们喜爱，在他们眼里，维多利亚不仅是代表红迪公司的执法者，而且更像是一位朋友[198]。"当我妻子怀孕时，她给我们寄来外面裹着巧克力的草莓……都是一些点滴小事，但她会为所有人去做。"布莱恩·林奇叙述说。[199]林奇是"我是一名___，随便你问"（IAmA）版块的一位主要版主，也是红迪志愿者社区的核心人物。

然而，2015年7月2日，红迪网突然解雇了维多利亚，而且没有任何公开解释[200]。布莱恩直到那年独立日假期周末接到一个电话才发现这件事，电话里说没有管理员可以主持IAmA了。这是他第一次听到有人被解雇的消息，更何况这个人还被他视为朋友，更当成一位重要的盟友。这次解雇彻底激怒了他以及许多其他"斑竹"，让多年以来他们与红迪平台之间不断恶化的互信终于演变为一次愤怒的总爆发。他们对于红迪屡屡跳票的承诺已经忍了很久，一会儿说要增加新的功能以帮助"斑竹"们更好地完成工作（例如过滤垃圾邮件的工具），一会儿又承诺缩短管理员的响应时间，但永远都做不到。"斑竹"们都是不领薪水的志愿者，他们的劳动和付出虽然极具价值，但他们总觉得公司对此并不领情，把他们的劳动和付出当作理所当然。而在维多利亚身上，"斑竹"们感受到了在他们与红迪的关系中所没有的关怀。她让他们感觉自己是受重视的，受优待的。"斑竹"们的价值得到了她的认可和尊重。

对于布莱恩和他的"斑竹"同伴柯特妮·斯维林根来说，维多利亚的离开成为压倒他们的最后一根稻草。因此，他们使用一款企业聊天软件 Slack 秘密聚集了一批版主，躲开红迪，让公司无法跟踪他们的谈话。大家决定，要使用一种最具象征性和破坏性的手段进行反击。为了表示抗议，他们把各自管理的"IAmA"讨论区更改为"私密"，不再对外人开放，换句话说，讨论区被关闭了。抗议者的做法开始扩散。布莱恩回忆说："其他'斑竹'说，'我们也拉黑，和你团结一致'。"[201] 很快，主力讨论区"/ r /science"也拉黑了。接下来关闭的是网站上最受欢迎的"/r/AskReddit"讨论区。"从那之后，好像滚雪球一样，这么做变成了一件很酷的事情。"[202] 红迪网有 300 多个顶级讨论区渐次拉黑，形成了一场规模巨大的反叛[203]。这个事件迅速被冠以 #RedditRevolt（红迪造反）的名字，后来又被称为"AMAgeddon"①。

红迪的流量遭到彻底毁灭——"黑手"却是它自己的"斑竹"们。

在随后的日子里，红迪让世人看到了它最好的一面，也暴露了最坏的一面。红迪刚刚履新的首席执行官鲍康如很快道歉，表示将

---

① 由 Armageddon（《圣经》用语，指世界末日的善恶大战）引申而来。——译者注

正视网站版主们的不满情绪：

> 我们搞砸了。不只是在 7 月 2 日，而且在过去几年中都是。我们没有保持良好的沟通，我们所做的重大改变令版主们和整个社区感到惊讶。多年以来，我们向你们——版主和社区道歉并做出了承诺，但我们一次又一次地食言了。当你们反馈意见或提出请求时，我们没有做到有问必答。"斑竹"们和社区已经失去对我和我们——红迪网管理者的信任。[204]

具有讽刺意味的是，鲍康如的"罪己诏"被红迪网自己主页的民主规则坑了：她的帖子被"踩"超过 3000 次，使得用户甚至难以找到它。而在她的道歉消失不见的同时，一份推动鲍康如辞职的请愿书开始在 Change.org 网站上迅速发酵，很快收集了超过 20 万个签名。请愿书提到"对版主们的空洞承诺"，但它也抨击了鲍康如的一些另类政策，比如"红迪的新审查时代"。[205]

事实证明，解雇维多利亚成为一条导火索，全面引爆了红迪社区压抑许久的紧张局势。在造反之前的几个月里，鲍康如一直试图制定新的规则，清除网站上令人反感的内容和仇恨言论。可以想见，这种做法与红迪那种多少有点侠气的自由精神发生了冲突。许多人怀疑她的努力并非什么良心发现，而是在清理网站，以便更容易地为广告客户赚钱。而这个无政府主义在线社区的母公司居然是康泰纳仕，这堪称我们这个时代的一大讽刺。

其实，鲍康如针对的言论确实都比较极端。她试图禁止"报复式色情"的传播，封杀未经事主同意就放到网上的女性色情图片和视频。列入打击对象的还有讨论区"/r/transfag"，一个嘲弄和攻击跨性别人士的有害论坛；红迪网站上少数几个种族主义和白人至上主义讨论区之一"/r/shitniggerssay";以及"/r/fatpeoplehate"(在关闭时拥有超过 5000 名订阅者)。这项禁令以反骚扰政策的面目出现,针对的是那些没有有效监管自己社区的版主:"对于那些纵容其社区使用讨论区作为平台来骚扰个人,而版主却坐视不管的讨论区,我们将予以封禁。"[206]

鲍康如试图封杀禁言的用户其实只占整个社区的很小一部分,红迪联合创始人史蒂夫·霍夫曼估计他们是红迪"有毒的0.2%"[207],污染了其他人的空间。但是,反对鲍康如的红迪用户却远远超过0.2%。对禁令的强烈抗议不仅仅是针对面儿上的这些问题,而是形成一股更大的宣示,抗议红迪对其社区的文化压迫。在一个将开放和自由等新势力价值观奉为圭臬的空间中,旧势力模式下那种自上而下的"勒令"——无论多么合理——总是很难落地。当然,这里面也有别的原因作祟。在一个用户主要是男性的平台上,性别上的博弈也是很容易就能感受到的。

鲍康如可不是一个事事小心、夹着尾巴的职场新人,她就是那个前不久起诉过前雇主蓝筹风投凯鹏华盈性别歧视的女人。Change.org 请愿书的措辞不仅带有贬低女性的味道,文中也提到了这次诉讼,并将鲍康如称为"一个善于操纵的人,通过起诉上位"[208]。在接下来的日子里,鲍康如受到了她恰恰试图在平台上封杀的在线骚扰,包括红迪用户的死亡威胁和恶意的人身攻击,有些言论更是充满了性别歧视和种族歧视的色彩。

到 7 月 10 日,也就是 AMAgeddon 开始一周之后,随着越来越多的人担心红迪用户将开始大规模逃往其他网站(就像 2010 年竞争对手掘客的用户大批出走一样,红迪可是那次事件的受益者),鲍康如辞职。这次用户造反,不但把一家大型互联网平台的领导者拉下马,还要求红迪的联合创始人霍夫曼重新出山担任首席执行官,以挽救处于危机中的新势力社区。

新势力社区的架构

事情怎么会走到这一步？我们又能从红迪所经历的坎坷中学到什么？如何打造一个有效的新势力社区，又如何才能在最初的激情散去之后继续将它维系下去？

任何新势力社区都有三个关键角色——普通参与者、超级参与者以及平台的东家或管家。我们可以把他们想象成三角形的三个角。

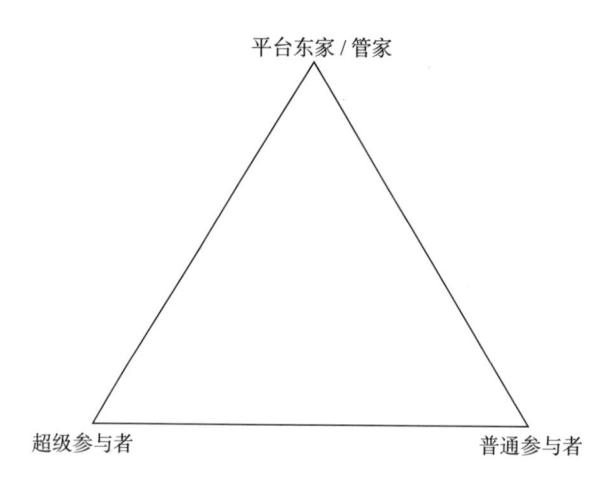

```
          平台东家/管家
             △
           /   \
          /     \
         /       \
        /         \
       /           \
  超级参与者      普通参与者
```

平台东家或管家：红迪公司是红迪网的平台东家。它制定了总体规则，拥有这个品牌的知识产权，广告收入要落入它的口袋。维多利亚·泰勒也是为红迪公司打工的。再举几个例子，爱彼迎的平台东家是爱彼迎公司。脸书的东家则是脸书公司（实际上，马克·扎克伯格本人也保留了对公司的有效控制权）。同样，维基百科可能会让其用户感到"没有东家"，但其实维基百科也是由一个董事会管理和控制的，董事会有能力从根本上改变其上层结构和规则，而这是编辑志愿者和用户无法做到的事情。平台东家有能力控制——或至少实质上影响——谁将被允许参与平台，平台的治理和决策，价值如何分配，乃至平台的生死。

有些新势力社区没有任何人或实体符合"东家"这一定义。相反，这些社区拥有我们所谓的平台管家，他们扮演受到认可但有时非正式的领导角色，能够引导更广泛的社区能量，创建规则或规范，以及定义平台的结构。即使是分散化最彻底的模型，比如虚拟货币比特币，也会出现这样的身影。虽然任何人都可以自由地使用比特币的代码，对其进行调整，并创建新的协议让其他人遵守，但只有少数人掌握着代码"提交"到比特币代码库的权力。就是这少数一批人在引导这一技术发展方面发挥了管家的作用。

像基地组织这样的分散式恐怖主义网络的头目也扮演着类似的角色，它的最高领导人不一定会直接插手个别恐怖小组的活动，但他们有能力制定规则和规范（比如怎么当好恐怖分子），指引网络的总体方向，即使不能把他们描述为真正的"东家"。

超级参与者：新势力社区的能量是由其超级参与者驱动的，他们是平台最活跃的贡献者，而且往往也是为平台提供动力的核心资产以及平台价值观的创造者。以红迪为例，超级参与者就是像布莱恩和柯特妮这样的版主，他们为平台制造了大部分内容和话题，并为社区规范的发展做出了贡献。爱彼迎的超级参与者是房主，他们把自己的房产放到网上招租。优步的超级参与者是司机。而维基百科的超级参与者则是编辑，他们创建和完善百科的内容。

作为参与最积极，贡献最多，同时往往也是牺牲最大的用户，超级参与者是新势力社区内最具影响力的声音。

普通参与者：他们是"参与"新势力平台的人，绝大多数用户基本上都属于普通参与者。对于红迪来说，他们是内容的读者、投票者和分享者。对于爱彼迎来说，他们是房客。对于脸书来说，他们可以是任何一个建立了个人资料的人。对于优步来说，他们是乘客。从参与程度的角度看，普通参与者通常通过消费、分享、调整、关联和资助来实现参与，与超级参与者那种创造资产或扮演组织角色的参与方式完全不同。

新势力社区的巨大挑战是平衡三个不同群体的需求，因为它们很容易陷入冲突。

"红迪造反"就是红迪社区没有平衡好的致命结果。红迪公司在"造反"前的多年时间里对其超级参与者的投入一直不足，这为那个夏天的事件播下了种子。2008年，红迪推出自设版主的群组功能，极大地释放了网民的主观能动性，使之成为整个平台发展壮大的生命之源。布莱恩在回忆当年他为什么要选择成为一名义务版主时，谈到网站吸引他们入伙所讲的话："你要建立一个社区。你建立一种政策结构来让它欣欣向荣，让它继续发展。这就是红迪成功的奥秘所在。你觉得自己是它的主人。"[209] 但是，在向版主们赋权的同时，红迪还允许他们创建自己的封地，其中一些变得比大多数单一用途网站还要大，一个讨论区就有数十万或数百万用户。这些派系有了从内部挑战平台的潜力和资本。

柯特妮是这样评价她的超级参与者身份的："红迪是我的社区中心，它是我的精神归宿。"[210] 像柯特妮或布莱恩这样的版主既不图钱，也不图名，他们只想获得必要的工具来把他们的工作做得更好，只想得到网站管理层的尊重。他们的要求都很简单，比如要及时更新他们的"版主邮箱"，这是版主们用来管理各自群组内部消息的工具。但是多年以来，这些要求在很大程度上都被平台忽视了，红迪公司与其超级参与者之间的关系逐渐恶化。

红迪公司与版主之间的关系日趋紧张，而正是在这样的背景下，鲍康如开始试图封禁网站中最具攻击性的行为[211]。"红迪造反"把这一切都暴露在光天化日之下。平台正在与用户和版主打作一团。版主把用户踢了。用户彼此之间也是一地鸡毛。真是一团糟。

红迪的故事戏剧化地再现了新势力社区每天都要劳心管控的那种紧张局面。平台东家、超级参与者和普通参与者的需求往往不一致,有时甚至有直接冲突。在增长上面临挑战的推特是另外一个例子。推特的超级参与者(主导该平台的有影响力的超级用户)酷爱它那种风格清奇的功能和文化,但数量多得多的普通参与者对这一套东西根本不买账,许多人感觉推特太闹、太乱、令人讨厌。推特的增长也因此受到影响。

为了更深入地研究这些动态,我们可以对优步和来福车(Lyft)这两款拼车应用进行一次对比,看看这两家业务极其类似的企业是如何管理其新势力社区的。这种并列比较的做法可以向我们揭示很多东西,比如平台、超级参与者和普通参与者之间的相互联系,以及哪些因素会使他们联系得更加紧密,或者更加疏远。

罢工纠察队和野餐聚会:
优步和来福车的天壤之别

优步与来福车的战斗已成为新势力经济中的"可乐之战"。这两家公司都在追逐同一拨司机和乘客。他们进行着激烈而不甚友好的竞争,优步大幅领先,规模化的速度要快得多,在全球攻城略地,其估值也是来福车的10倍,而来福车则在优步的一些最大市场对优步构成了真正的威胁。

两大平台的功能非常相似。优步用户使用来福车应用的感觉非常自在，反之亦然。但从一开始，优步和来福车的定位就大不相同。优步走的路线是"每个人的专属司机"[212]——那个调调就是，你也可以很潇洒地坐到一辆锃光瓦亮的黑色豪华轿车的后座上。来福车则以"你的有车朋友"[213]的形象出现，一副巨大的粉红色胡子悠然地吊在空调出风口的格栅上，乘客跳进前座，和司机击个掌就算打招呼了。

随着时间的推移，来福车基本已经抛弃胡子和击掌的幼稚形象，但对自己的定位仍然在努力贴近司机和乘客。优步则把自己搞得越来越疏离[214]——它那种极富攻击性的"哥们儿"文化，毒化了公司骨干力量之间的关系，最终导致创始人兼首席执行官特拉维斯·卡兰尼克垮台。在优步的眼里，司机不过就是一个成本中心，在司机身上的投入越少越好。而卡兰尼克在展望无人驾驶汽车时的一句评论，就将公司的这一态度总结得淋漓尽致："优步价格昂贵的原因是你不仅要支付车费，还要支付车里另一个家伙的钱。"[215] 然而，优步的故事远比卡兰尼克的个人失败走得更远。他创造和代表的文化开始反噬公司了。

为了了解这两种不同的经营风格在工作中会产生什么影响，我们可以回顾一下两大平台在 2016 年初实施降价的不同手法。那次降价的决定让乘客的车费更便宜了，但却给司机带来了沉重的压力。

如何降价和影响司机

这一切都始于优步突然宣布降低其在美国 80 个城市的费率，降幅从大约 10% 到 20% 以上不等[216]。这条消息受到了乘客的欢迎，但遭到司机的反对。

正如知名博客 The Rideshare Guy 的博主哈里·坎贝尔所说："这是真正的优步风格，它在星期五下班以后宣布了这一消息，甚至都没有向司机发送电子邮件。"[217] 优步懂的最多，所以优步制定新规则。它的理论是降价是一项关键措施，能够在冬季增长缓慢的几个月里推动需求。它声称，从统计学上讲，需求增加，司机的收入就会增加。当然，对于那些从曼哈顿开到拉瓜迪亚机场以前可以收到 43.67 美元，现在却只能拿 37.12 美元的司机来说，这套逻辑并没有产生立竿见影的吸引力。

优步采取的是一种典型的旧势力做法：通过命令决定，然后自上而下传达给司机，而司机事先没有得到任何预告，也没有征求过他们的意见，同时请一拨"砖家"，座谈他们该如何更好地了解自己的最佳利益。而在美国各地，司机们的反应则是罢工、抗议乃至威胁进行抵制。

为了应对优步的降价，来福车必须也要做出选择。当优步过去进行类似的降价时，来福车没有跟进，但代价就是它的生意没了。对于世界各地击掌打招呼的来福车主和乘客来说，价格仍然是这场游戏的核心。首席执行官约翰·齐默在给司机的一封信中写道："即使我们的服务更好，乘客也会首先选择更实惠的方案。"[218] 所以，来福车也决定降价，但他们还是向他们的司机社区寻求帮助来指导实施这一过程。来福车请一大批司机聚到旧金山，从而制订了一系列旨在减轻成本削减影响的举措。一个想法是增加司机获得新乘客的转介费。另一个是免费洗车。第三个是鼓励司机定期聚会，由来福车掏钱，因为"你们彼此创造的联系也加强了我们的社区"。[219] 在优步的司机为了反对平台组织罢工纠察队的同时，来福车正在帮助其司机组织野餐聚会。

每一项新举措都自豪地展示在来福车的博客上，附上提供每条创意的司机信息，还有来福车乘客的表扬，满是夸奖来福车司机如何如何好的溢美之词。正如 @rounditrosie 所写："我喜欢 @Lyft 司机，因为他们是艺术家、面包师、医学院的学生、退休人员和洛杉矶最酷的人。#ThankYourLyftDriver。"[220] 虽然其中有些措施感觉就像是苦药片外面裹了一层糖衣，但作用还是有的，因为始终如一地展示新势力价值观已经成为来福车的本能。平台东家是透明的，并向超级参与者公开它面临的财务挑战。它向自己的网络——而不仅仅是它的高级经理——寻求帮助，寻找解决方案。它创建了很多架构，让新势力三角形的所有三个角联合起来面对挑战，为司机提供各种激励措施，在乘客中间开展贴标签活动。

有人带和没人管

"拼车哥"（Rideshare Guy）哈里·坎贝尔是一位从两家公司都接单的司机。他向我们解释说，优步和来福车的文化差异极大，从它们如何管理司机上大体就能看出来。

两家公司都通过各自的网络大肆宣扬可以不费吹灰之力就注册为司机（承诺"注册不用4分钟"，相比之下，成为一名伦敦出租车司机需要对相关"知识"进行为期两年的深入研究。这一对比有力地提醒了我们，我们有关专业知识的观点会在新势力世界中发生怎样的变化）。然而尽管面儿上都差不多，但两家公司在引导新手上路上的做法却是不一样的。坎贝尔告诉我们："作为一个新的来福车司机，你实际上必须与师傅见面，那是另一位更有经验的司机。他领你入门，对你的车进行抽查，确保你基本上是一个好的来福车司机。他还会带着你在街上转两圈，快速测试一下你的驾驶能力。"[221] 而优步却没有这样的新手上路程序。坎贝尔说："全都是通过电子邮件通信完成的，所以你可以想象到，很多新的优步司机真的觉得他们是独自在外面打拼。他们没有与其他司机的互动，没有与乘客的互动，没有与公司某个实实在在的人的互动。他们觉得他们只能自己解决某些问题。他们没有可以聊天的同事，甚至饮水机旁边也没有人，因为他们的车就是他们的办公室。我认为你肯定会产生这种感觉，从一开始，来福车就是真正关心人的。"

坎贝尔解释说，优步似乎处心积虑地让自己与司机的生活经历保持距离："优步实际上有一个政策，它不允许自己公司的员工成为优步司机，而来福车几乎完全相反，特别鼓励员工成为司机。"

来福车还向司机提供各种激励，试图借此表明它对司机的关心。例如，来福车一直为乘客提供机会给司机打赏。优步直到 2017 年才在司机的压力下为了摆脱重重危机的包围推出了这一功能。来福车还采用了一种不同的方法来奖励最忠诚的司机，实施浮动佣金制，根据司机的工作小时数逐渐降低来福车收取的佣金。忠诚度最高的司机，也就是每周使用来福车接单达到 50 个小时，"基本上可以把全部佣金拿回来"[222]。优步可不是这样。

这些差异确实影响了司机。根据坎贝尔的说法，他们更倾向于给来福车干活。司机和乘客之间的关系也因此产生了饶有趣味的变化。"在司机圈儿里有个笑话，优步司机会抱怨很多事儿，其中之一就是，当你去接一位优步乘客时，他们会让你等到天荒地老……这有点像把口号喊成了现实。'你会让你的专属司机等吗？''会啊。很可能啊。''你会让你有车的朋友等吗？''那怎么好意思呢。'"[223]

"平台文化"的力量

平台、超级参与者和普通参与者之间关系的总和构成了共享经济大师阿鲁·萨丹拉彻所谓的"平台文化"，即"提供者之间的共享规范、价值和能力"。[224] 他将其视为一种企业文化的模拟态，但是"没有传统企业可以借以管理其员工的指令性权威或共置（co-located）的社会制度"。

来福车的故事展示了创建积极的平台文化的一些关键策略和哲学。它把网络参与者发展成为盟友，或者至少朝着这个方向做出了姿态。它以人性化的面孔示人，而不仅仅是算法逻辑。它正在研究如何使薪酬和其他激励与正派体面与公平感保持一致。它下功夫接近其网络中的那些人，以求更好地了解他们面临的挑战和现实。

当然，来福车与优步之间的对决，最终很可能仍要通过价格和便利性的残酷逻辑来解决。如果优步花3分钟来匹配司机和乘客，而来福车要用8分钟，那么那个想要早点儿回家的乘客，以及想要挣钱的司机，就不会轻易受到文化和包容性这类婆婆妈妈的问题影响。但如果这个鸿沟消失了，事情可能就会开始变得大不相同了。

比如，两家平台开始做更多的事情来使其司机真正受益。为了摆脱其"邪恶帝国"的形象，优步正在探索一系列激励措施，让司机在交易中获得更多实惠，包括为他们提供公司的股权。

来福车联合创始人约翰·齐默热切地期待着未来的斗争。如果来福车可以开始在产品上抗衡优步，就像来福车在旧金山等主要城市所做的那样——来福车在这些市场的份额已近半壁江山，那么文化就会成为一个关键的差异化因素。他最大的优势可能就是来福车的司机。在坎贝尔于2017年进行的调查中，超过75%的来福车司机表示他们对自己的体验感到满意，而这么说的优步司机不到50%[225]。

深入三角关系的内部：
新势力社区的设计选择

优步和来福车的比较是一个关于设计选择的故事。有多少能动性和价值应该算到普通参与者头上？如何识别和奖励超级参与者？如何创建反馈回路以保持他们的忠诚？

任何想要了解新势力社区动态或者为自己设计一个的人，都需要把这些关键问题想明白，搞清楚。

谁得奖励，谁"买单"？

新势力平台的激励和奖励决定了是否以及如何参与。优步和来福车以低廉的价格与快速的搭载吸引乘客，以需求量和定价的激增吸引司机。然而，这两种动态并不总是同步的。比方说，下雨时，市场就会发生变化，一个浑身湿透的两个孩子的父亲甘愿支付正常车费的三倍价钱，只求让他那两个牢骚满腹的小家伙回家（并且一路上都对平台充满了怨念），而心情愉快、浑身干爽的司机只用几个小时就把一上午的钱赚到手了。平台必须决定如何平衡这些相互冲突的激励。

再举一个例子，YouTube 的合作伙伴计划拿出一段视频 55% 的广告收入与其创作者共享，让一小撮视频制作者年纪轻轻就富得流油，也激励了平台上紧紧追随其后的一长串超级参与者，激发了他们的忠诚度（以及成为明星的梦想）[226]。而 Etsy 则一直承诺从卖家收入中拿走的费用绝不超过卖家收入的 3.5%，而且这已成为它的品牌承诺，是管理和吸引超级参与者的核心[227]。

很难找到合适的奖励来推动新势力社区。有时财务激励的效果还算不错。但有时参与某件重要事情的那种感觉所产生的激励效果比现金还强。通常你需要把握好两者的平衡。例如，Yelp 最初试图向点评人付费，但后来发现这么做形成了一种做交易的势头，弱化了忠诚度，因此它以志愿者社区策略取而代之。

Meetup 的经历恰恰相反。它的网络允许任何人在任何地方亲自与周围的人约聊，从练习法语到讨论糖尿病人的生活，什么都可以做[228]。当它刚上线时，任何人都可以免费创建一个群组，网站上发布了成千上万项活动。但 Meetup 创始人斯科特·海弗曼很快发现，这些自由群组的组织者不太可能认真对待他们的义务——有时甚至连他们自己主持的活动都不露面——除非他们为成为主持人投入了真金白银。因此，现在，Meetup 的主要业务模式是向其超级参与者管理的每一个群组都征收一小笔费用（每个月 10 到 15 美元）[229]。这种做法也成为平台发展壮大的关键。

无论付钱与否，其关键都是要创造激励机制，不仅不能把参与者当成廉价的大路货，还要强化社区规范。第一家突破性的众筹平台 Kickstarter 很早就发现了这一点。它鼓励那些操办活动的人以创造性的、慷慨的方式奖励"支持者"（比如通过内部渠道接触活动的创办者），同时这些方式也没有与支持者的贡献有任何直接的金钱价值的勾连。Kickstarter 的创始人提醒它的社区："Kickstarter 不是商店。"[230]

谁获得表彰，谁又有了地位？

验证普通参与者或超级参与者工作的表彰系统会产生极大的激励作用。想一想那些"经过验证"的推特用户，就因为名字旁边加了一个大大的对号就爆发出巨大的能量。还有 eBay 的"超级卖家"计划，既赋予有形的商业利益，又赋予了某种无形的却更重要的社区地位。

有时，表彰采用的形式看似还是老一套没太大意义的东西，无非就是一些网名或者地位的晋升（Snapchat 大肆吹嘘的奖杯表情包),但即使这样也可以非常有效地推动重复参与。红迪是使用"业力点"来给予表彰的,在每个用户的个人资料中显示,以其链接和评论对社区的有用程度为依据。对于局外人来说,这些点数似乎毫无意义,但它们却是许多红迪用户感觉受到重视,不断上网来社区看帖聊天的重要原因。精心设计的无形奖励制度可以使参与其中的个人产生巨大的意义感。

这里面的诀窍是以一种与平台的理念相一致的方式造成地位上的差异。优步向其最忠诚的乘客提供VIP(贵宾)计划,这与该品牌的精英主义是相辅相成的,但另外一些平台人为制造一种虚拟的种姓制度可能就会让人感到不平等,尤其是那些新的以数字驱动的社会运动,它们秉持的原则是包容和平等话语权,与将最活跃或最有价值的参与者奉上神坛的做法是冲突的。

黏性从何而来?

每个成功的新势力平台的核心,都有一个运转良好的反馈循环。我们现在都离不了它。从多人游戏到在线请愿网站,精心设计的反馈机制可以追踪我们的进度(以及我们朋友的进度),一点一滴地给我们加注多巴胺,提高我们的满意度。这种精心设计的反馈机制,正日益成为大多数现代消费技术体验的核心。想想有多少人反复登录Instagram,只是因为他们在网站上发的帖子赢得了无数点赞或评论。更何况这么做并不仅仅是让自我得到了满足,如果引导得当,它们甚至可以让人们感到彼此相连,感到自己与更加伟大的事业息息相关。

如果再加入时间因素或集体目标的影响,这些反馈循环可以变得更加引人注目。以众筹体验的紧迫性为例,你可以看到自己的100

美元捐款在达成5000美元的目标过程中发挥了怎样的作用。或者想想耐克运营的小应用，我们可以在一个强有力的协作和竞争环境中看到自己的进步，并与朋友一较高下。

如何建立信任？

如果没有管理风险并激励其内部协作行为的信誉体系，许多新势力网络根本无法运作。10年前，如果你向某人描述爱彼迎的基本模式——将你的家，连同所有家具都租给一个连是男是女都搞不清楚的彻头彻尾的陌生人——他肯定会报以会心一笑，然后就没有然后了。事实上，风投界的大佬联合广场投资（Union Square Ventures）就有过这样一段"佳话"——枪毙了对爱彼迎的投资，因为它的合伙人怀疑人们之间可以互相信任到做这件事的程度[231]。但是，建立声誉和建立信任的系统已经使各种看似牵强的新势力模型得以实现。

通过允许住客和房主对彼此进行评级并提供详细评论，同时承担一些平台东家应该承担的风险（比如支付安全性和身份验证这些你可能视为"集中式"信任功能的东西），爱彼迎这样的平台已经成为可能。不过，这些系统的有效性有多强，直接受系统设计的影响。爱彼迎意识到，由于害怕遭到报复和社交尴尬，点评人相互之间的评论不会太实诚，所以在2015年它改变了点评的呈现方式，把房主和住客的点评同时发布，这样，房主对住客的点评不会受到住客正面或负面点评影响，反之亦然。研究人员汤姆·斯利发现，在这次改变之前，爱彼迎绝大多数评分都是4.5分或5分："当我们给对方打分时，分数更像是出于礼貌而不是判断。就像餐厅小费与服务品质只有微弱的对应关系，4.5分或5分与其说是评估主人或客人的行为，倒不如说是以礼貌的方式完成一次交换。"[232] 在其他新势力平台也发现了这种趋势，比如你与优步司机的互动就能看出来。当你下车时，他会告诉你，他给你评了五星，希望你会感到不回赠一个五星就会于心有愧。

关于信任和声誉体系在新势力模式中的作用，还有另一件重要的事需要牢记：它们会强化现有的偏见或不公。哈佛商学院的本·埃德尔曼和迈克尔·卢卡发现，同等条件挂牌招租的房子，在评分和其他因素都差不多的情况下，"非黑人房主比黑人房主收取的费用大约高出12%"[233]。埃德尔曼、卢卡和丹·斯沃尔斯基的进一步研究表明，对黑人住客的歧视更为肆无忌惮。而导致隐性偏见（以及老掉牙的种族主义）造成显性伤害的，正是爱彼迎旨在促进信任的系统——使用住客和房主的真实姓名与面孔[234]。这一情形遭到公众的强烈反对，黑人用户使用#AirbnbWhileBlack的标签分享他们的经历。此后，爱彼迎于2016年宣布了一系列措施来对抗这种歧视。但值得注意的是，它拒绝对人名和个人资料图片进行匿名化处理，因为"个人资料照片对于爱彼迎建设社区的整体使命不可或缺"[235]。

谁来拍板？

当"占领华尔街"运动成员在纽约祖科蒂公园做决定时，他们就会聚集在一起召开他们所谓的"全体大会"。所有决策都要求数百乃至数千人几乎达成完全共识，为此，他们设计了一套复杂精密的手势系统：来回摆动手指表示同意，手腕无力地垂向地面表示不同意，交叉拳头表示对提案进行彻底否决。在全体大会上，这一切旨在创造一种彻底的包容感，让大家觉得每个声音都受到同等重视，而不仅仅是谁的嗓门最大，谁的话音更有力。他们还采取一种"人肉麦克风"策略，即全体大会上的群众用短语重复讲话者所说的内容，让所有人都可以听清楚。起初，这么做是为了解决警察严厉打击使用扩音器而提出的变通之策，但到了后来，它反而成为"占领华尔街"运动的参与和集体行动精神的代表[236]。正如社会运动理论家克雷格·卡尔霍恩所说的那样："以人传声凸显出占领运动分散化和流行化的本质，它使这一组织成为参与式民主的典范。"[237]

占领运动在谁来拍板的问题上采取的是一种极端的立场，也就是说，每个人都是决策者。但这样做最终使他们付出了代价。安德鲁·康奈尔谈到了一位对"占领洛杉矶"抱有同情心的观察者关于运动最终失势的解释："在占领三周之后，大家花更多的时间讨论的是它自己的流程而不是其他任何事情。"[238]

许多新势力社区——特别是企业社区——会倾向于另一个极端，即由平台东家真正地发号施令，只把一些小事的选择权授权给群众。在脸书，所有重要的治理决策都由公司做出，普通会员只能修改他们的隐私设置，并从一系列表情符号中选择一个以表达他们的心情。

为了展示这些重要的设计选择如何发挥作用，我们将用一项运动的故事结束本章的论述。这项运动在其形成时期正确处理了大多数问题：建立一个充满激情的社区和一个平衡的三角形，在架构上采取了恰当的激励和反馈机制。

"被遗忘的天使"的完美三角

从某种程度上说，这都是罗伯特·雷德福的错。

三个年轻人原来的计划简单、真诚却太过天真：2003年，完成非洲冒险回来，制作一部真正引人注目的纪录片；参加圣丹斯电影节，并成为纪录片的宠儿；认识电影节创办人雷德福，也许可以让他把他们介绍给克鲁尼；他们成为全球超级巨星；看着全世界团结起来，反对乌干达军阀约瑟夫·科尼的野蛮行径，并把他赶下台。

但圣丹斯却对他们说"不"。"被遗忘的天使"（Invisible Children）三位年轻的创始人杰森·罗素、鲍比·贝利和拉伦·普尔一下子变得无路可走，不知所措。他们有一个故事，他们觉得这是全世界都需要倾听的故事，甚至会决定一些人的生死。然而他们没有发行渠道。当时网飞还没有开始制作原创节目。YouTube 也很小，不成气候。他们没有别的什么好办法，只能白手起家，搭建他们自己的模式。正如"被遗忘的天使"的前任首席执行官本·基赛告诉我们的那样："这件事给了我们很大的触动，让我们对这个体制竖起中指，然后说，我们将建立自己的发行渠道，我们将直接面向观众。"[239]

他们的电影处女作——《被遗忘的天使：粗剪版》，也就是雷德福毙掉的那部电影，讲述了他们这场运动的源起。电影记录了三个白人小伙的旅行故事。三个年轻的嬉皮士，带着一脸青涩的菜鸟级冲浪手，就这样闯进非洲"寻找我们的故事"[240]，然后在揭露约瑟夫·科尼强迫儿童加入他的恐怖分子民兵的暴行过程中顿悟，找到了他们的人生目标。

许多年之后，这个组织将因为把自己定位为救世主和英雄而面对诸多批评，但在第一部电影中，他们展现给世人的还是一副充满善意、天真无脑的文化白丁形象。他们去了苏丹，百无聊赖之际，为了好玩儿炸了一个白蚁巢穴，还用斧头砍死一条蛇，然后吐得翻江倒海。与其说他们拍的是"我有一个梦想"，还不如说更像是喜剧电影《宿醉》的第二集。

不难看出为什么圣丹斯毙掉了他们的电影，同时也不难看出，为什么许多孩子会因此受到如此强大的激励。这部电影讲述了一个关于世界另一端某个怪物不为人知的故事。镜头所至，许多孩子成群地睡在公共汽车站，以求逃避那个人的伤害。情节引人入胜，而且很容易引发共鸣。对于年轻观众来说，这个故事讲的就是像他们一样的人寻找到了属于自己的一份事业，然后请求像他们一样的另一拨人施以援手。

"跑腿哥"的角色：超级参与者如何搭建"被遗忘的天使"网络

为了扩大宣传，"被遗忘的天使"开始在教堂和校园里组织小型放映活动。这些活动可以看作是迷你圣丹斯，社区的人们聚集在一起看电影，参与讨论并且（这是关键）采取行动，发出他们的声音，提供他们的资金和支持。这些放映活动并不会让电影得到铺天盖地的宣传，知名度大增，但它们自有其价值和意义，那就是与各个地方的观众建立深层联系。

在接下来的 8 年中，"被遗忘的天使"逐渐形成并完善了这种本地化的模式。它通常每年会有两次"巡回演出"，在巡演过程中推出一部新电影或突出重点宣传活动。它总共进行了 16 次巡回演出，放映逾 1.3 万场，观众令人惊叹地达到了 500 万人次[241]。

这些迷你圣丹斯的每一次活动都离不开"被遗忘的天使"自己培养的"雷德福"。这些年轻人被称为"跑腿哥"（Roadie）[242]，他们将投入人生的 6 个月时间，志愿从事活动组织和放映等活动。"被遗忘的天使"用于吸引"跑腿哥"的招聘视频特别强调了为什么这份工作如此诱人。它挑选一些当过"跑腿哥"又特别上镜的俊男靓女，向你保证"你是一项伟大事业的参与者"[243]，你会"让他们心醉神迷",回忆"四个人挤一张床"的作息安排,甚至还会引用亨利五世在阿金库尔战役前夕发表的著名演讲。这是一个关于主观能动性和人生意义的承诺,只不过做出这一承诺的人喜欢弄个印度海娜文身,互相发个眨眼传情的表情包罢了。

"跑腿哥们"都进行了认真培训,学习乌干达冲突的历史,总结民权运动的经验教训,以四人为一组,与一位幸存者(通常是前娃娃兵)配对。当他们最终上路的时候,他们已经为筹备的活动投入了大量的时间和精力,他们在当地的组织者也不相遑让,大家都在组织者那里打地铺打成常客了。

所有这些活动都通过一个名叫"销售团队"的数据库集中跟踪,因此"'跑腿哥'团队可以看到他们的捐赠和销售、统计数据、与其他团队的比较等所有这些内部竞争。这很有趣",基赛说[244]。"被遗忘的天使"建立了智能和透明的识别系统,以帮助推动"跑腿哥"的行为趋于理想状态。

这是一项有关如何吸引和培养超级参与者的研究。"跑腿哥"受到高度的激励,并通过强大的文化纽带团结在一起,形成紧密融合的集体。他们的工作是围绕当地的关键时点开展活动,推动交往、在线讨论和参与。他们全力以赴争取每一次小小的成功,积小胜为大胜,最终实现每一次单独的影片放映所无法实现的更大的目标。

"跑腿哥"团队离开市镇之后,"被遗忘的天使"也不会从人们的生活中消失。它精心培养主持放映工作的基层组织者,建立网络,并利用这一群众基础来组织像 2009 年"救援"活动这样的大型全国性运动[245]。这场名为"救援"的活动紧跟在同名电影发布之后举行,旨在充分发挥电影放映所激发出来的年轻支持者的创造力。正如"被遗忘的天使"运动总监扎克·巴罗斯向我们解释的那样:"要想让你的城市获得救援,你本来得请媒体出面报道你的活动,你还得请来某位大腕，不管是国际巨星还是当地名流，请他出面并表态这种事（绑架儿童）实际上正在发生。"[246] 而这次活动则让 8 万名儿童在 100 个城市走上街头，他们在各路媒体宠儿的陪伴下，举办各种现场活动，然后又通过短片和推特向更多的人宣传扩散[247]。许多"被遗忘的天使"的早期"网络联系人"——一群积极主动并且相互之间保持密切联系的年轻的福音派基督徒——在实现这一目标的过程中也发挥了巨大作用。

所有这些活动对"被遗忘的天使"社区产生了非凡的影响。研究人员贝思·卡林与组织合作，试图更好地了解他们的网络。她调查了超过 2000 名参与者，既有"跑腿哥"，也有到场看电影的观众。她的研究结果显示了惊人的承诺水平。超过 90% 的人与朋友或家人谈过"被遗忘的天使"，78% 曾经购买过"被遗忘的天使"的某件产品，75% 进行过捐赠，42% 参加过"被遗忘的天使"俱乐部或集体活动[248]。"跑腿哥"和组织者在培养参与者方面做得非常出色。

一个校园接一个校园，一次巡演接一次巡演，一周又一周，"被遗忘的天使"发动整个国家的年轻人思考世界另一端的一个模糊的问题。正如扎克·巴罗斯所说："就好像你一想到'被遗忘的天使'，你的第一个念头就是我认识那些人，他们都是我的朋友。这是一种建立在人脉上的关系。"[249]

这些关系连接成一个完美的三角形。"被遗忘的天使"找到了正确的方式来奖励、吸引和肯定他们所有的拥趸。

然而，8 年过去了，无论他们把活动组织得多么完美，投入多少精力，他们仍然有一个根本性的问题没有解决。

约瑟夫·科尼依然逍遥法外。

6 新势力社区如何运转

"接下来的 27 分钟是一场实验……"

"被遗忘的天使"感到很沮丧。它已经赢得创新行动派的声誉，得到了一群年轻人的喜爱。但对于其年轻的创始人来说，只有将约瑟夫·科尼绳之以法，使命才算真正完成。

于是，带着一丝近乎无计可施的绝望，它决定尝试一个全新的方向。

它需要的是扬名，是广而告之，让科尼这个名字尽人皆知。运动的几位创始人认为，或许只有这么做，才能最终完成 10 年前开创的事业。"被遗忘的天使"在校园和学校里开展的各项宣传活动虽然很带感，但覆盖面相对局限，根本不能让这件事得到广泛宣传。

几位创始人决定将所有的心血和资源投入一部新电影，而且这次他们要用不同的方式发行。以前，"被遗忘的天使"会利用久经考验、屡试不爽的"跑腿哥"模式推出新片，让各地基层组织者围绕影响的内容组织活动，向社区介绍电影。但这一次，他们决定面向市场直接发行这部电影，目标是创造一种病毒营销的口碑。他们给这部电影起名叫《科尼 2012》[250]。

这是他们最疯狂的梦想，然而他们成功了。电影在 3 月 5 日发行，一周之内，就有一亿人观看了它（视频时长至多半个小时，但却大大超乎人们原本对于使用手机或笔记本电脑观看视频的预期）。人们宣称它是"史上病毒性最强的视频"[251]。调查显示，超过一半的美国年轻人听说过它[252]。

《科尼2012》是一部野心勃勃的电影,既鼓舞人心,又充满戏剧性,触动了每一个情感音符。"被遗忘的天使"的领导者,魅力十足的杰森·罗素不但亲自操刀电影的旁白,更在电影中扮演了重要角色,甚至将镜头转向他非常可爱的小儿子,和他一起承诺"制止科尼"。片子的品质简直不能再赞,而电影化的叙事也完全体现了罗素电影学院科班出身的水平。

通过视频呼吁人们采取行动是一种聪明的做法,而且在当时也确实是一种创新。创始人建立了一个网站,让大家可以轻松发推文给"20位文化制作者和12位政策制定者,请他们运用自己的权力造福扬善"[253]。他们请求公众呼吁像马克·扎克伯格、贾斯汀·比伯、比尔·奥莱利和奥普拉这样的社会名流来帮助"让科尼昭彰于天下"[254]。

这段视频得到了"被遗忘的天使"现有社区的传播和推动,狂热的青少年群体出力尤多,女性粉丝更充当了其中的主力。8年来的辛勤工作似乎得到了回报,这些粉丝在真正需要他们的时候确实站了出来,促进了整个事业的发展。正如媒体平台"社交流"(SocialFlow)的吉拉德·洛坦所指出的那样:"这一运动并非兴起于大城市,而是美国各地的中小城市。"[255] 不过,现在运动的接力棒已经从"网络联系人"传到了成千上万社会名流的手中。在病毒式传播引爆几个小时后,奥普拉做出回应(有那么一点心存戒备):"感谢推友们发送给我关于制止圣灵抵抗军的暴力(#LRAviolence)的信息。我知道怎么回事儿了。捐款支持,发声支持,不会停歇。#KONY2012。"[256] 各大媒体也跳了出来,开始报道这一迅速走红的热点话题,进一步扩散了电影的口碑。波诺·沃克斯甚至宣称一夜成名的杰森·罗素值得获得奥斯卡奖[257]。科尼之名终于昭彰天下。

但后来出了点问题。"被遗忘的天使"网站和杰森·罗素本人都在压力下崩溃了[258]。罗素在电影上映几天后突发精神病，光着身子在他家附近的街道上踱步，结果被路人用手机拍了下来（意料之中的事）。自然，这种爆炸性新闻不用宣传也马上一传千里了。

这些变故引发了巨大的舆情反弹。网络暴民们在罗素的精神健康危机中获得了一种残酷的偷窥式的快感。而像波诺等人最初的赞美之词也淹没在一群批评者和怀疑论者的口水中，他们现在转而反对"被遗忘的天使"。反对的声浪如此之大，以至于主流媒体机构纷纷开办博客，只是为了揭露各种各样正在堆积的问题[259]。

对"被遗忘的天使"的罪名指控可谓五花八门：嘴炮行动派、白人救世主情结、举止不得体、欺诈交易、秘密传教、殖民主义、家长作风，以及甘当中央情报局的马前卒。而组织的领导者则被指责为危险的天真、愚蠢、鲁莽和难以忍受的倨傲。一些有影响力的非洲人士批评"被遗忘的天使"工作方向错误，是在错误的时间追逐错误的问题。在一些长期从事相关领域工作的非政府组织中，有些也认为它们的角色正在受到威胁或篡夺，开始介入争端。而那些最初表态支持的名流，现在则把兴趣焦点转向其他事情。一名大学生在汤博乐上开设了一个非常受欢迎的账户——Visible Children（未被遗忘的天使），质疑"被遗忘的天使"的财务状况和其策略，不遗余力地为它塑造了一个与以往叙事截然不同却令人信服的反面形象[260]。

"被遗忘的天使"奋起还击，拼命试图用自己的故事以正视听。但是其网站已经关闭，领导者进了医院，而指望只有19岁的公关实习生莫妮卡把媒体的4000封请求置评的电子邮件分清轻重缓急排好顺序，未免也有些不近人情。费了这么多年的心血，结果区区两件事就让它在世人面前现了原形：它的电影太过简单，可能会惹麻烦上身，它的创始人心理崩溃，已经麻烦缠身。

就像它以前的电影一样,《科尼2012》也被设计成一场大规模社会活动的序曲。在这场名为"夜幕降临"（Cover the Night）[261]的活动中,年轻人将在夜色的掩护下把科尼的海报贴满各个城市。然后,原来的如意算盘是,世界一觉醒来,就会注意到这一切,但这次行动彻底搞砸了。温哥华本来有2.1万人报名参加此次活动,结果只有17人出现在现场[262]。布里斯班的活动据报道只有50人参加[263]。

《科尼2012》远远没有实现把"被遗忘的天使"送上一个新高度的任务,相反,它使这个组织遭受了致命的打击。虽然核心团队还在继续战斗,甚至取得了一些政策上的胜利,但整个组织遭到了无可挽回的破坏。电影首映两年半后,"被遗忘的天使"宣布其将大幅收缩美国业务,这固然是各种负面报道和否定意见轮番打击的结果,但其"在高中和大学举办数千场展映活动的核心模式已经走到尽头"[264],才是注定其失败的根本原因。

"被遗忘的天使"犯下的致命错误,就是他们做成了罗伯特·雷德福从一开始就不想让几位创始人去做的事。它终于发行了一部大片。

"被遗忘的天使"出现了哪些失误

《科尼2012》之前的那一版"被遗忘的天使",完美展现了一个相互统一、相互支撑的领导力三角形;"跑腿哥"和组织者是它的超级参与者,转推、观看、点赞和分享他们作品的老百姓是普通参与者。而电影只是一种让社区体验更加丰富的元素,一个像史诗一样在人们之间口口相传的好故事,每一次讲述都会让故事变得更加精彩。

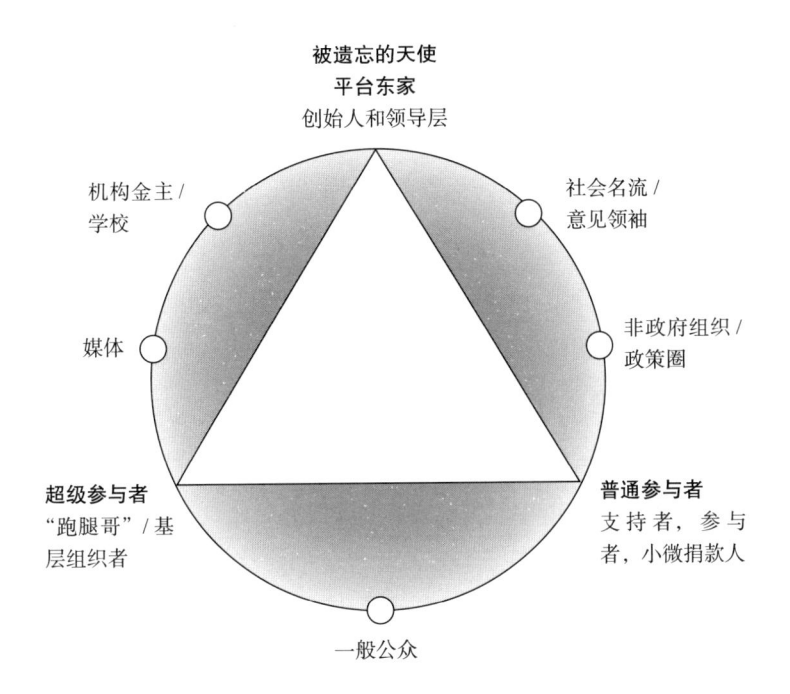

```
                    被遗忘的天使
                     平台东家
                   创始人和领导层

   机构金主/                           社会名流/
    学校                               意见领袖


    媒体                              非政府组织/
                                       政策圈




 超级参与者                            普通参与者
 "跑腿哥"/基                         支持者,参与
  层组织者                           者,小微捐款人


                    一般公众
```

但是《科尼2012》摒弃了这一模式。一旦"被遗忘的天使"移动到三角形的舒适区之外,它就失去了对运动模式和诉求主旨的控制。如果我们对《科尼2012》之后这个组织面临的新环境进行仔细研究,就可以看到,三角形已经被一个由各类利益相关方组成的圆环包围,而这些势力是"被遗忘的天使"养不起的,而且很快就会与之发生冲突。

"被遗忘的天使"的核心社区一直将组织的创始人看作几个专注于人道主义问题的"逍遥浪子",但一般人是没有这种情感联系的。正如扎克·巴罗斯回忆所说:"《科尼2012》一炮打响之后,一下子有几千万人知道了我们,但他们与我们的交集仅限于电影,他们不了解电影背后的人或者组织。在这种情况下,肯定是谈不上什么忠诚因素的。"[265]

《科尼2012》的巨大成功惊醒了蛰伏在外围的一大批利益相关

方，引起了它们的兴趣，也许还有妒忌。大家开始都不淡定了。"被遗忘的天使"原来的三角社区关系是均衡的，但它现在则要受到也在致力于解决同一个问题的学者和博主等意见领袖相当程度的孤立，而且一举一动都会马上招致各大媒体的密切关注。

这部电影也将人们关注的焦点从社区转移到杰森·罗素这位富有魅力的领导人物身上。作为一种策略，他渴望与波诺和巴菲特这样的大人物建立直接联系，也在动员他的基本盘来帮助他实现这个目标。但是，"被遗忘的天使"以往的旧模式让成千上万的人感觉自己也是领导者，在这种情况下，杰森的做法就让人觉得一切都是他的功劳，他崩溃了，组织也就完蛋了（这种关系还有一个例子[266]，兰斯·阿姆斯特朗和他现在已经默默无闻的癌症慈善机构 Livestrong）。而那些已经在"被遗忘的天使"的工作上投入大量心血的超级参与者，现在却感到矛盾，感觉自己的权力被剥夺了，自己不再重要了。他们在这次制作中没有发挥明确的作用。

优步的恶性循环

《科尼 2012》的故事用戏剧化的方式，描述了围绕新势力社区的这一圈外围行动者如何影响了它的命运。

我们看到，一些著名的新势力模式也面临类似的挑战，而且规模还更大。在上一章，我们目睹优步的三角形如何一步步运转失灵。2017 年，随着紧张关系引发的反弹开始向外环蔓延，创始人兼首席执行官特拉维斯·卡兰尼克终于因此丢掉了饭碗。

多年以来，优步似乎总是很享受和它地盘上的其他势力对决。2014 年，特拉维斯·卡兰尼克就曾这样解读优步的世界观："我们正在参加一场政治竞选，候选人是优步，对手则是一个名叫出租车的浑蛋。"[267]（公平地说，鉴于卡兰尼克的个人形象，出租车行业对他的看法恐怕也好不到哪儿去。）最初，优步可以依靠旗下司机们的支持和能量。但是，正如《快公司》的萨拉·凯斯勒所说，出租车司机和优步司机逐渐认识到，他们在争取更好的薪酬和条件的斗争中是有共同利益的。优步在2016年突然降费，导致美国的出租车司机和优步司机组织联合抗议活动，以避免"竞争到底"。阿贝·侯赛因曾是一位优步司机，他领导了堪萨斯城和其他地方的罢工。凯斯勒援引他的话说："我刚开始开车的时候，出租车讨厌优步司机，优步司机讨厌出租车……现在每个人都讨厌优步。时代变了。"[268]

优步在政府关系上采取的是一种"快速行动，粪土规则"①的策略，四处树敌、拉仇恨的速度也很快，这自然使其成为大受监管机构欢迎的目标。2016年，它在美国打了70多起联邦官司，还有另外60起和解[269]。2017年在伦敦，优步有关延续其经营许可证的申请也被拒绝。

优步背后的这些紧张关系最终导致 #deleteuber（删除优步）运动在2017年初火遍一时[270]。当时，特朗普总统禁止穆斯林移民和难民入境，引发公众前往肯尼迪国际机场抗议。而优步则被指浑水摸鱼，想趁乱从机场载客中大捞一笔。这一事件成为整个运动的导火索。后来，特拉维斯·卡兰尼克投奔白宫，参加特朗普经济咨询委员会的消息则使情况变得更加复杂。不过，这场运动之所以能够迅速形成燎原之势，有一部分原因还是人们已经看透了优步，不想再信任它了。结果不仅卡兰尼克被迫退出委员会，更有超过20万用户删

---

① Move fast and break things 是脸书创始人扎克伯格的名言，大意是"快速行动，破除陈规"。后来有媒体借用这句话将优步的做法恶搞为"Move fast and break shit"。——译者注

6 新势力社区如何运转 / 135

除了他们的优步应用[271]。几周之后，又有一位优步前员工苏珊·福勒在她的博客上揭露公司的性骚扰文化，引发了新一轮卸载删除[272]。优步只好低声下气地向试图删除应用的用户发送消息，恳求他们高抬贵手，称公司"深受伤害"[273]。而媒体则在这些八卦中度过了开心到飞起的一天。越来越多的优步内部冲突被公之于世，甚至还有一段卡兰尼克和他旗下司机争吵的视频也流了出来。在这个过程中，卡拉·斯威舍和她颇受欢迎的科技博客 Recode 发挥了关键的批评作用，引导舆论反对卡兰尼克和优步[274]。

卡兰尼克筹集的风险投资比有史以来任何一家初创公司都多，所以最后还是优步的五大投资者捅了他致命一刀。他们的介入，让我们目睹了一个可怕的管理不善的三角形和圆环。媒体、监管机构、竞争对手、员工、司机、乘客和民意都反对卡兰尼克[275]。一个在他自己的三角关系中都得不到任何支持的新势力领导者，自然也没有多少机会能在群敌环伺的包围圈中幸存下来。

后卡兰尼克时代的优步正在努力让公司旧貌换新颜，但未来也有可能会发生更多冲突。优步面临的挑战不仅是文化上的，更是结构性的。2016 年，优步损失了 28 亿美元[276]。造成这些亏损的原因，是公司为了抢夺市场主导地位而不得不在全球范围内提供巨额乘车补贴。如果优步想赢利，它就必须向旗下司机施以更大的压力，为乘客提供更多的价格优惠，把竞争对手彻底打垮。而随着无人驾驶汽车的兴起，未来我们还会看到更加紧张的局面，因为优步会把无人驾驶汽车看作是一项节省成本的举措，但这样做却有可能威胁到千千万万的司机的生计。下一轮"请买国货"式的运动，很可能就要换成"不坐无人车"了。

优步正在排除万难，改革求存，但同时也有其他人在共享平台上努力工作，致力于消除优步模式最糟糕的缺点，创造一个更加和谐的三角和一个更加完美的圆，承诺为每一位参与者提供更好的买卖：乘客、司机以及整个世界。我们下一个故事讲述的就是这样一次努力。

一个更加完美的圆："车行奥斯汀"许下的宏愿

优步用一条短信就和利贾·弗里德曼解约了。

她当优步司机第二天就爱上了这份工作，因为只干了一班，她就赚了300美元。当然，这天适逢奥斯汀有一场大型橄榄球比赛。她的工作充满乐趣，也能帮助她抚养自己十几岁的女儿，让两人在一个新的城市里站住了脚。因此，当奥斯汀市提议立法，规定对所有司机进行指纹识别时，她马上跳出来向优步施以援手，与优步一起强烈反对这项提案。她参加各种活动，以平台的名义发动更多的人参与。她甚至在优步的宣传短片中露过面[277]。

但优步未能得偿所愿。所以，它与另一个大玩家来福车一起直接撂挑子不干了。退出奥斯汀市场之前，它只是用短信将这一决定发送给旗下的司机，然后就立即关闭了应用程序。

就好像市长史蒂夫·阿德勒告诉我们的那样，优步已经"建好了工厂，然后就离开了，但它交出了钥匙，留下了一大群司机，还有一大群乘客"。[278]事实上，几周之内就有一个全新的组织准备进入这个市场。阿德勒在家中举行了一次会议，鼓励一批市议员、科技企业家和商界人士尝试用新的方法提供同样的服务。"车行奥斯汀"（Ride Austin）由此诞生。

"车行奥斯汀"的创建不仅仅是要替代优步，更要解决后者遗留下来的问题，消除其不良影响。它是用一种创业的方式尝试建立一种新的共享出行模式，决定它的是社区，而不仅仅是交易。

TheNextWeb 对它是这样描述的："该应用基本上是克隆优步，只不过背后的企业没那么糟糕。"[279]

藏在"车行奥斯汀"背后的根本不是一家企业，而是一家非营利组织。它提供的是服务于社区的共享拼车服务，致力于降低成本并提高可使用性。正如其口号所言："奥斯汀所建，建为奥斯汀。"[280] 它所推崇并引以为傲的理念，是对家乡的热爱，对司机的照顾以及对慈善的支持。你可以给司机小费，也可以在付车费时给个整数，把找零捐出去支持当地的慈善机构。百分之百的正常费用（豪车服务则为 80%）直接进入司机的口袋[281]。

正如其前任社区主管乔·德肖特尔所说："优步将司机与乘客分开并在他们之间设置这些数字壁垒，以此来保持自己的权力。"[282] "车行奥斯汀"正在打破这些壁垒。它定期举办司机感恩活动，吸引成千上万的社区民众和司机参加，尽情享用户外烧烤和得克萨斯美酒。它已经从当地群众那里筹集了数百万美元，捐赠者们将它的出现看作是社会良心的回归，特别是与优步和来福车那种涸泽而渔的商业模式形成了鲜明对照。它甚至聘请了利贾·弗里德曼，她的热情和专业知识使之成为招募司机的完美负责人，成为司机社区的捍卫天使、知心姐姐和精神领袖。

"车行奥斯汀"一直努力在各利益相关方之间求同存异，这种做法也延伸到了它与政府的互动上。与优步把数据囤积起来不让别人染指的做法不同，"车行奥斯汀"分享其乘车统计数据，从而为交通规划提供更多借鉴，帮助设计更好——同时也更公平——的出行方式。事实上，它向奥斯汀以外地区扩大规模的战略，取决于它能否对其他城市承诺提供更多价值和更好的合作伙伴关系。德肖特尔告诉我们，"车行奥斯汀"对监管机构的态度是，"看，你喜欢这个模式。你喜欢这个平台。我们可以提供这些东西，而且透明度更高，合作更多，比竞争强"[283]。

"车行奥斯汀"将自己能够实现三角形和圆环的和谐关系作为其竞争优势。它现在致力于使旗下司机成为可以享受各种福利的全职雇员——创造可靠的工作岗位。它计划在服务不足的地区开展工作，通过减少单人驾车出行的情况来增加出行，鼓励人们更多地拼车。它还在考虑通过一项建议，把豪车服务所收到的一部分收入拿来抵销低收入乘客的成本。这种做法可以视为共享出行的利益再分配。

奥斯汀现在以"优步末日"的名号为世人所知，城市本身的这种独特性以及进步文化，为"车行奥斯汀"之类的倡议提供了难得的崛起机会。不过，它的故事可能证明是堂吉诃德式的空想。得克萨斯在州一级达成了新的交易，又将优步和来福车请了回来，让"车行奥斯汀"的未来受到了严重质疑。

尽管如此，"车行奥斯汀"仍然可以为我们提供一个重要的启示，那就是我们可以设想一个激进方案来替代优步，并且可以看到如果我们全力支持有可能带来多大好处。"车行奥斯汀"表示，无论是在提供出行便利还是在财务方面，它的服务都具有可行性，能够在竞争中生存下来。到2017年春，它已经接近赢利，出行次数也突破百万大关，并且每周有5100名司机提供7万次乘车[284]。它通过巨大的社区善意和主要参与者之间的信任和满意实现了这一切。

传统观点认为，围绕像优步这样的平台所产生的网络效应，将不可避免地导致全国甚至全球垄断或双寡头垄断（这当然是优步的目标）。然而，正如德肖特尔提醒我们的那样，90%的共享出行都是纯粹的本地行为[285]。这是一项非常适合城市规模和社群性更强的服务，特别是如果司机、乘客、社区和政府的激励措施都能够协调一致。

更进一步说，未来真要出现"车行休斯敦""车行华盛顿特区"，甚至"车行圣保罗",也不是不可能的事儿。使用共享技术和品牌,共享出行应用的本地化版本甚至可以开始组装某种"联邦平台",然后让不同的社区在同一生态系统下拥有并管理自己的一亩三分地。

圆环测试:构建对内对外都能行之有效的新势力社区

新势力社区发展动态的重要意义,不仅仅在于它有助于我们理解红迪为什么揭竿而起,优步为什么后院着火,更在于这些平台对我们所有人都产生了深远影响。

脸书是全球网民人数最多的新势力平台,在对全球受众的支配和掌控上日益占据主导地位。从微观层面上讲,脸书挑战的是那些希望接触更多潜在学生或捐赠者,为此必须付钱给脸书来"提升"其帖子知名度的当地非营利组织或学校。从宏观层面上讲,当脸书通过其不透明的算法选择"谁"能看到"什么"以及"何时"看到的时候,它就对民主话语(democratic discourse)本身提出了挑战。将社交媒体网站想象成单纯的虚拟俱乐部或咖啡馆可能很美好,也没有议会里的政斗或战场上的厮杀那么血雨腥风,事关生死。但事实上,像脸书这样的平台正在越来越多地左右和侵蚀这些领域发生的事情。

举一个著名的例子,我们现在已经知道,脸书曾在2016年美国总统大选中发挥了重要的作用:一方面,脸书是"假新闻"和错误信息传播与扩散的主要途径;另一方面,脸书也成为特朗普的竞选伙伴们在大选前的几天里针对数百万人进行高度复杂的针对性宣传的工具,其作用是增加特朗普的投票率同时打压其对手。马克·扎克伯格对这类说法的最初反应是令人怀疑的:"就个人而言,我认为以脸书上的假新闻——只占内容的一小部分——来影响大选,无论如何都是一个非常疯狂的想法。"[286] 5个月后,脸书变脸,承认它起了作用[287]。此后,相关新闻持续爆出。

当我们思考像脸书和优步这样的大型新势力模式会对更广阔的世界产生怎样的影响时,我们可以进行一次我们所谓的"圆环测试"。圆环测试要求我们考虑平台将对三角形内部和外部圆环的行为体产生哪些影响。就脸书而言,这项测试提出了一些比较尖锐的问题。它对传统媒体发挥其公益作用的能力有何影响?脸书会产生怎样的心理影响?为什么科学证据表明我们用它越多,感觉就越差?[288] 一旦它拥有数十亿甚至更多的用户,又会产生什么样的道德影响?(这个问题尤其重要,因为扎克伯格正在试图向印度农村这样的地方推广通过脸书上网的服务,尽管可能很受限制。)而随着脸书日益成为某种"公共广场",它还应该被私人拥有和控制吗?

不仅政策制定者、学者和伦理学家应该考虑如何进行圆环测试,我们,作为普通参与者和超级参与者,更应该考虑这件事。没有我们,这些平台就会变成无源之水,无本之木,我们决定了它们是茁壮成长还是蹒跚而行。当我们在为是否参与做出选择时,我们考虑的不应只是新势力社区会不会让我们开心或者让事情变得更轻松,更应该评估它们是在帮助,还是在伤害我们周围的世界。这是我们的义务。

7 参与溢价

不断扩张的"星际公民"宇宙

如果达到 6400 万美元的"延伸目标",就会发布太空宠物。

潜在认捐人获得的承诺是,在未来的某一天,他们不仅可以获得"传统的地球生物选项"[289],还可以获得某一类型的外星动物。你可以想象那一年是 2946 年,你正在目睹星际资本主义的快速衰落。

大饼画早了,实事儿还八字没一撇呢。

从发布太空宠物时的区区 6400 万美元最终发展到两亿美元,成为有史以来规模最大的众筹活动。未来如何收场,世人揣测不一——也许成为众筹领域最大的警示故事,也许加冕成为众筹圈的最高成就。

要想讲好这个故事,我们也许需要回到筹到第一块美元之前,回到创业之初,新的宇宙爆炸问世之时。

大爆炸

当游戏开发大师,传奇人物克里斯·罗伯茨在事隔 10 年后宣布重操旧业时,玩家们一片欢腾。作为经典 3D 太空战斗模拟游戏《银河飞将》的创造者,他得到各路玩家的顶礼膜拜,尤其在电脑游戏社区[290]。但随着游戏转向平板电脑和游戏机,电脑游戏已经越来越不受欢迎了。

这次,罗伯茨想下一盘非常大的棋。

他不只是想做一款游戏。他想打造一个"星际公民"（Star Citizen）的宇宙，"一个有生命、有呼吸的科幻世界，拥有无与伦比的沉浸感"[291]，允许无限的游戏玩法。那些不属于游戏圈的人可能想不到这个梦想的野心有多大。罗伯茨要的不仅是重振电脑游戏的雄风，他还要建立一个宇宙——不断向外扩张，一望无垠，而且最关键的是，这个宇宙将由其居民自由塑造。宇宙的变化将以玩家的行为为基础，因此如果某位"公民"找到了一个"跳跃点"进入新的星系，那个星系就将以他的名字命名。玩家还可以设计自己的宇宙飞船（甚至可以将它们出售给其他玩家）。玩家的命运将掌握在自己手里。

在"星际公民"的开发上，克里斯·罗伯茨所做的不仅仅是为他可能创建的世界规划愿景，他正盘算着把更多的人拉进来。

宇宙诞生

当"星际公民"的构想首次出现在罗伯茨的脑海里时，他试图让传统的游戏发行商和风投资本家为其提供资金，但反响寥寥。这是《愤怒的小鸟》和《糖果粉碎传奇》的时代。他对太空模拟类电脑游戏（或者，说人话，用电脑玩的以太空为背景的模拟现实游戏）史诗般的重新构想并没有吸引多少眼球。

所以他只好另寻出路。

罗伯茨在奥斯汀举行的2012年游戏开发者大会上争取到了一次黄金时段的演讲，宣布了他的复出计划。在长达一小时的演讲中，他描绘了自己对"星际公民"的愿景，展示了一系列令人眼花缭乱的游戏设计原型[292]。他带着观众穿行在各种新世界当中，一边说一边玩儿着某一款模型，给人的印象仿佛他就是那个宇宙最大的死忠粉。观众和他一起进入驾驶舱，环视新的天际线。在红迪网上观看现场直播的一位粉丝说："作为玩儿过每一版《银河飞将》《银河飞将之私掠者》《星际枪骑兵》《自由枪骑兵》的人，这就是我梦寐以求的太空模拟游戏啊。我都开始在这儿流口水了。"[293]

但是在演讲结束前大约15分钟，罗伯茨的语调发生了一些变化。开始谈到钱的事儿，他似乎少了一点自信和活力。

鉴于他在激发投资者对电脑游戏的兴趣上面临诸多挑战，罗伯茨告诉观众，他已经决定向"数量有限的一批人"开放众筹[294]。他承诺将邀请他们参与开发过程，随时了解情况，并且能够更早地拿到游戏片段试玩。

罗伯茨的"请求"朴素而直白，也没有刻意要给人留下什么深刻印象。他最后说："如果这件事让你感到兴奋，请访问RobertsSpaceIndustries.com参与并支持我们。所以这就算是我的比稿提案吧，我不太擅长搞这类广告宣传的事。"[295]

就在他离开讲台之前，有人递给他一张便条。他看了一眼，咧嘴笑了，然后把纸条的内容告诉了观众："显然我们的网站正在经历数百万次点击并且已经过载了……我们会尝试将其恢复原状。"[296]

宇宙膨胀

罗伯茨太空工业公司（Roberts Space Industries，简称RSI）的服务器坏了好几天，被巨大的流量搞崩溃了。于是，公司迅速将活动转移到Kickstarter——一个专门为创意项目众筹资金的网站，并设定了50万美元的筹款目标。

在第一个24小时之内，公司就筹集了155 270美元，几近其目标的1/3。[297]

罗伯茨发表了一封感谢信，强调了引起人们兴趣的因素："请记住，我们筹到的越多，我从一开始装进来的内容就越多，我们向世界发出的声音就越响亮。太空模拟，活得精彩！"[298] 认捐不仅仅是游戏的预订（游戏最初计划于 2014 年 11 月准备就绪），更是一笔扩大视野的首付款，是用钱包投票支持个人电脑和太空模拟游戏的一次表态。这是 RSI 与认捐人之间的契约，既有投机的因素，也有支持的因素。

还有飞船的因素。你投入的越多，游戏发布时停在仓库里等着你的飞船就越好。60 美元可以让你获得"原型 300i 飞船待命起飞"。125 美元，你将获得"铁砧航空（Anvil Aerospace Hornet）研发的大黄蜂战机待命起飞（高端飞船，专注于空战格斗/战斗）"。1000 美元，你就将自豪地拥有"你的顶级装备……星座飞船待命起飞"。[299]

人们的兴趣持续攀升，筹款金额也不断刷新。认捐的资金越多，承诺给大家的宇宙互动性就越大，活力就越强。RSI 迅速上线了一个活动中心，鼓励粉丝们创造各式各样的内容。这个被称为"光谱调度"（Spectrum Dispatch）的社区提供了整个宇宙的"秘籍"，供所有人即兴发挥，重复使用[300]。粉丝生成内容已经是游戏行业一项发展很完善的功能，但是在这么早的开发阶段就把这一功能放到如此突出的位置，还是刷新了人们的三观。

在不到一个月的时间里，认捐资金就达到了 200 万美元（通过 Kickstarter 和现已修复的 RSI 网站筹得的资金大概是各占一半），凑齐了给"星际公民"绿灯放行所需的启动资金。罗伯茨通过向社区发表一份乐观的声明来纪念这一时刻，称赞"你们在互动的过程中向我展示了（丰富的）故事和创造力，不管是在评论里、在留言板上，还是在其他地方"。[301]

罗伯茨无可辩驳地证明了公众对这款游戏的兴趣，到了这个时候,他需要的不是鞠躬致谢,而是趁热打铁继续筹款。他宣布了一系列"延伸目标",让他的宇宙继续扩张。每一个目标的达成,都将为支持者解锁新的收益,包括为玩家提供更多的飞船和装备,甚至是"终身飞船保险"(这是对的:那些认捐人是在给自己买放心,省得未来这款游戏最终发行的时候,还要再为他们的概念飞船支付一笔保险费,防止飞船发生任何损失没人赔)。

罗伯茨继续延伸。

到11月中旬,"星际公民们"已经认捐350万美元,回报是驾驶舱的各种装饰方案,比如挂个毛绒骰子,放个摇头娃娃,以及"机头涂鸦"。

集资突破600万美元,"星际公民"获得一段完整的管弦乐乐谱。

到11月19日,经过最后一次24小时直播,筹款活动以惊人的620万美元宣告结束。高奏凯歌的罗伯茨宣布:"战斗已经结束,我们——电脑游戏玩家、太空模拟游戏粉丝、《银河飞将》死忠、枪骑兵还有其他人——我们胜利了!"[302] 这时,有人建议撤下融资跟踪显示器,就此收手。

但需求还在那儿,谁能抗拒?

6月,RSI庆祝筹款突破1000万美元大关,并为此放出了一条新的飞船,进行了24小时直播,还向社区发出了战斗号角,呼吁大家分享这个成功,招募自己的好友加入进来[303]。公民的参与度逐渐提升,视频越来越多,与开发人员的联系互动也越来越频繁,表达观点的机会和场合也更加丰富了。

为庆祝,RSI举办了"公民大会"并进行了24小时视频直播[304]。只用一周时间,"公民大会"就募集了200万美元,使RSI的总筹款达到2300万美元[305]。到了这一步,罗伯茨感到游戏开发可以完全通过众筹进行下去。

于是他只管继续延伸。

接下来突破的是 5000 万美元，RSI 因此承诺聘请语言学家创造外星语言以"提高沉浸感"[306]。6400 万美元，太空宠物出现了[307]。

在英国曼彻斯特举行的 2015 年度公民大会上，克里斯·罗伯茨的妻子，同时也是 RSI 高管的桑迪·加德纳以读信的方式为这场秀拉开了帷幕。在信中，她充满感情地向社区致以个人的敬意。彼时，仅在官方网站一处，粉丝们就已经创建了 26 万多个会话主题和 500 万条回复。加德纳用一句话揭示了这款尚未成为现实的游戏所凝聚而成的深层感情纽带。"如果你已经以任何形式参与到这个项目里，如果你已经至少与别人交过一次心，请举手。"[308]

到 2015 年 12 月，在短短三年多的时间里，RSI 已经从逾 100 万公民手中筹集了一亿多美元，创造了新的世界纪录[309]。这项纪录不仅游戏业难望项背，在众筹圈里也不是一般人能实现的。

所有这一切都为一款尚未面世的游戏，而且开发进度已经比计划落后一年多了。

什么是"参与溢价"

"星际公民"向我们讲述的故事，不管这个故事是令人惊叹还是令人担忧，都揭示了人们在新势力环境中花钱、筹钱和投钱的动态变化。

在 20 世纪，我们倾向于以两种截然不同的方式来思考我们的交易，非此即彼。

一种是基本的经济交换。你购买一件产品，例如，一台冰箱。你有一个非常明确的预期，那就是你订购的是冰箱，运来的肯定不会是微波炉。如果冰箱到货了却无法正常工作,你可以退货退款。当评估冰箱的价格时,你需要权衡产品功能和品牌等无形因素(如果制造商能够让你相信它的家电是一种"奢侈品",你可能就需要支付一笔溢价)。假如你是一位传统投资者,那么你遵守的就是这套逻辑。你参与交易是为了获得预期的回报,而且已经提前把风险考虑在内了。

另一种交易则更具利他性(altruistic)。例如,作为乐施会的捐赠者,你并不期望你的捐款能够获得什么经济回报,除了一些无形收益,比如你知道自己正在帮助人们,你得不到任何实际的好处(在某些情况下,你也会因为自己所做的一切得到表彰,例如将你列为资助人)。最重要的是,这种支出能够产生一种更加高尚的使命感。

近年来,我们已经看到这两种回报——经济性和利他性——越来越频繁地混合在一起。以影响力投资(impact investing)为例,投资者得到的承诺是,他们不仅可以获得良好的回报,还能为世界做出一点贡献。另一个例子是数量一眼望不到头儿的,把自己当成一项伟大事业来宣传推广的各类品牌——巴塔哥尼亚、汤姆斯布鞋或沃比帕克眼镜。这种现象并非今日才有,多年来,公共电视台一直鼓励捐赠,信誓旦旦地说这么做很有一种自由范儿,但今天它已成为主流。

"星际公民"相当完美地将"有价值的东西"与"使命感"结合在一起。那些认捐人期待公司在某一时刻确实会交付他们购买的游戏,并且这款产品会因为游戏增强了使命感而进一步提升自身的价值。

用在星际宇宙身上的颂扬之辞可以从某个非政府组织的宣传手册上拿过来直接用,这种情况绝非巧合。面对来自"游戏机邪教"黑暗势力的竞争,"星际公民"始终扮演着电脑游戏世界救世主的角色。那些参与者被称为电脑慈善家,好像他们正在为解放苏格兰而奋斗终生。罗伯茨对他的拥趸发表的一番见解可谓说到了点子上："从现在起几年以后，当你所爱的人围着你，问你当人们为太空模拟和电脑游戏而战的时候你都做了什么，你可以看着他们的眼睛说，'我帮助制作了星际公民'。"[310]

这两种回报的总和是强大的，但"星际公民"还提供了其他东西，我们可以将其视为一种效应倍增器：参与的机会。从一开始，罗伯茨的销售宣传就承诺，公民将能够直接影响宇宙的构建，并在其诞生之后直接影响其发展。这种持之以恒的信息传递是一种更强大的施为，让人感到公民的选择至关重要，并可能改变整个星系的命运。

用"星际公民"的一位支持者的话说，你实际上是在"花钱买梦做"。通过成为一名公民，你可以掌握一个由你塑造的宇宙。在那里，你可以和别人辩论击败旺都尔人（Vanduul，游戏设定的主要反派）的最佳方式，剖析最新飞船的设计，或者创建自己的同人小说故事，讲述宇宙的发展演变，而且这一切都有一群志趣相投的同好一起努力，他们并不会因为你做的这些事而把你看作是一个怪人。

这种参与的价值是如此之大，以至于公民甚至在游戏面世之前就获得了投资回报。正如"星际公民"支持者"powertowerpro"所说："我花的钱已经值了……我观看了 100 个小时的'星际公民'制作视频。我已经学会了如何制作游戏，如何建造 3D 飞船，我就是一位 3D 模型爱好者，答疑解惑，以及其他许多有趣的东西，外加一些很棒的同人小说！仅此一点就值回我的投资。"[311]

当这些回报汇集到一起时，它们就创造了我们所说的"参与溢价"。"星际公民"付出了一些东西，换来的是未来承诺的游戏和飞船，以及加入复兴电脑模拟游戏这一伟大事业的崇高使命感。而参与则让这两方面的回报都得到了增强：它向你提供了一个都是由和你一样的梦想家所组成的，充满活力的社区的公民身份，甚至提供改变游戏本身的机会。无论你今天"卖"什么,能够提供所有三种回报都是一种巨大的优势。我们可以把这种关系归纳为一个不太科学(但却有用)的等式,比如可以是这样:

(经济回报 + 更高的使命感)× 参与 = 参与溢价

参与溢价的巨大力量在于它可以导致材料价值和价格的脱钩。你作为支持者或参与者获得的奖励并不仅仅与所涉及产品的价值挂钩。对于"卖家"和"买家"来说,它们更复杂,而且可能更为重要。就"星际公民"这个例子来说,这种影响尤其明显,因为基本上来说这个游戏还没有产品提供。

在中国,智能手机供应商小米已经利用类似的动力来发展其市场,并且已经获得百亿美元的估值。

小米借助群众的力量

2015 年,在热情的粉丝支持下,小米创造了智能手机最高日销售量的吉尼斯世界纪录——一天销售了 210 万部手机[312]。在短短几年内,这家初创公司已成为中国领先的智能手机公司,跻身全球三大智能手机公司之列。

自 2010 年创建以来,小米致力于提供高品质、高规格、低成本的手机。然而,它的目标不仅仅是生产理想的产品。与其计划挑战的竞争对手不同,小米将不经过分销商和第三方而直接向市场销售。它与客户群的关系成为使其脱颖而出的一个重要因素。

"小米"暗含"革命"之义,因为"小米加步枪"已经成为中国革命脍炙人口的象征。它的追随者后来有了一个尽人皆知的称呼——"米粉"，因为他们都接受了一个共同的身份，加入了一场友好的、反文化的、脑洞大开的革命（当然肯定不是一场政治革命），并通过精明的社交媒体策略和聪明的品牌外围产品，如可爱的吉祥物和时髦T恤衫快速形成燎原之势。甚至其竞争对手也以敬畏的态度提到了小米在其客户中所激发的"偶像崇拜"[313]。

小米通过一年一度的"米粉节"为这种偶像崇拜注入源源不断的活力。米粉节不但是对粉丝们的一次巨大犒赏，也是一场空前的销售盛会，提供了与公司接触互动的丰富选择，从提供反馈，到玩新的在线游戏，甚至还有机会买到市场上罕见的宝贝。小米每年还会定期在全国各地举办"爆米花"活动，每次都能聚集成百上千名超级粉丝与公司进行联谊（并且吃掉很多爆米花）[314]。

2012年初，小米的联合创始人林斌先生在接受采访时表示，公司已经在社交媒体上开发了一个拥有200万用户的社区[315]。至关重要的是，这些人不仅仅是追随者，他们还是产品开发的积极参与者。另一个大品牌苹果也拥有一批狂热的粉丝群体，而且小米也喜欢与苹果做比较。但与苹果不同的是，小米的初衷是开放开发过程，而不是保密。它的粉丝们不仅能投票选出他们喜欢的功能，而且还得到鼓励为手机的用户界面提供自己创造的设计[316]。《纽约时报》的一篇文章讲述了一位超级粉丝的故事。24岁的韩雨（音译）自愿为小米服务，好像它就是"人类的家园"。他测试用户界面，寻找漏洞，并在公司论坛上担任版主。他的回报呢？他在公司的平台上结识了朋友，甚至还有一项产品创意得到小米的采用。"我真的很喜欢那种参与感。"韩雨说。[317]

到2015年，在小米估值达到令人难以置信的450亿美元的时候，林斌已经敢说有4000万会员参与小米的用户论坛了[318]。另一位联合创始人黎万强报告说，小米智能手机论坛每天都会发生 100 万到 200 万次互动[319]。每一周，在所谓的"橙色星期五"，小米都会提供用户界面的更新版本，并请社区提供反馈。正如黎万强所描述的那样，这就像"拥有一个 10 万人的研发团队"[320]。甚至还形成了一种公司传统，开心地讲述有关小米用户创造力的各种段子，比如某位粉丝一天晚上喝得有点高，在试图回家的路上突然有了一个改善手电筒功能的创意。[321]

行为经济学家迈克尔·I. 诺顿、丹尼尔·莫孔和丹·艾瑞里的工作有助于我们了解小米这类公司的深层动态。他们已经总结了一套理论，并将其称为"宜家效应"，用来描述人们对自制产品赋予更高价值的一种趋势[322]。他们的主要观察是，当人们将一套自行组装的产品部件拼装成一件家具时，他们总是严重高估自己的创作水平（其实往往拼得很蹩脚）。为了测试这种现象是否更具普遍性，他们设计了一项实验，指导一组人折纸天鹅。他们请那些折纸的人——"建造者"，以及其他没有参与的人——"非建造者"，赋予这些折纸作品一个价值："虽然非建造者认为这些业余创作几乎毫无价值，跟废纸一样，但我们的建造者却给他们的折纸作品赋予了价值。"效果非常明显："建造者对他们的折纸如此高看，以至于他们愿意为自己的创作支付的钱，与另一组非建造者愿意为我们的专家精心制作的折纸而支付的钱几乎一样多。"[323]

他们的结论是：人们更重视他们能够塑造的物体以及这种体验。

实际上，即使产品本身有一点荒谬，并且活动的目的就是搞笑（而非什么高大上的东西），聪明的参与邀请仍然可以带来显著的成果。2014 年，扎克·布朗在 Kickstarter 上向全世界宣布他想制作土豆沙拉。他的宣传几乎没经过什么精心设计："基本上我只是想做土豆沙拉。我还没有决定要做什么样的。"他的筹款目标也不高——10

美元[324]。结果足以让人惊掉下巴，他竟从近7000名支持者那里筹到了5.5万美元！而且还有许多人对这种无厘头式的搞笑感到乐不可支。布朗的恶搞其实是对整个众筹模式的一次吐槽。他承诺，任何认捐三美元的人都会得到一份沙拉。在他提供的"大餐"里，扎克兑现了他的承诺。他一边削土豆皮，一边称赞了所有支持者，最后居然在YouTube上直播了近4个小时，快赶上一部史诗大片了。不过，那感觉有点像观看安迪·沃霍尔的某一部电影，全是无穷无尽的无声慢动作镜头。有些支持者把视频重新混剪，特别突出属于他们自己的那1.5秒的扬名时刻。一位说话特尖刻的YouTube点评者对这条念人名的视频评论道："名字的主人都是一些白痴，他们是如此可怜和孤独，必须掏钱才能获得一点成就感。"[325]（而互联网对此可能回应说：欢迎来到21世纪。）

挣钱和筹钱的新（旧）技能

为了在新势力世界中筹集资金——不管是通过收入、捐赠、资本投资，还是贷款，你需要开发一套新的技能，一套不同于在20世纪实现这一目标所需的技能。现在，请先回想一下过去的生活方式。

杰里米的父亲弗兰克大半辈子时间都在澳大利亚担任独立纪录片导演。为了制作一部电影，他会先写一个"故事脚本"（制作先行预告片太贵了），小心翼翼地与无所不能的政府电影资助机构里的一些有权有势的大人物拉关系，让自己屈从于卡夫卡式的行政程序，然后一边默默乞求好运降临，一边等待别人宣布自己的命运。

亨利的母亲戴恩是英格兰的一名儿童书籍插画师。她的筹款工具是她的作品集和名片簿。她用作品集展示自己的技术熟练程度和工作范围，同时也借此表明她的作品有其他出版商的支持。名片簿则对参加一次重要的"伦敦会面"至关重要，也许会面就可能让编辑竖起大拇指（或者相反），进而决定戴恩的生计。即使是"同意"，开始的时候也会要求她对作品进行修改，有时甚至是无休止的来回折腾，而且这些修改并不一定要给你很多解释，也没有什么逻辑可言。

在上面这两个圈子里，真正一言九鼎的人不超过 100 个，而要想在这样的圈子里出人头地，你需要对这类权力的迷宫有深入的了解和认识。最重要的技巧是挖空心思与那些实权大佬以及"潮流制造者"拉关系交朋友（而且一定要小心，不能得罪他们）。资历非常重要。你需要"趋炎附势"，削尖脑袋往上爬；你需要上对学校。一旦你钻进这个系统，你就会想尽办法把别人挡在外面。

无论是"星际公民"这样一个史诗级规模的项目，还是某人被迫要为自己的膝盖置换手术筹集资金之类的微观小事，都出现了一套与以往不同的崭新的融资技能。基本情况概述如下：

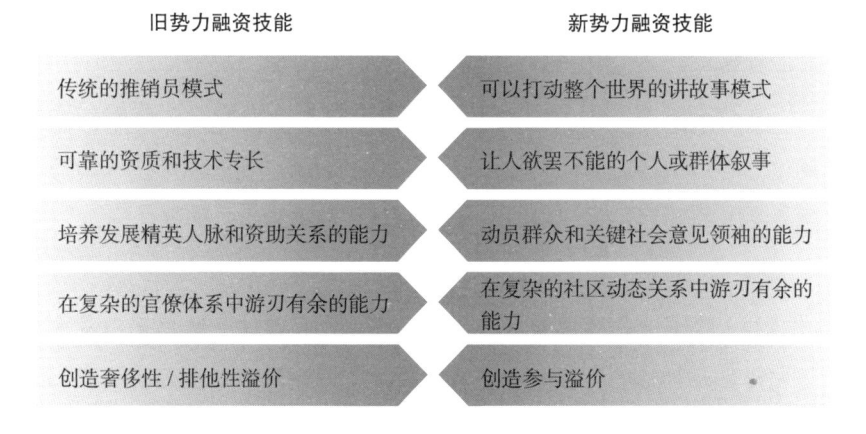

旧势力融资技能	新势力融资技能
传统的推销员模式	可以打动整个世界的讲故事模式
可靠的资质和技术专长	让人欲罢不能的个人或群体叙事
培养发展精英人脉和资助关系的能力	动员群众和关键社会意见领袖的能力
在复杂的官僚体系中游刃有余的能力	在复杂的社区动态关系中游刃有余的能力
创造奢侈性/排他性溢价	创造参与溢价

当然，旧势力融资技能和人脉关系仍然可以提供巨大的支持。想想看，如果一位女性或有色人种，或非常春藤盟校的毕业生，想在硅谷筹集资金会是个什么结果。不过掌握这些新技能可以为绕过封闭

的，以赞助和供养为基础的体制提供一种方法。越来越多掌握新技能的人成功地制作了他们的电影，拓展了他们的业务，创造了各种经济价值。或者甚至，正如我们将在下一个故事中看到的那样，卖啤酒。

新势力融资技能在行动：酿酒狗的醉人故事

酿酒狗（BrewDog）是苏格兰的一家初创公司，通过在筹集资金、培养群众和酿造啤酒等方面大胆而精明的试验，它在自己所处的行业掀起了一场革命，而且是大革命。

2007年，两个24岁的小伙子詹姆斯·瓦特和马丁·迪基从银行拿了两万英镑的一小笔贷款，开始了酿酒狗的创业故事。他们在第二年就迎来一次重大突破。当时，这对搭档参加了由英国最大的超市连锁乐购举办的一场盲品大赛。结果他们的啤酒将前四名全部收入囊中。这个战绩真不赖。奖品就是一下子赢得了数百万英国消费者的青睐[326]。

瓦特和迪基都是嗜啤酒如命的苏格兰人（你懂的，苏格兰人嘛），而且视权威如粪土（你懂的，苏格兰人啊），他们把这股精神融入品牌的各个方面。《卫报》详细讲述了酿酒狗干过的恶作剧：

> 除了一般的滑稽搞怪之外，他们还曾驾驶一辆坦克沿着卡姆登大街行驶；将一款啤酒命名为"海洛因和可卡因鸡尾酒"，用来纪念里弗·菲尼克斯和约翰·贝鲁西[①]；将两位创始人的裸体照片投影到议会大厦；在大西洋底部酿造啤酒；从直升机上把

---

① 两人均为美国影视明星，均因吸毒过量而死。——译者注

一堆毛绒玩具猫扔进伦敦城；雇用一名侏儒向议会请愿，要求使用 2/3 品脱玻璃杯；他们还为 2011 年的皇室婚礼推出一种含有什么"草药伟哥"、巧克力和淫羊藿之类天然春药的啤酒，并将其取名为"皇家雄风"。[327]

瓦特和迪基将他们无节操的营销和讲故事技巧与对"做市场上最好的，最原汁原味的，最带劲儿的啤酒"的执着追求结合在一起，以高度认真的态度对待这个项目，甚至还聘请了博士级的微生物学家到他们在苏格兰的工厂工作[328]。他们赢得了一大批忠诚而狂热的追随者（哪怕他们的批评者谴责他们是令人难以忍受的嬉皮潮人）。从曼彻斯特到圣保罗，他们现在在世界各地拥有 40 多家酒吧，而酿酒狗的产品永远上架就没，供不应求。这家公司已经成为英国发展最快的食品和饮料生产商[329]。

为了保持其反建制的精神和叙事，酿酒狗采取了截然不同的方式来支持其早期发展。它选择团结（醉酒）群众，而不是道貌岸然的法院精英。它没有依赖进一步的银行贷款或风投资金，而是从它自己的消费者那里筹集了数千万美元的资金。在此过程中，酿酒狗成为"众股众权"（crowd equity）的早期先驱，有 2.4 万名消费者成为企业的"共同所有人"（在这些投资者里，首批 1329 名投资者在酿酒狗将一大笔股权售予某私募集团的交易中获得了 2800% 的回报。当然，这已经是公司发展后期的故事了[330]）。

詹姆斯·瓦特带着他特色鲜明但并非毫无道理的虚张声势评论道："将英国中小企业束缚在沉闷而缺乏想象力的传统筹资方式上的精神枷锁已被打破。我们迎来了一个勇敢的新世界。"[331] 酿酒狗的第四轮群众股权融资于 2016 年结束，从成千上万的普通顾客手里筹集了创纪录的 1900 万英镑，而这些普普通通的酒友被酿酒狗自豪地称为"朋克股东"[332]。

为了实现这一壮举，瓦特和迪基必须掌握构建社区的技能。作为一名朋克股东，你会收到世界上最具娱乐性的年度股东大会的邀请（2015年有6000名酿酒狗投资者应邀与会）[333]。股东大会实际上是一场大型派对，有大牌乐队献唱，还有喝不完的啤酒。你还可以获得产品的折扣优惠。在公司为投资者开设的在线社区平台上，朋克股东们可以相互联系，探讨精酿啤酒，分享生活乐趣，并对公司的经营管理建言献策。这种沟通所产生的强大黏合力丝毫不弱于公司酿造的啤酒。又一次，我们看到参与溢价发挥了作用。

朋克股东们还可以参加"垮掉的一代集酿俱乐部"。这是一个"完全由我们的朋克股东投资者控制的啤酒酿制平台。您有机会对我们酿造的产品进行表决投票，并全权决定我们将为下一批瓶装啤酒增添多大程度的无政府主义的叛逆性。然后，您将受邀参观我们的酿酒厂，参加我们的年度股东酿酒日活动，酿造您所创造的啤酒"[334]。股东可以对一切做出选择，从"啤酒花和苦味口感"的水平到啤酒的标签与名称。

现在，酿酒狗已经不再是原来那个行业的反叛者，而是有了一点主流企业的味道。在这种情况下，它又将如何引导消费群体的发展变化？这是酿酒狗故事中一次饶有趣味的转折，而且这次转折也是对其新势力融资技能的一次真正考验。两位创始人在运用新势力技能方面游刃有余，而他们能以2.65亿美元的价格向某私募集团出售23%的股份，说明他们的旧势力手腕也毫不逊色（按这笔交易的股票价格计算，公司估值达到12亿美元）[335]。虽然詹姆斯·瓦特声称，"我们不会让这笔交易冲昏头脑，不过马丁确实为自己买了一件新毛衣，"[336]但是这笔交易确实也提出了一些问题，无政府主义的非主流们能够在多大程度上与主流的私募们愉快相处？酿酒狗现在需要学会融合权力（blend power），取新旧势力之长，以求实现消费群众和投资者的皆大欢喜（详见第10章）。

勇敢的新经济：新势力融资的巨大影响

影响之一：更多的"老板"并不等于更好的治理

2015年初，克里斯·罗伯茨从"星际公民"的视野中消失，在伦敦的一个电影摄影棚与《星球大战》的卢克·天行者和《X档案》的特工黛娜·史卡莉一起猫了66天。一些"星际公民"开始怀疑他是否已经出局，要么就是中断了与他悉心栽培的社区的联系。人们怀着敬畏之心称呼的"罗主席"，仿佛已经进入另一个星际空间。

《星际公民》这款游戏的筹款成功，让罗伯茨的雄心壮志极度爆棚，以至于他现在就想动用真正的演员为《42中队》——以《星际公民》宇宙为背景的另一款独立游戏——拍摄一部真人动画预告片。卢克·天行者的扮演者马克·哈米尔和史卡莉特工的扮演者吉莉安·安德森出演主角。为了增加成功的砝码，RSI还与加里·奥德曼签约，由他出演海军上将毕晓普。

但是，罗伯茨的神隐恰逢《星际公民》的第一人称射击模块《星际陆战队》传出消息，原本2016年6月上市的计划将无限期推迟。结果他的失踪和游戏上市延迟引发了人们对星际宇宙健康状况的担忧。

就在这时，德里克·斯马特登场了。斯马特是一位经验丰富的游戏开发商，作为《星际公民》的认捐人，他认为自己是罗伯茨的"922034位老板"之一。鉴于罗伯茨现在擅离职守，斯马特公开要求对 RSI 进行审计，查看其费用报告，制订明确的交付时间表。他还质疑罗伯茨的妻子和兄弟为什么也要插手公司运营并从公司领取薪水[337]。随着他的要求逐渐为越来越多的人所了解，一些人加入他的质疑行列并开始提出他们自己的问题。然而，其他人对斯马特的挑衅采取了截然不同的态度。他们开始称他为"那个连名字都不能提的人"[338]——满满的哈利·波特风格。

斯马特的质疑起初没人在意，直到 RSI 决定退钱给他，剥夺他的"公民权"，让这位爷彻底消停，才有一些媒体开始关注此事，并引起了一些议论。

令人惊讶的是，人们对于斯马特挑战罗伯茨的权威并没有达成共识。有些"星际公民"确实赞成斯马特的分析，希望增加透明度，搞清楚认捐的大量资金都去了哪里，但同时也有许多人不想加强监督。在留言板上进行的一项不太科学但很有说服力的民意调查询问参与调查的人："鉴于最新的事态发展，您现在是否希望有一个公开可行的退款流程？"74% 的"星际公民"投了反对票[339]。

一些"公民"担心增加制衡是傻子学奥数，白费工夫，要不然也会干扰他们完成建设自己所挚爱的游戏这一倍受珍惜的使命。有评论者写道，那些想要把 RSI 和《星际公民》往坏处想的人，无论给他们摆出什么证据，都不会改变自己的主意。正如一位"公民"评论的那样："我不确定你是不是真懂这里面是怎么干的。即使其中三项审计都清清楚楚没问题，人们仍然不会满意。"[340]

为了平息人们的焦虑，罗伯茨只好从拍摄现场跑回来，让有关透明度和问责的讨论告一段落。刚从英国回来，他就发布了一段名为《主席的十大任务》的 90 分钟视频，对社区主要关心的问题进行了回应，提供了实地考察了解的最新情况[341]。他还给社区写了一封长信，承认 RSI 面临的挑战，汇报了公司取得的令人兴奋的进展[342]。

罗伯茨一面努力与社区互动，一面对"星际公民"的主观能动性表示认可和赞赏。双管齐下，总算平息了这场叛乱。

如果把《星际公民》看作社区建设的一个典范案例，那么斯马特的叛乱就揭开了故事的另一面，让人发现在这个故事里，还有百万之众毫无权力可言（至少在撰写本书的时候），也无"永恒宇宙"可以入驻。除了满怀希望地坐等，或者发一篇气哼哼的推文，一个身单力孤的支持者在这个问题上其实做不了什么。事实上，更多的老板并不意味着更多或更好的治理。

正如斯马特所领悟到的那样，动员一批持股不多、利害关系不大的"星际公民"投资者来质疑他们抱有很大期望的一项承诺是非常困难的。对未来抱有乐观预期的阴谋很难破解。正如游戏博客小宅网（Kotaku）所说："在大多数人的心里，即使他们总体上不是太空模拟游戏的支持者或粉丝，也会希望《星际公民》获得成功。任何失败，或者被人们认定的失败，都是对成百上千个克里斯·罗伯茨的职业生涯以及整个众筹事业天大的抹黑和贬低。毕竟，我们正在谈论的是成千上万的个人支持者。"[343]

这里的讽刺意味就很明显了，差不多100万个老板最终实现的监督，还不如旧势力结构下一小撮手段多多的关键财务支持者。我们似乎有理由认为，更传统的投资模式可能会更好地推动罗伯茨实际交付，而不仅仅是卖几个驾驶舱装饰的承诺。同样对于酿酒狗，我敢打赌，在TSG Consumer Partners工作的那些私募老爷对其2.65亿美元投资的审查，一定比持股不多、利害关系不大的朋克股东头脑更清楚[344]。

新势力融资的黑暗面往往是，当我们热衷于参与某事的时候，我们没有花足够的时间考虑参与的性质和条件。我们知道我们可能会得到什么，却不知道我们可能会放弃什么。

7 参与溢价 / 163

不管是不是好事儿，一些国家的监管机构总算开始采取措施，保护支持者免受不择手段的众筹活动影响：如果它们保护我们免受欺诈，那当然最好，但如果它们只是硬压着许多接受资金支持的风投企业把风险承担放在企业经营的核心位置，那可就麻烦了（Kickstarter将在它网站上列出的项目的固有风险描述为一个"特点，而不是毛病"）。

影响之二：病毒≠致命

"2013年7月，我们4岁的女儿伊丽莎被诊断患有一种名为甲型沙费利波综合征的罕见遗传性疾病，已至晚期"，"来资助我"（GoFundMe）的众筹活动由此开始。"仿佛晴天霹雳，我们得知，我们不得不看着她在我们的眼前慢慢逝去。"[345]

这个凄凉的故事终于迎来了一线希望。全美儿童医院的研究人员已经开发了一种专门治疗沙费利波综合征的突破性基因疗法，只需200万美元就可以进行临床试验。

伊丽莎的父母格伦和卡拉·奥尼尔为他们的众筹活动设定了200万美元的目标，比"来资助我"以前任何一次筹款都要多。最初的进展较为缓慢：他们发现很难让自己社交圈子以外的人了解这一切。一天晚上，格伦疯狂地用谷歌搜索"如何制作一个能够迅速走红的视频"，并找到了一位年轻的摄影师——本杰明·汪枫。

本杰明和他的同事放下所有工作，飞往南卡罗来纳州的哥伦比亚，与奥尼尔一家待了8天。他们一起制作了一部让人揪心的短片，让孩子的父母用心力交瘁的声音讲述伊丽莎的故事。"'希望'是一个好词，但我们需要采取行动。"卡拉说，呼吁人们紧急行动起来[346]。这是一个饱含深情的故事，进一步强化了对诉求主旨的表达——那个在慢动作镜头下完全正常、漂亮的宝宝伊丽莎。

这段视频实现了奥尼尔一家需要的突破。它得到了主流新闻媒体的关注，在YouTube上吸引了60万次观看，捐款数额大大增加。到2015年临近岁末之时，奥尼尔一家即将实现他们起初不敢奢望的200万美元的目标[347]。这时，又有一位富有的得克萨斯商人加入进来，承诺补足募捐资金的剩余缺口。2016年5月，伊丽莎成为世界上第一个通过众筹资金资助接受实验性治疗的孩子。

如果非要找到一个成功的众筹故事，那么伊丽莎的经历应该可以算一个。一种罕见的疾病，太过小众和边缘化，以至于无法吸引正规机构的资助，但从成千上万小微捐献者的慷慨解囊中找到资源，让每个人现在都为伊丽莎的遭遇投注心血。还有什么能比这样的结局更值得庆祝？

然而，虽然会有一两个成功的个人故事振奋我们的心灵，但从许多新势力融资案例来看，总体情况其实更加复杂。在2016年的达沃斯，一个充满创新流行语的装置提供了一种新的可能性，而且乍一看还挺有新意，很令人兴奋："假如公共基础设施由群众资助将会怎样？"哈佛大学法学教授乔纳森·齐特林拍摄了这个装置的照片并添加了文字说明，"或者像有些人说的那样，'税收'"。[348]在一个旧势力世界中，他提醒我们，许多现在正在分解和众筹的事情都是集中管理的。我们缴税并要求政府制定理性决策，平衡社会的不同需求和优先目标。与众筹截然相反的是，在税收问题上，我们几乎没有任何代理机构来决定资金如何使用（除了每隔几年投票选出做出这些决定的政府）；我们也没有"反馈循环"，能让我们发自内心地产生一种参与建设的满足感；某个个体的故事或单独的挑战更影响不到我们，不会引起我们的反响。毫不奇怪，鉴于作为纳税人的"用户体验"十分没有成就感，人们对政府越来越怀疑，越来越疏离。

不过，我们还是可以想象一下一个城镇的基础设施支出由众筹承担，不依靠纳税人资助的政府集权机制的情景。在这种情况下，能够吸引最多热度和美元的，十之八九是那些最有趣、故事最好听的公共基础设施项目，帅呆酷毙的太阳能地下农贸市场几乎肯定会比清理当地公路上的碎石这类非常重要却一点儿也不讨好的项目更受欢迎。

环保主义者多年以前就已明白这个略微令人沮丧的道理。当像世界野生动物基金会这样的团体向群众筹集资金时，它几乎只能依赖动物保护圈子里所谓的"魅力巨兽"来完成任务。"拯救熊猫"永远比提出保护中国中部山区的战略计划更有力，虽然那一地区正好是大熊猫赖以生存的栖息地。随着众筹模式在过去被视为"公共产品"的领域（如教育）逐渐扩散，一场争论也在持续发酵。为课本这类东西进行众筹，是真在帮孩子，还是反而损害了公共教育？因为这么做实际上是减轻了政府的压力。"来资助我"已经成为美国最大的众筹网站，在很大程度上这是因为它已经成为帮助那些穷困百姓为自己的基本医疗保健筹集资金的一种方式，而在许多其他国家，基本医保都是国家提供的[349]。

众筹也可能起到强化特权的作用。伊丽莎·奥尼尔有一位足够聪明的父亲，能够制作一段迅速走红的视频，讲述女儿的故事，还有一位儿科医生的母亲，拥有专业的技能和知识，能够在医疗保健系统中寻找有效的治疗方法。我们往往看到，在这个新的碎片化世界中，在那些真正的"局外人"故事里，最能够煽动群众支持的，最后证明还是那些已经很有力的故事。毫无疑问的是，众筹确实为人们提供了很大的机会，可以让人们发挥自己的主动性和创造性，亲自到市场中去历练一番，但目前缺乏任何机制来确保众筹的利益得到均匀分配或有效配置。

2946 年的生活：未来的融资

对于超级粉丝奈卡拉来说，他在红迪网上的参与加深了他与"星际公民"的联系。作为一名自封的"星际公民"大使和招聘者，他一直在红迪网上撰写长篇帖子，帮助"人们了解游戏"[350]。通过这些帖子，他遇到了另一位公民，两人决定联手，成立一家媒体公司。

三天后，他们推出了帝国新闻网（Imperial News Network），其使命是"将宇宙变为现实"，并涵盖所有与"星际公民"有关的新闻和讨论[351]。它成为深受其他公民喜爱的门户网站，偶尔还能邀请到 RSI 团队成员作为嘉宾。

尽管游戏本身的发行屡次推迟，但像奈卡拉这样的粉丝早已深度参与其开发。他告诉我们，RSI 有一个"公测宇宙"，在那里，"每天都有支持者帮助他们测试游戏，改进它，找出错误，修复错误。实际上，找错误的时候更多……这是一次高度协作的游戏制作，这就是你得到的感觉。这也是我的项目，你知道吗？"

奈卡拉认为他在星际公民中发挥的作用算是为这个史诗般的项目做出了一点贡献："你将构建一件以前从未构建过的东西。从来没有人想过要建造这样的东西，但是你把三块砖砌进那堵墙里。它矗立在那里的唯一原因是你做出了贡献。这就是你得到的那种感觉。"

奈卡拉的贡献不止三块砖。他已经花了大约 2075 美元。他拥有 6 艘飞船，带了至少 10 个朋友加入游戏，还购买了 T 恤和连帽衫。他尤其喜欢将飞船作为礼物赠送给其他玩家，带一些新人加入社区。根据他的计算，他在《星际公民》的消费每月约为 35 美元，低于他每月花在手机上的 85 美元。

截至本书撰写时，《星际公民》的众筹已筹集超过 1.5 亿美元，而它所承诺的史诗般的宇宙仍在建设中。

罗伯茨继续鼓励他的追随者，让他们继续保持梦想："每一天，我们都会更加接近我们共同的梦想，建设一个活生生的科幻世界，能够让我们以前所未有的方式沉浸其中。"

许多人可能将此视为一场骗局，而且最后很可能证明它就是一场骗局。但也有另一种看待《星际公民》的方式。像奈卡拉这样的粉丝认为他们的投资已经获得了真正的回报，支付给他们的不是钱，而是紧密的社区关系和贡献与想象的机会。

这可能是整个故事最具讽刺意味的地方。粉丝们从 RSI 购买的那个原始宇宙——如果它真的到货，可能永远不会像他们已经共同创造的这个宇宙那么具有沉浸感，那么丰富多彩，那么充满活力。

打造新势力团队

一场非常英国的"民意绑架"

2016年5月10日星期二下午2点30分，在英国议会大厦的威尔逊厅，人们开始对英国一艘船刚刚发生的事情展开正式调查。

调查委员会主席以一个问题开始了整个调查程序。他请自然环境研究委员会（NERC）首席执行官邓肯·温纳姆教授回答一个关于他老板的问题："你是否认为大臣本人对此感到骄傲……还是说你认为他会让你下台？"[352]

温纳姆使劲儿往自己脸上贴金，比英国自己的官僚能吹多了。他宣称正在接受调查的项目已经取得"令人惊叹的巨大成果"，并且他的组织刚刚成为"可能是全世界最著名的研究委员会"[353]。

虽然这艘不走寻常路的船最终把议会都惊动了，但它的故事在开始时并没有太大的戏剧性，也没有人对它抱有什么过高的期望。NERC是英国政府的一个相当冷僻的独立机构。它是环境科学的领先公共资助者，为各种研究、大学和其他项目提供支持。它进行拨款，也资助研究报告，解决各种各样复杂的科学问题。

但是到2016年初，建造一艘极地研究船的计划让NERC开心到飞起。这艘价值三亿美元的新船将成为"英国有史以来最大和最先进的研究船"，并将于2019年下水[354]。

为了让公众参与这一重要时刻，NERC举办了一次名为#NameOurShip（给我们的船起名字）的活动，广邀各方意见，然后由公众投票，为这艘新船选一个合适的名字[355]。正如温纳姆教授当时所说的那样："我们很高兴倾听公众有什么建议，我们真的对这些想法持开放态度。"[356] NERC 的新闻稿后面列举了一批已经提交的严肃庄重的名字："奋进""沙克尔顿""法尔肯"等，然后开放投票一个月[357]。

这场由旧势力政府机构发起的，一板一眼却相当傻白甜的新势力实验，很快引起了英国广播公司（BBC）前主持人詹姆斯·汉德的注意。他对"奋进号"这一类名字没什么特别的兴趣，反而是那些突然冒出来的更加异想天开的名字吸引了他的注意。所以，他输入了"长着一副船样儿的小船船"[358]（Boaty McBoatFace）①。然后他填写了一段解释说明，用以证明他的建议理由充分，言之有据，他的逻辑很简单："这就是一个绝对精彩的名字。"[359]

网络世界当然没意见啦。

"小船船"立即吸引了数万张选票。NERC 网站被网民的投票热情烧到崩溃。征名活动进行到第三天，汉德发了一条非常英国的道歉推文："我对所有这一切感到非常抱歉，@NERCscience。"[360]

这只是一个开始。很快，英国新闻媒体就开始出现关于这艘小船恶搞成功的报道，臃肿的政府机关也不得不开始应对社交媒体日益高涨的支持"小船船"的声浪。

这件事引起了全球媒体的兴趣，美国国家公共电台（NPR）、《纽约时报》和 CNN 纷纷加入报道"小船船"的小船队。"小船船"已成为一个偶像，英国各地的媒体头条、电视节目、酒吧以及

---

① 这个梗比较难理解，译者此处的翻译推测程度较大，未必准确，仅供参考。"名词 +y" 多指儿童化的对象，比如 kitty, piggy, doggy, sweety 等，Mac/Mc 是爱尔兰/苏格兰前缀，意思是某家的儿子，而 BoatFace 的字面理解是一张船的脸，所以整个意思合起来就是，一条长得就是船的小船。潜台词有点类似于"不就一条船嘛，起啥名儿"的感觉。——译者注。

餐桌上全都在八卦它的故事。它已成为一种文化现象，既是英式幽默感的一次即兴狂欢，也是一段关于江湖和庙堂的现代寓言。它甚至为追逐风口提供了一个很好的例子，因为邮轮巨头皇家加勒比国际邮轮公司居然来联系詹姆斯·汉德，请汉德施展他专业的船舶命名技能，助加勒比的下一艘邮轮顺利启航。正如总裁兼首席执行官迈克尔·贝利所说："英国人民在看到这艘巨轮的时候就知道它的名字。"[361]

"小船船"已成泛滥之势。

命名活动声达四野，有 2.5 亿网民知道此事。推特上的账号 #NameOurShip 使用了 2300 万次。网站创造了 230 万次页面访问量[362]。

"小船船"顺理成章地以压倒性优势赢得投票，总共吸引了 124000 张选票，遥遥领先于前十名中的其他候选船名，其中值得一提的有"我喜欢大船，我不会说谎号"，"皇家研究船这儿真冷号"以及"擎天船号"①。[363] 整场冒险已经演变成我们所谓的"民意绑架"，经过各路群众的恶搞演绎，完全背离了它的本意。

并非所有人都觉得这很好玩儿。据《卫报》报道，英国科技大臣乔·约翰逊在投票结束后说："我们想要一个比社交媒体新闻热度更长久的名字。"[364] 坊间传言日盛，称温纳姆将对群众选出的结果行使否决权并做出最终决定。

就这样，"长着一副船样儿的小船船"于 5 月 6 日星期五葬身大海。NERC 采取了一种聪明但是有点对付的应对办法，宣称它将以

---

① 我喜欢大船，我不会说谎（I Like Big Boats and I Cannot Lie），恶搞了美国歌手 Sir Mix A Lot 的一首说唱单曲《我喜欢大屁股，我不会说谎》（I Like Big Butt I Cannot Lie），歌曲正式名称是 Baby Got Back。皇家研究船这儿真冷（RRS Its Bloody Cold Here），恶搞对象不明，不过《泰坦尼克》号里两名夜晚值更观察海面冰情的船员有一句台词是："It's bloody cold here"。擎天船（Boatimus Prime），恶搞的是变形金刚汽车人领袖擎天柱（Optimus Prime）。——译者注

伟大的博物学家、电视节目主持人、知名的国宝级人物大卫·爱登堡爵士的名字命名这艘船。这是一个不会让任何人有意见的选择。为了进一步减轻对民意的打击，它又声称这艘人民之船将会换个形式继续活在科考船上，它将把船上的一条水下遥控探测器命名为"长着一副船样儿的小船船"[365]。

随之而来的议会调查在一定程度上算是对捅出来这么个大娄子的NERC施以象征性的惩戒。另外，调查也是一次真正的讨论，他们对于能从这次病毒传播的戏剧性事件中吸取哪些教训进行了具有科学传统的讨论。

为了让讨论更加深入，NERC带来了一位专家证人，谢菲尔德大学社会学家詹姆斯·威尔斯登教授。他坚定勇敢地为NERC用爱登堡命名的这一招儿辩护，认为这是一次"非常漂亮的妥协"[366]，但当他承认自己也投票支持"长着一副船样儿的小船船"时，他终于成功地把一屋子人都搞得歇斯底里了。

秩序恢复后，威尔斯登赶紧澄清，说他认为#NameOurShip这类操作不算是引导公众参与科学的正确方法。他指出，在一些更为沉重的严肃话题上，如果问"一些肤浅、低风险的问题"，就会得到与你想要的答案完全不同的回应[367]。

在压力下，温纳姆承认NERC没有太多的跟进或未来参与计划，承认"我们现在才真正开始解决这些长期问题……同时维持这种兴趣"[368]。即便对于主席询问NERC是否考虑过围绕"小船船"为教师们设计一些课程计划这么一个显然是给他台阶下的问题，温纳姆也带着一丝不屑傲娇地回应说，研究委员会的主要作用应该是"在更高层面"开展工作。

从温纳姆的证词中不难看出，NERC对群众的意见并不是由衷地感兴趣。它喜欢请公众提供建议的这个想法，但前提是这个建议要有合理的严肃性。它没有任何可以信赖的群体能够指望其认真参与投票。它也没有一个长期（或者哪怕是短期的）计划来与它所吸引的群众展开有意义的交流和互动。一旦命名项目开始向高管们不喜欢的方向发展，他们就会默认采取旧势力模式，强行实现他们想要的结果。

议会调查发现，网民的围观和监督表明互联网正在使科学失去它原来那种高高在上的权威感。但是，在"小船船"这件事上，更公道地说，应该是科学使互联网失去了高高在上的权威感。NERC并非从根本上需要群众的帮助，也没有做好准备来应对释放其能量所产生的后果以及欢乐感。但这是一项可以原谅的罪过。许多旧势力组织也在试探性地进入新势力世界，进行类似的尝试（犯下相同的失误）。

NERC也犯下了一项不可原谅的罪过，那就是它在本来应该拥抱"小船船"的时候反而抛弃了它。这家机构已经吸引数十万人以及大部分主流媒体的关注，而且他们现在都对"小船船"产生了兴趣，倾注了热情。如果NERC真把这么多人的参与当回事儿，自豪地把一瓶香槟酒砸碎在"长着一副船样儿的小船船号"的船体上，它本来是可以建立一个能为自己效力多年的社群的。你可以想象一下，整整一代英国人通过GPS（全球定位系统）追随着"小船船"的冒险。当"小船船"停靠在港口码头时，会有无数小学生前来问候它，还有无数T恤衫、马克杯、各种化身、电子游戏、卡通动画……"小船船"或将成为世界上参与度最高的船只，既能令公众开心，同时又提供了一个门户，让人们更加积极地参与它所追求的科学探索。NERC放弃的其实是一笔巨大的财富，其影响从2017年水下探测器版本的"小船船"研究首航所引发的巨大媒体关注就可见一斑。而"小船船"完工下水的时间甚至早于母船本身。

在 NERC 开启这次不幸事件之初，它确实表现出一种令人钦佩的冲动。像许多旧势力组织一样，它感到需要展开更加广泛的大众互动并向世界开放。但是，它又像许多旧势力组织一样，没有以正确的方式解决这个问题。

如下面的决策树所示，对于希望进入新势力世界，而且这么做并非出于一时冲动或者作秀目的的旧势力组织来说，当它们开始"转向"时，有四个基本问题需要考虑。我们可以设想一下，如果 NERC 在决定何时以及如何转向新势力时问过自己这些问题，结果会怎样。

1. 战略。第一个要考虑的问题是，新势力是否真能与你的战略相契合。有哪些问题是你在旧势力模式下计策用尽也无法解决的？群众的能量中蕴含着哪些机会，可以为你的努力增添真正的价值？哪些令人耳目一新的创新只能来自群众而不会从体制内产生？拿 NERC 的例子来说，其实它自己也搞不清楚是不是真需要（或者希望）群众来为它的船命名，因为最后高层们还是一心要进行一次传统的选择。但是，这个等式的另一部分仍然是你可以为你的群众创造哪些价值的问题。群众不能被视为可以任由剥削压榨的资产，任何新势力战略都需要考虑一件事——你想要与之合作的那些人到底能带来什么。

2. 合法性。如果引入新势力模式具有战略意义，那么下一个问题就是你在你想要参与的领域里是否已经拥有——或准备建立——信任和信誉。这意味着你要有信心，相信到时候会有专门的一批支持者为你"站出来"。这可不是一件容易的事，不是说让首席执行官在推特上开个账号就算完事儿了。2013 年，在金融危机造成的创伤仍然令人记忆犹新的时候，摩根大通启动 #AskJPM 活动。这本来是一次为有抱负的专业人士提供职业建议的推特活动，但摩根大通合法性的缺失

决策树
何时，以及是否需要转向新势力

战略

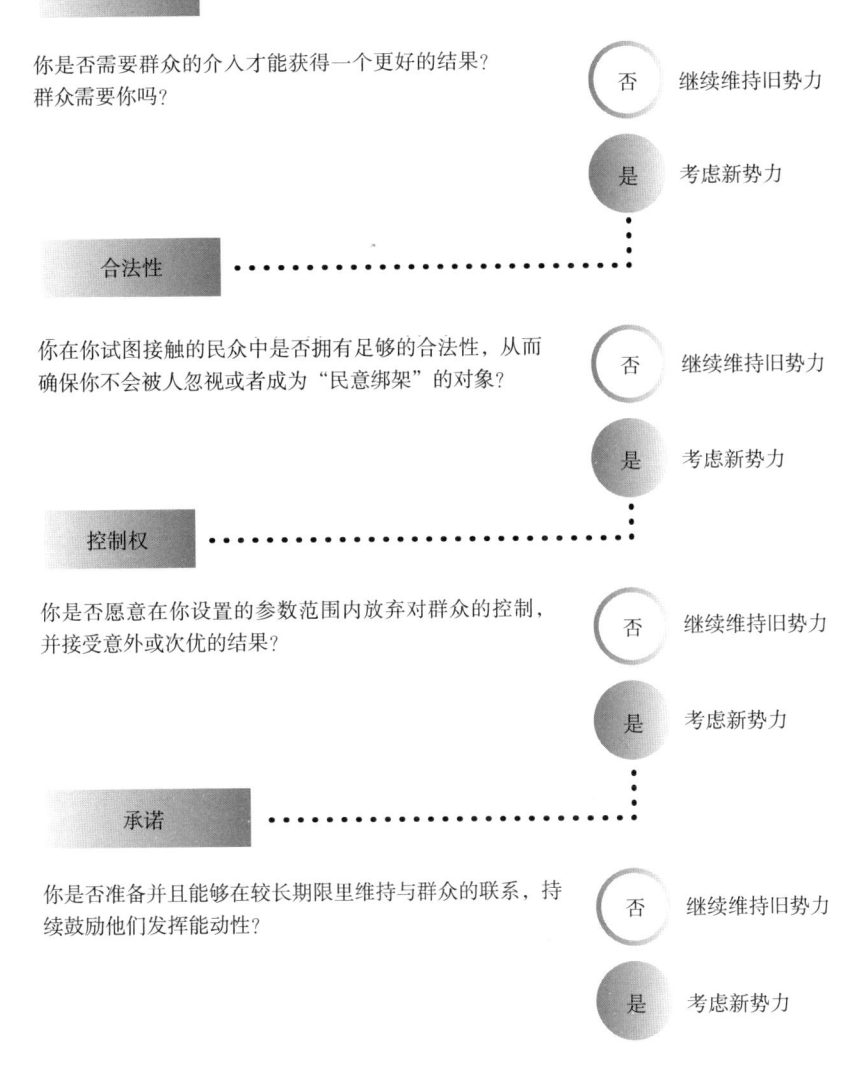

你是否需要群众的介入才能获得一个更好的结果？
群众需要你吗？

- 否 → 继续维持旧势力
- 是 → 考虑新势力

合法性

你在你试图接触的民众中是否拥有足够的合法性，从而确保你不会被人忽视或者成为"民意绑架"的对象？

- 否 → 继续维持旧势力
- 是 → 考虑新势力

控制权

你是否愿意在你设置的参数范围内放弃对群众的控制，并接受意外或次优的结果？

- 否 → 继续维持旧势力
- 是 → 考虑新势力

承诺

你是否准备并且能够在较长期限里维持与群众的联系，持续鼓励他们发挥能动性？

- 否 → 继续维持旧势力
- 是 → 考虑新势力

却让它失尽脸面。困惑的群众抛出一个又一个问题，很快就把摩根大通的努力消于无形："你们是否总是希望加入一家庞大而腐败的犯罪企业，要不你们就是'绝命毒师'吧？"[369] NERC 面临的一个挑战就

8 打造新势力团队 / 177

是，它既没有一批现成的支持它的群众来动员，也没有煞费苦心地去吸引它第一次接触的民众。它的方法就是放下吊桥，鼓吹"开放性"，但由于缺乏现成的核心支持者，它也就没有办法利用支持者来尝试改变对"小船船"的"民意绑架"。

3.控制权。实现新势力有意义的融入并从结果中获得有意义的东西，需要你愿意放弃至少一部分控制权并接受一系列结果，包括你可能认为不够理想的答案。否则你永远不会真正释放人们的活力和热情。这并不意味着组织必须接受无政府状态，但这确实意味着，一旦你仔细构建了大众可以参与的方式，你就需要做好准备，在他们带领你走向意想不到的方向的时候不要感到惊讶。如果当时NERC愿意放弃一定程度的控制，那它本来是可以在"小船船"走红时坐享天赐良机的，可惜它选择将精灵关回瓶中。

4.承诺。旧势力组织常常将新势力视为偶然的、外围的和间歇性的活动。但是，要想获得最佳结果，就要求你愿意花很长一段时间去培养一批群众的能量和热情，而NERC没有这样做的计划或打算。如果新势力的热情只有三天，或者只是一位无人支持的90后脑子一热提出的项目，那么成功的可能性就要小得多。任何一位经验丰富的社会运动组织者都会告诉你，最辉煌的刷屏式成功和最具冲击力的荣耀时刻往往都需要在培养群众上进行长达数月乃至数年的持续投入。

如果NERC真把上述问题想明白了，它就会选择让一个更具体的人群（也许是工程师或航运爱好者）参与一个比给船舶命名更具实质性的讨论，或者也可以决定等到建立一个更强大的新势力基础之后再"上市零售"，也可以选择继续前行，同时睁大眼睛，注意观察，随时准备应对意外发生，迎接随之而来的风暴。

当组织面对决策树提出的重大问题，并做出"转向"决定时，带来的好处也是非常明显的。乐高公司的转变就是一个很好的例子，证明一个旧势力组织可以通过大量的工作和持续的承诺来拥抱新势力并继续茁壮成长。

乐高通过拥抱新势力来拯救自己

新千年开始了，但乐高公司正在崩溃。

这家拥有 70 年历史的丹麦公司对它的主题公园倾注了太多的资源。它的产品线铺得太广，超出了市场的承载能力。它脱离了消费者。它受困于持续下滑的销售额和自上而下的管理文化[370]。2003 年，它遭遇了有史以来最大的亏损[371]。

首席执行官约恩·维格·克努德斯托普上场了，他于 2004 年成为这家家族企业的第一位非家族领导者。他完成了许多典型的扭亏任务：裁减员工，将产品数量减少一半，出售外围业务，重新调整公司的重点，剥离腕表业务，加强积木业务。

克努德斯托普的到来，标志着乐高的业务战略发生了重大转变，但他与公司的所有者，董事局主席基尔克·凯尔·克里斯蒂安森之间仍然保持着密切的合作关系。克里斯蒂安森是乐高关键的文化象征，他经常陪同克努德斯托普在国内参加遍地开花的乐高粉丝活动，帮助后者更好地了解乐高的业务。说起这些访问的重要意义，克努德斯托普回忆起他参加 2005 年积木节的情景。

> 我是和家人一起来的，那是一次非常好的活动。我讲了半个小时，没用幻灯片。之后我和粉丝们一起花了两个小时在台上进行问答。这对我来说是一次突破，因为我与他们建立了一

种个人关系。在周末剩下的时间里，他们过来聊天，照顾我的孩子……[372]

他在群众身上看到了巨大的激情，以及巨大的商业潜力。当然，乐高品牌一直深受喜爱，而互联网的发展让人们对这种产品的欣赏以更具活力的方式展现出来。

人们不只是在积木节这类年会上聚会，粉丝俱乐部开始在世界各地落地开花。新兴的在线社区也在不断涌现。就拿 MOCpages 来说吧，这个网站目前是世界上最大的在线乐高粉丝社区之一，是由一位乐高粉丝肖恩·肯尼一手创建的[373]。当肯尼推出自己的网站时，他惊讶地发现"来自世界各地的访客，评价他的创作，并分享他们的想法"[374]。他赶在乐高人之前见证了"制作者"分享、交流并在彼此创作基础上进行新构建的蓬勃需求。今天，这家网站已经成为 50 多万粉丝使用乐高套装进行设计制作的平台。

在乐高试图寻找出路摆脱危机的过程中，领导层感觉到这个高度忠诚而且越来越网络化的消费者群体蕴藏着巨大的机遇。但要抓住它，他们需要与公司历来忽视的一组客户进行接触。

有史以来第一次，乐高集团决定认真对待乐高成人粉丝（Adult Fan of Lego，AFOL）。

来见见什么是 AFOL

罗宾·萨瑟没有哪个生日或圣诞节是在没有收到乐高礼物的情况下度过的。如今他已经 50 多岁了，但还记得他收到第一套乐高积木时的情景，那时他才 4 岁。他现在仍然保留着其中几块积木。

尽管年龄逐渐增长，但罗宾对乐高玩具的热爱却始终未见消退。不过这一点与其让人觉得骄傲,不如说更让人感觉有点囧。在互联网出现之前,他一直以为自己"是唯一一个还在买乐高玩具的成年人"[375]。

他不是。世界各地有许多人一直把搭积木的游戏玩到成年,只不过互不知情,彼此不熟罢了。罗宾说:"我们都认为自己是怪胎,就自己一个人,而且只能偷偷地玩儿。"

互联网的兴起使得像罗宾这样的人从壁橱里走出来(或者,更常见的是车库),搭建起一个全球网络。"我们都有一种找到组织的感觉,很自然地,很多乐高爱好者开始组建俱乐部和社区。"罗宾不再是一个偷偷摸摸的独行侠,而是自豪地成为温哥华乐高俱乐部的联合创始人。他还佩戴上了新的荣誉徽章。他成了一位 AFOL。

他们都是像罗宾这样的人,从小时候就喜欢乐高积木,然后一直把自己的兴趣爱好维持到成年。在《乐高:创新者的世界》一书中,大卫·罗伯森和比尔·布林恩认为 AFOL 是乐高公司历来忽视的一个群体。他们被视为"人数不多而且不值得倾听"[376]。有些人对他们的看法还要更负面。甚至那些看到成年粉丝潜力的中层管理人员的建议也常常被高管断然否决[377]。

然而,在克努德斯托普和克里斯蒂安森的新方针指引下,事情开始发生变化,而且这么做是有充分理由的。尽管此时 AFOL 只占整个市场的 5%,但他们的支出远远超出有孩子家庭的平均支出,比例高达 20 比 1。他们还是另一种现象的创始者。AFOL 经常会出现在乐高博览会上,构建一些令人惊叹的东西,然后就会招来 2500 个孩子和家人。当地媒体也会蜂拥而至[378]。

按照我们的新势力理论,AFOL 是乐高公司的超级参与者,付出心血的热情组织者,能够围绕乐高品牌创建属于他们自己的社区。当然,公司的核心参与者仍然是孩子们,但越来越多的乐高管理人员开始正视由 AFOL 创造的经济价值和社区文化。乐高集团的巨大转折是不再将 AFOL 视为底层小人物或者一堆变态，而是开始搭建平台给予他们尊重，吸引他们成为超级参与者，并引导他们为建设乐高的生态系统做出贡献。

打开"顽固堡垒"的大门

这项工作的核心人物是高级主管托蒙德·阿斯基尔德森。他聘请了乐高的第一位社区经理，开始认真对待乐高超级用户，并着手寻找将公司与其群众基础联系起来的好方法。

出乎他的意料，付出很快就得到了回报。一位超级用户约翰·巴恩斯是制作高科技传感器的专家。乐高集团与巴恩斯的公司合作，对乐高的新款机器人系列玩具进行了重大改进[379]。还有一位自称"创意小子"的粉丝——芝加哥积木世界（Brickworld，现已为最大的粉丝活动之一）的创始人亚当·里德·塔克[380]热衷于使用乐高材料建造精细度极高的大型建筑，例如他所建造的芝加哥西尔斯大厦模型就特别吸引眼球和媒体的关注。以前，乐高的中层干部一直负责与 AFOL 打交道，为他们提供积木，资助他们培养自己的爱好。现在，高级管理人员也加入进来。这种合作伙伴关系发展成为大受欢迎的"乐高建筑"系列，为 AFOL 提供了多套组件，帮助他们建造全世界最伟大的建筑物模型，从悉尼歌剧院、落水山庄到迪拜的哈利法塔[381]。

阿斯基尔德森成功的部分原因是他对来自外部的想法持开放态度。罗宾·萨瑟记得大家曾经集思广益，为乐高编制了一份白皮书，提议建立一个正式的大使网络，承认最有才华的乐高玩家的地位。乐高大使网络现在拥有一名全职员工和一个在线平台，致力于支持和联系从夏威夷、菲律宾到雅加达的数百位当地用户群的领导者[382]。实际上，这是一个由乐高超级参与者组成的成熟社区，它致力于为公司组织活动、开发创意和测试新市场。作为回报，乐高公司提供免费套件、资金和营销支持，以及，或许也是最重要的，赋予那些（义务）领导者一种集体归属感和合法性。

群众创作玩具，群众创作电影

"乐高创意"平台与AFOL的接触走得还要更远，让一个源自日本乐高试点项目的创意成为主流[383]。简而言之，就是通过"众包"创作新的乐高模型。因此，如果你是一位对新套件有想法的粉丝，就可以提交你的计划，由乐高社区进行评估。如果你的想法获得了一万名参与者投票支持，乐高管理员就会对其进行正式审核，挑出最好的创意转化为新产品。乐高创意每年举办三次海选，就像是专为AFOL举办的《美国偶像》真人秀。现在，已经有十多套来自群众的新款乐高摆上了货架。那些将自己的乐高创意送入市场的人不仅赢得了荣耀，他们还能分享创意所创造的价值，赚取1%的销售收入[384]。

其中一位获胜者是艾伦·库奇曼博士（网名"阿拉塔瑞尔"），这位地球化学家以前从未与丈夫以外的任何人分享过自己的任何乐高创意。让她感到沮丧的是，女乐高迷属于少数派，而且总被外界用老套刻板的眼光看待（乐高集团的粉丝群和企业文化都有严重的重男轻女倾向）。作为一名科学家，她认为需要"专业的女性人偶，表明女孩也能成为她们想要成为的任何人，包括古生物学家或天文学家"[385]。她的观点得到了五湖四海的女性、科学家和AFOL的赞同。

经过多年的培养，乐高社区现在已成为公司商业基础设施的重要组成部分，其重要性一点也不亚于公司旗下的工厂或知识产权，成为公司大事小情都可以倚仗的力量。粉丝群体对 2014 年《乐高大电影》的成功也发挥了至关重要的作用，这部电影火爆异常，带来了近 5 亿美元的全球票房回报[386]。当推特用户 @Shiz_Nit 问道："有没有人对《乐高大电影》感到超级兴奋，并且年龄超过 32 岁？能让我对自己感觉稍微好一些。"[387] 早已应对自如的乐高工作人员回答说："年龄只是一个数字。"并鼓励这位 AFOL 加入与电影有关的社区参与活动。事实上，AFOL 在《乐高大电影》的开发和推广方面都很活跃。这部电影的创作者邀请乐高社区拍摄并提交他们自己的场景，而且有几位粉丝的作品真的用在了最终剪辑版中[388]。

回首 10 年来的变化，罗宾·萨瑟（他现在已经跻身十余位乐高认证专家的行列，这是乐高公司向专家级玩家提供的最高荣誉称号）进行了一番精辟的总结。"乐高公司就像威利·旺卡的巧克力工厂①。它就是这座大厦，各种好吃美妙的东西从前门出来，而你却搞不清楚是怎么回事。你进不到里面去。你真不知道它们来自哪里，你也不知道这一切是如何运作的。随着互联网的蓬勃发展，世界有了很大的改变，大门逐渐打开，我们才得以一窥究竟。乐高公司向社区和世界开放的整个复兴历程令人惊叹，而且它还在不断发展。"[389]

乐高公司能够对决策树上的每一个问题回答"是"，为我们更好地了解它因何能够如此成功地实现向新势力模式的转型交上了一份完美的答卷。

乐高集团制定了一项战略，将培养新势力社区作为振兴其核心业务的关键，而且这么做真不是装装样子或者故意迎合。公司与 AFOL 及其更广泛社区的联系发挥了令人难以置信的营销机器的作

---

① 威利·旺卡的巧克力工厂，典出华纳兄弟 2005 年的电影《查理和巧克力工厂》。——译者注

用，与传统的广告投放相比，成本也低得令人难以置信（只需看一下 YouTube 上有多少粉丝创作乐高视频就知道了）。群众还以极低的成本为其提供了巨大的专家创新资源。正如克努德斯托普指出的那样，新产品可以占到乐高每年总销售额的 60%[390]。高管们也清楚地知道他们可以为群众做些什么。乐高创新开发部的社区参与总监，同时也是一位对乐高集团研究多年的学者允美·安托里尼对公司的群众工作理念进行了总结："你不请自来，闯进别人家的派对……那你能为派对带来什么？"[391] 乐高领导层将社区管理摆在他们工作的中心位置，下大力气精心设计各种参与激励，让成为一名 AFOL 变得更有价值，也更有意义。

乐高的员工也努力建立在群众当中的合法性。乐高老板和首席执行官早前努力与以往一直被忽视的社区进行接触，发出了正确的信号。乐高通过 AFOL 的合法化，将 AFOL 请出来，让他们成为公司文化和创新引擎的核心，从而赢得了在 AFOL 群体中的合法性。这是一条极为重要的经验：如果你想被你的群众认真对待，那就先从认真对待他们做起吧。

说到控制，乐高还是有一些优势的。它的产品设计核心就是放手让消费者对产品进行塑造。安托里尼对此的表述是："直至今天，乐高集团过去、现在和将来都永远不会真正影响用户对产品的使用。"[392] 领导层也有值得表扬的地方，因为他们深刻地认识到一点：通过更进一步地放弃控制，他们会发掘出更多的价值。通过提供明智的参与路线，乐高员工能够指引群众向着某些方向前进，但并不纠结于成果。"阿拉塔瑞尔"的女科学家人偶赢得大量支持，很好地说明了群众对公司以往忽视这一需求的做法发挥了路线纠正作用。

所有这些进步都需要乐高的长期承诺。这是一场历经十多年的演变，而非几个月就能完成的革命，要通过持续不断的行动倡议和实验改变公司业务和社区的结构与文化。正如安托里尼告诉我们的那样，这并不容易。谈论"双赢"模式很容易，但在群众和公司之间取得适当的平衡则需要"艰苦努力，才能让双方齐心协力"[393]。这一承诺来自机构的最高层，而且从来不耍花枪。

通过这种周到而细腻的方式，公司连续10年实现了内生增长，并在主营业务领域重新占据主导地位。到2015年，乐高已经超越美泰成为全球最大的玩具公司，并被一家领先的品牌战略咨询公司评选为"世界最强品牌"，这一切都离不开乐高社区的热情支持[394]。

打造新势力团队

在乐高集团，转向新势力需要的不仅仅是首席执行官克努德斯托普的领导。公司的家族所有者基尔克·凯尔·克里斯蒂安森、首席变革推动者托蒙德·阿斯基尔德森、社区管理者和AFOL骨干如罗宾·萨瑟和艾伦·库奇曼博士都发挥了与众不同的作用，共同努力推动了公司的转型。从更加宏观的角度来看也是如此。而且随着组织的转型，四种重要角色往往都会出现。以下是转型所需的四种真先知，以及经常与他们混淆的四种假先知。

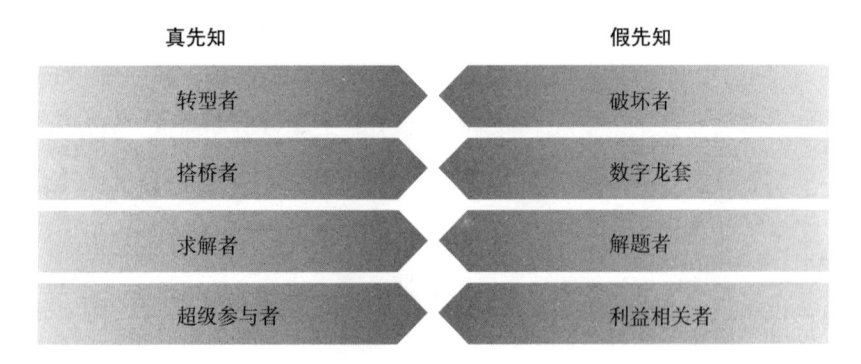

真先知	假先知
转型者	破坏者
搭桥者	数字龙套
求解者	解题者
超级参与者	利益相关者

转型者（还是破坏者）

转型者是披着旧势力外套的新势力变革推动者，具有无可挑剔的制度公信力，能够让变革之路更加顺畅，并为那些怯于或抗拒追随变革的人树立榜样。转型者可能不会是那些负责具体落实重大结构性变革，推动转型发生的人，而是具有精神和象征意义的人物。他们虽然饱受传统熏陶，深处传统环境，但却处于一个理想的位置，能够引导组织确立新的身份认同，建立与大众的新关系。

在乐高集团，家族所有者基尔克·凯尔·克里斯蒂安森巧妙地扮演了转型者的角色。他对群众表现出来的热情向整个组织发出了一个关键信号，即这一创新不是对乐高历史或传统的抛弃，而是对其新势力社区的有力验证。他与首席执行官克努德斯托普的紧密联盟为促成企业文化的巨大转变提供了恰到好处的象征性支持。

正如我们将在下一章中看到的那样，转型者的另一个例子是教皇方济各，他利用他无懈可击的旧势力公信力来促成意想不到的变化。而与转型者形成鲜明对比的，是组织中更为人所熟悉的现代角色——破坏者。

这一代人的战斗口号在许多方面都是"破坏"，传统机构被迅速归入恐龙一类，然后让那些戴着漂亮眼镜，资浅历薄的人煞有介事地对未来的道路指手画脚。当雅虎前任高管盖伊·维德拉受命带领《新共和》这份令人尊敬的旧势力模式的公益杂志向数字时代过渡时，他向杂志的作家和编辑发表了一篇臭名昭著的不着调的演讲。《纽约客》对此进行了描述。"他们说有两种类型的CEO，"他说，"和平时期的CEO和战时的CEO。不要把这件事搞得过于戏剧化，但这就是一场战争。现在就是战争时期。这就意味着我们需要改变很多东西。我们需要的就是打烂一切……这事儿很吓人。这事儿做起来绝对吓人，但它也很好玩儿。你们知道，顶着墙，把它推翻。"[395] 不久之后，主编和杂志的大部分工作人员都辞职以示抗议。

领导一个旧势力组织完成转型并不是"打烂一切"。它需要将传统与创新，过去和未来巧妙融合在一起。这些工作需要转型者，他们可以发挥榜样示范的作用，告诉人们如何将两种模式的优点集于一身。

搭桥者（还是数字龙套）

不止一个旧势力组织发现自己突然多了一个"首席创新官"或"战略倡议主管"，他们往往被某位急赤白脸的首席执行官空降到企业来，指望他们最好能像变魔术一样瞬间找到新的创收生意，或者作为公开证据表明公司的领导层确实在拥抱新世界。尽管意图是好的，但是这些人往往最终成为"数字龙套"，成为某位风险厌恶型领导者和一成不变的战略的挡箭牌，并在组织内部沦落到权力和影响力的边缘。他们通常都是在很小的部门，花公司的钱来思考未来，由于没有做大家公认的"实事儿"而被组织的其他成员嫌弃。他们在3D打印实验室的成立仪式上剪彩，貌似风光，实则孤立，而且能够调用的资金也不足。

组织真正需要的不是"龙套"，而是一个"搭桥者"，那个能够将组织与新势力世界实实在在连接起来的人，实现新旧势力之间的实质性"跳跃"。而且"搭桥者"的工作是结构性的，是最重要的。在乐高集团，这位"搭桥者"是高级总监托蒙德·阿斯基尔德森。乐高最早一批新势力实验就是阿斯基尔德森进行的，当公司准备做出更大的转变时，他自然被首席执行官点将。阿斯基尔德森卓有成效地驾驭内部系统和文化，精心建立了乐高的社区管理团队，从孤零零一名雇员发展成为覆盖整个组织的完善职能部门，并努力将他的团队（以及他们所代表的更广泛的社区）与产品设计师、营销人员和其他"实权派"进行整合。

为了更好地说明"搭桥者"所发挥的作用，我们来会一会海伦·贝雯。这位变革推动者所处的环境，恐怕属于世界上最具代表性的旧势力系统。

英国国家医疗服务体系（National Health Service）是英国政府资助的医疗保健系统，拥有超过150万名员工。大家更熟悉的是它的缩写——NHS。世界上规模比NHS还要大的组织只有四个：麦当劳、沃尔玛、中国人民解放军和美国国防部[396]。

在超过25年的时间里，海伦·贝雯一直担任"内部变革的推动者"，希望能够驯服这头集万千宠爱于一身但又经常被污名化的官僚主义怪兽。她的角色是找到更灵巧的方法让系统运转更顺畅，从减少患者的候诊时间到改善癌症护理。

她将NHS描述为"两套你中有我，我中有你的旧势力系统"[397]。首先，你有一个高度命令驱动的、自上而下的组织模式。然后，你还要应对临床治疗过程中的等级制度，位居顶层的医生和底部的患者。

从20世纪90年代到21世纪的第一个10年，随着贝雯职业生涯的发展，NHS也在努力调整自己，以求达到国家制定的各种重要和苛刻的目标，例如候诊时间的目标、对中风患者的治疗目标。目标是一种简单粗暴的工具，但确实有其实际价值。它们催生出问责性更强的文化，也促成了一些切实的改进。当然，它们的实现往往也要付出代价。实现这些目标经常会对员工士气和患者护理产生负面影响。对许多人来说，目标管理文化是一种恐慌文化，由焦虑的上级老大们把持。贝雯越来越觉得，NHS"总能达到目标，但总在错失要点"[398]。

她的标志性成就之一,就是"康护激进学校"[399](最近更名为变革推动者学院)。这个"快闪式"学校集结并联合了她所认为的改造NHS的关键群体:能够为系统带来新想法的异教徒和创新者。学校主要开展为期5周的MOOC(大规模开放式在线课程),但现在已经扩大到在线讨论、师徒辅导和现场活动等领域。它不仅对NHS员工免费开放,而且对世界上任何人都开放。成千上万的人参加了学校培训,也收获了各种各样的教益,从向濒临离职边缘的同事提供伙伴支持,到大力助推那些想要成为变革推动者的人,让他们觉得"这就像是给了我权限,实际上就是说,'是的,放手去做吧'"。

学校汇集了贝雯近年来大力倡导的大部分思想。2013年,她又和一位年轻的临床医生共同创想了NHS"变革日"活动,这是一项基层工作,旨在动员整个NHS系统的人承诺做一件他们力所能及的好事,以改善患者的生活[400]。活动的自由度非常大,几乎没有任何预设前提或规则,就是鼓励人们履行他们与同事们在同一天做出的一项承诺。这项活动发起之际,正值NHS备感压力之时,一方面需求不断增加,另一方面资金又不断削减。

"变革日"是一项典型的ACE活动,有一个明确的行动呼吁,用极具感召力的目标将员工团结在周围,还有一个可以扩展的框架,让参与者能够创建属于自己的活动。约克市的护士承诺创建一个模拟病房,由他们扮演患者,增强换位思考的能力。在莱斯特,他们把旧文书清理干净,处理了200箱不必要的文献。在东柴郡,工作人员每周举行一次仪式,他们会聚在一起反思:"我本周为病人做了什么?"防止陷入行政工作而无法与病人接触互动。许多人承诺会向同事和患者展现更多的微笑。医生承诺品尝他们分发的儿科药物。大家组队走上街头与公众交流,询问他们对NHS如何改善的看法。

总之,"变革日"推出的第一年就产生了189000项承诺[401]。到第二年,这一数字更超过80万[402]。这是 NHS 系统内部第一次进行如此大规模的基层动员,极大地激发了一线工作人员的主观能动性。

正如 NHS 某大区的参与总监罗伯特·费里斯-罗杰斯所说:

> "变革日"从根本上改变了我对参与和联系的看法。参与其中并通过承诺而非合规创造的力量是非凡的。更令人鼓舞的是,它是在世界上等级性最强的组织之一中进行的。打破障碍,解放员工,发挥他们的作用,做得非常成功,而且我知道这确实让人们(员工和病人)的生活发生了变化。[403]

贝雯的团队还催生出一种治疗老年痴呆症的新方法。在这个治疗领域,"非常强效的抗精神病药物正在开给患有痴呆症的人,抑制他们的病情,让他们保持安静"[404]。这些药物具有严重的潜在后果,有可能导致中风,甚至死亡。

正如贝雯所说,面对类似这样的挑战,典型的旧势力做法是"系统顶层的某位核心人物会说'我们打算创建一个新标准,我们将指示医生不要给患者开这些药物,我们将指示药剂师确保医生不给患者服用这些药'",但是,单纯依靠自上而下的系统最后惨遭失败的场面,她早已见怪不怪。

贝雯的团队与一个名为"痴呆症行动联盟"的国家慈善机构合作,运用发起社会运动的策略,动员医生、药剂师、疗养院工作人员、护理人员以及一大批各种各样的行动者,围绕这个问题展开全国性努力。用贝雯的话来说,这是"典型的新势力","许多不同的社区和团队,全都各司其职,各尽其力"。在不到三年的时间里,他们共同使为痴呆症患者开具的抗精神病药物减少了51%[405]。

通过像康护激进学校、变革日和痴呆症新疗法这样的努力，贝雯试图驾驭系统中明显存在的能量，引导其从偶尔为之的酷炫表演转变为文化常态。她的目标是创建一个"变革推动者社区"，在被她称为新旧势力之间的"曲折间隙处"开展工作[406]。这些人不一定非要通过他们的职位或者专业联系在一起，而是要真心有意通过发动群众来实现更好的健康成果。

贝雯是通向新势力的搭桥者的完美典范。但无论是个人还是长期机构，当权派往往会对海伦·贝雯这一类搭桥工作嗤之以鼻，不屑一顾。公开的失败，即使偶然才会出现，其代价似乎也要高于默默接受组织的颓势而无力回天。然而尽管如此，他们仍然是希望转型的组织中不可或缺的骨干力量。

求解者（还是解题者）

在第 2 章里，我们曾讲过美国国家航空航天局开放式创新实验的故事：它释放的所有机会以及它造成的所有麻烦。你可能还记得，科学家和研究人员分为两组：一组拒绝与群众接触，一组则向群众敞开大门。

随着其开放式创新实验的逐渐展开，科学家们造了两个内部使用的词语来描述严重分裂的两大阵营之间的区别——"解题者"和"求解者"。想一想自己的工作场所和团队，这两个词的含义一定能引起很多人的共鸣。

"解题者"是那些抵制变革的人。他们的身份认同完全融入自身专长。他们是伽利略式的传统科学家，靠个人天赋照亮前进的道路。

根据希拉·利夫施茨-阿萨夫的观察，"求解者"的绰号来自一场激烈的争论，一位备受尊敬的科学家斥责不情愿的同事："你的主要责任是寻找解决方案,它们可能来自实验室,来自开放式创新,或者来自协作,你不用关心这个!你是求解者!"[407]

以创造性的严肃态度对待广大公众的,正是这样一群科学家。他们开放了自己世界的边界,邀请人们参与进来。对于这个群体来说,成功不是你个人得到了答案,而是你对实验保持开放的心态,做好准备愿意在意想不到的地方,从意想不到的人身上找到答案。

任何"寻求转型"的团队都需要建立一支求解者的队伍。他们通常从最普通的员工群体中抽调组建,最终成长为新势力倡议的实验者和盟友。为建设这样一支队伍而倾注心血,寻访人才,不仅事关为企业创造新的价值观,也是成为政治力量的关键。

在旧势力组织中,我们所有的资源、培训、认可和奖励都要服从于解决问题的需要。所以,文化的转型是一项艰苦的工作。在美国国家航空航天局,杰弗里·戴维斯和他的团队开动脑筋,机智灵活地发挥搭桥者的作用,鼓励人们向求解者的方向发展。他们为那些准备成为一名新型专家的人提供了一条道路,让后者拥有足够的安全和自信放眼外部世界。他们通过"自愿加入"的方式做到了这一点,组织频繁的午餐活动,举办与外部演讲者的研讨会,以及提供各种机会帮助感兴趣的人了解更多的信息。然后,一旦兴趣开始形成,成果即将实现,组织管理团队就会淡出局外。他们要确保求解者,而不是监督某项行动计划的工作人员,成为整场秀的明星。这些明星再吸引其他人加入,文化转变真正开始扎根[408]。

超级参与者(还是利益相关者)

当然,没有超级参与者的加入,任何一支新势力团队都不能说是完整的。这些在社区中创造巨大价值的人是广大群众中参与度最高、最活跃的人，例如创建温哥华乐高俱乐部的 AFOL 罗宾·萨瑟，以及用自己的思想打败了全世界资源最丰富的一批火箭科学家的半退休电信工程师布鲁斯·克雷金。说到克雷金，当然得到最多点赞的是他的创意，但他也只是为 NASA 努力贡献宝贵思想的众多超级参与者中的一位。

在向新势力过渡的过程中，要注意不能把群众当成一项若即若离、可有可无的资产，不能把群众当成偶尔利用一下，无名无姓的群氓工具。但同时组织也绝不能像平时对待民间团体或投资者这类"利益相关者"那样去与群众接触和交流。在促成"真正"重要的活动的过程中，作为外部使动者的群众，必须得到精心的管控（有时甚至是容忍）。与群众不同，超级参与者永远都在参与，而且他们的参与确实创造了价值。

像乐高这样的公司之所以培养出了如此宝贵的超级参与者社区，是因为它已经做好准备，真心实意地去拥抱墙外的世界，接触那些不从公司领工资，与公司没有利害关系的普通群众。有一些组织，比如 NERC，往新势力的大海里伸了伸自己的脚指头，刚看到一个浪头袭来就马上缩了回去。但也有一些组织，勇敢地投身于新势力的海洋，朝着正确的方向劈波斩浪。

新势力领导力

谢谢你们为我做的一切。我的最后一个请求与我的第一个相同。我请求你们相信——不是相信我创造变革的能力，而是相信你们自己。[409]

——巴拉克·奥巴马（2017年1月）

我一个人就能搞定它。[410]

——唐纳德·特朗普（共和党全国大会，2016年7月）

当这个世界领先的民主国家能够选出巴拉克·奥巴马，然后再用唐纳德·特朗普取代他时，我们该如何理解领导力呢？当这个世界充斥着越来越多的像"占领华尔街"和"阿拉伯之春"这一类"无领导"运动，以及越来越多的像俄罗斯普京、土耳其埃尔多安和埃及塞西这样的强人时，我们又该如何适应这个新的世界？

本章论述的是，人们在一个新旧势力的各路势力相互碰撞、相互倾轧的世界中如何发挥领导力。我们将看到，新势力工具会通过哪些途径出人意料地加强和巩固领导者业已根深蒂固的旧势力价值观。我们也将看到，有哪些新的领导力形式正在兴起，渴望将新势力工具和新势力价值观结合在一起，以便对权力进行更有意义的重新分配。

为了更好地理解这一切，让我们借用第2章的新势力罗盘来研究一下人们的领导方式。如果搞清楚人们使用的价值观和领导力模型，我们就可以绘制出4种不同的领导力原型。在新闻和你周围的世界里，你都能找出4种原型的真实案例。

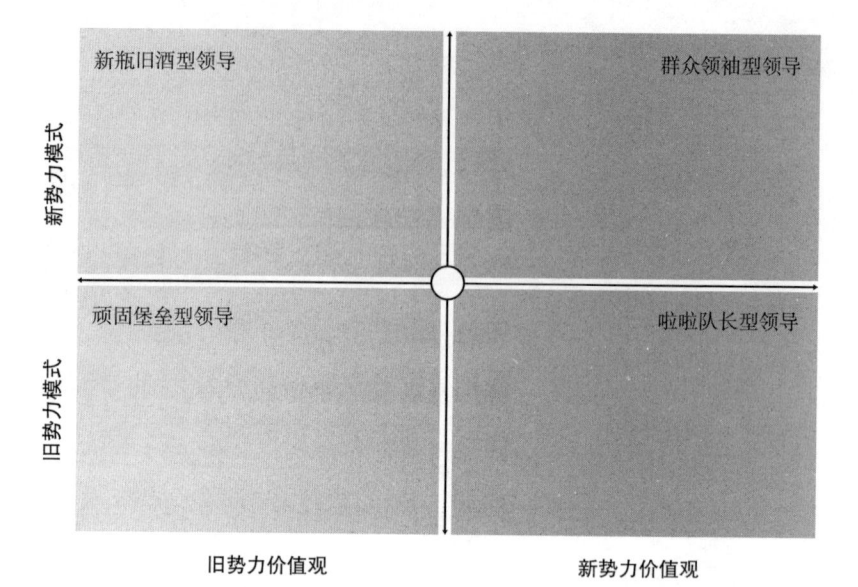

	旧势力价值观	新势力价值观
新势力模式	新瓶旧酒型领导	群众领袖型领导
旧势力模式	顽固堡垒型领导	啦啦队长型领导

群众领袖型领导（右上角）将新势力领导模式与对新势力价值观的承诺和表达结合在一起。群众型领导想要做的不仅仅是驾驭和发挥群众的力量，而是让群众变得更有力、更强大。

啦啦队长型领导（右下角）支持新势力价值观，如协作、透明度和参与，但以旧势力方式进行领导。他要么不能，要么不想真正分配权力。

顽固堡垒型领导（左下角）将旧势力价值观与旧势力领导模式结合起来。这是传统的以等级和权威为基础的领导模式，我们大多数人在成长过程中都领教过。这种模式在军事、商业和教育等领域很普遍。

新瓶旧酒型领导（左上角）能够对群众进行系统或策略性的安排，也能巧妙地使用新势力工具和战术。但他这样做是为了维护旧势力价值观，并为自己集中权力。

巴拉克·奥巴马和唐纳德·特朗普：对比研究

富有魅力的群众领袖：巴拉克·奥巴马的竞选

通过 2008 年的总统竞选，巴拉克·奥巴马证明他才是终极水平的群众领袖。他那标志性的口号——"是的，我们行！"宛如一曲圣歌，呼吁他的支持者自助互助，而不是把希望全部寄托在他一个人身上："我们自己就是我们在等待的人。我们自己就是我们寻求的改变。"[411] 在希拉里·克林顿讲述她"从第一天就做好准备"的个人能动故事 [412] 的同时，奥巴马却在谈论组织一场运动，进一步丰富他以前就用来帮助芝加哥南城那些受压迫、受剥削的人的社区组织技能。

他的竞选是一项高度参与性的运动。事实上，他对新势力工具和战术的运用野心之宏大，效果之成功，绝对令人叹为观止，感慨不已。整个竞选工作围绕着一个数字化中心展开——MyBarackObama.com（MyBo），这是一个复杂的（以当时的水平而言）平台，可以帮助人们组织、参与活动，并筹集资金。在"尊重，赋权，包容"的口号感召下，网上的这些努力动员的志愿者数量创了纪录 [413]。竞选活动之所以能够达到如此规模，正是因为它能够让志愿者的领导者真正负起责任，提供实实在在的激励，招募和发展他们自己的本地团队。新势力能量的爆发，帮助奥巴马在激烈的 2008 年民主党初选中力挫代表旧势力的捐款吸金大户克林顿家族，筹集了数亿美元的小额捐款，并最终赢得大选的彻底胜利。

尽管奥巴马言必称"我们"，但其实他的竞选活动仍然严重依赖奥巴马本人的吸引力、魅力和象征意义。谢泼德·费尔雷那份标志性的海报《希望》，主人公也不是群众，仍然是巴拉克·奥巴马 [414]。他才是希望。当然，奥巴马设法利用这种能量创造了一个真正的平民运动，捍卫了让别人也感到强大的价值观。

奥巴马的竞选活动既具有高度参与性，同时又经过了精心的设计和构建。它为每个人都留出参与的通道[415]。作为奥巴马的志愿者，你既保有若干创造和能动的空间，又能进行简明扼要的形势汇报，接受明确的问责。所有这一切都收录在竞选活动总结的，宛如史诗一般的 280 页组织手册中。现场组织的传奇人物扎克·埃克斯利曾在 2008 年访问奥巴马在俄亥俄州的竞选办公室，并对此有过一番精彩的描述："最近的其他尝试都失败了，因为它们要么过于'自上而下'或管理不善，扼杀了志愿者的领导力和热情；要么过于教条地拘泥于纯粹的点对点或'自下而上'的组织方式，拒绝基本的管理、问责和计划。奥巴马现场竞选活动的设计者和组织者却能摆脱教条的限制，将传统的永恒性和良好的组织纪律性与权力下放和自我组织的新技术融合在一起。"我们可以将其视为"混合"权力的一次练习，并将在第 10 章对这门艺术详加阐述。

在目标清楚、终点明确的选举环境下，所有进退有度、章法清晰的参与都有非常出色的表现。而且选举环境的反馈循环也是闭合的，挨家挨户去敲门，给选民打电话，筹款成功。

放眼美国，像詹妮弗·罗宾逊——扎克·埃克斯利在其有关奥巴马竞选活动的报告中对她有所描述——这样的志愿者发现这种经历让他们有了脱胎换骨的变化："我和 6 周前的自己已经完全不同……我意识到我作为志愿者组织者一直在做的这些事情。嗯，我真的很擅长做这些事，并对此充满热情。我希望继续想办法积极地把这个地方，我的社区，建设成为一个更好的地方。这可比一份普通工作的意义大多了。一旦你爱上它，普通工作就很难再对你有吸引力了。"

但是，正如我们将要看到的那样，在选举之后，这种以极富章法和针对性的策略吸引人参与的做法反而比单纯的加油鼓劲更让人感到拘束和不自由。

从租来的乌合之众到造势机：唐纳德·特朗普的竞选

"哇哦！这么多人！得有成千上万吧……这真是谁都没想到啊！以前可没有聚集过这么多人！"[416]

唐纳德·特朗普以收买一拨群众支持者开始了自己的总统竞选活动。据报道，他聘请了一家演艺经纪公司，向每位出场的演员支付50美元，让他们在他从特朗普大厦乘电梯下楼的过程中举着"本土制造"的标语牌向他欢呼致敬[417]。在开始那篇著名的参选演讲之前，特朗普先以惊喜的口气点出现场参加集会的人数众多，然后便漫无边际、东拉西扯地讲起了美国正在衰败，而且衰败得那么荡气回肠，自己又如何独具异禀，能够拨乱反正，把事情搞好。

> 中国在击败美国。日本也是。墨西哥也是。中东局势是一场灾难。奥巴马医改是一场灾难。奥巴马是一场灾难。谁垒墙也没我垒得好。我做得非常出色。我不用吹。我不需要。我们需要——我们需要一个人——我们需要一个真正能够带领这个国家，让它再次伟大的人。

许多人不以为然地翻了翻白眼，不再理他，好像他们眼前是位对着电视咕哝的疯叔叔。但也有很多人特别注意到了他，无所顾忌的自信，清清楚楚的仇人单子，以及对未来美好生活的保证（而且承诺不兑现，马上就退款），这就是他们想要的人啊。

正如我们现在所知道的那样，这拨租来的群众最终将变成真正的群众，不但摧毁了既有的政治智慧，让那些断言特朗普没有希望的民意专家和权威人士面上无光，而且众星捧月一般把特朗普送上了总统宝座。

虽然特朗普和奥巴马2008年的竞选活动都在发动群众方面表现出深厚的掌控功力，但两人之间还是有一个至关重要的区别：奥巴马的参与方式是极富章法和精心设计的，特朗普却毫无章法可言，甚至连谁领头儿谁负责都说不清楚。特朗普没有精心组织的野战大军可以倚靠，一条140个字符的推文也远远比不了一份沉甸甸的组织手册。但从另一方面讲，无论这是特朗普一方战略天才的故意为之，还是就是彻头彻尾的无组织无纪律（或两者兼而有之），特朗普的支持者反而获得了他们想要的自由，能够把他的信息变成他们自己的信息。

特朗普火了，他的火在很大程度上是因为他凭直觉掌握了如何在新势力世界中组织一场运动的诀窍。推特使他成为一支庞大而分散的社交媒体大军的总司令。特朗普说什么，这帮人就顺着他的意思去做什么，反过来他们又为特朗普提供新的阴谋论，演绎新的叙事。双方逐渐发展出一种深刻的共生关系。在特朗普当选的胜利之夜，与红迪网类似，以吸引年轻人为主并自豪于自己的极端观点和挑衅姿态的社交网络4chan点亮了自己公告牌，支持特朗普竞选的白人至上主义者简直无法相信他们的狗屎运。艾比·奥莱瑟在《华盛顿邮报》是这样记叙的："'我兴奋得直哆嗦，兄弟们'，一个4chan网友在周二晚上写道，后面加了一只非常激动的佩佩蛙图片。'我们实际上选了一个表情包当总统'。"[418] 佩佩蛙是马特·富瑞十多年前为他的系列漫画创作的一只绿色拟人青蛙。4chan的网友们将剧本无辜的佩佩蛙挪用为另类右翼运动的象征物，并很快就在它的形象中添加了一缕橙色头发，让佩佩蛙更加形象地代表特朗普本人[419]。

在竞选期间，特朗普没有像某些政客老油条那样，与这些热衷制作表情包的极端主义者保持距离，而是赋予他们权力和能力。他反复向最极端的支持者发出信号，要他们坚持下去，不要放弃，而且一定要更加努力。他转发那些白人至上主义者的推文，他们用更加直白的表达公然传播特朗普自己（好歹算是）经过伪装的种族信息。有一次，他转推了某个现已删除的账户（@cheesedbrit，账号的头像是一个新纳粹符号）发布的带有种族挑衅意味的假消息，声称在谋杀案的白人受害者中，有81%是被黑人杀害的；但据FBI（联邦调查局）统计，实际数字约为15%[420]。受到质疑后，特朗普拒绝道歉，只是说他无法核实他转推的所有内容。他传递的信息很明确："我不会尝试去控制我的支持者。"

特朗普甚至走得更远。他向群众毫不含糊地传达了一个信息——无论他们做了什么，都会得到他的支持。他曾提出为一名白人支持者支付律师费，这位支持者在初选期间的某次竞选活动中打了一名黑人抗议者。特朗普告诉他的群众："如果你看到有人准备扔西红柿，就把他们手里的垃圾打掉，行不行？说真的，好吗？使劲打！我向你们保证，我会支付律师费。我保证！我保证！"[421]

特朗普成功的秘诀不仅仅是他自己无与伦比的吸引社交媒体和主流媒体关注的能力。他发出的信息也能在没有他的情况下通过一个庞大的群众网络传播流动——还能不断变换方式和形态，最后还被传播它的群众接受并转变成自己的观点（ACE的经典范例）。这些群体都是近年来被茶党、枪支权利运动和新生的另类右翼等政治力量煽动起来的人。特朗普利用了这股业已存在的能量，将其调高到狂热水平，把他的竞选活动转变为我们所谓的"造势机"。

在整个竞选期间，特朗普支持者的社交媒体参与度和花边内容创作水平均显著高于希拉里·克林顿的支持者。在全国民意调查中，两拨支持者对各自候选人的热情度，特朗普支持者也比希拉里支持者高 10 分，尽管他的好感评级总体上落后希拉里约 10 分。而根据市场营销技术公司 4C Insights 的说法，在大选最后 5 周的关键时期，社交媒体对特朗普的看好景气度也超过希拉里 10 分[422]。

此外，在预测特朗普的支持力度方面，社交媒体分析公司如 4C、Spredfast 和 Socialbakers 也比传统民意测验机构做得更好，让我们对于新势力在 2016 年大选中的作用多了一些饶有趣味的感悟。4C 还正确预测了英国脱欧公投的结果。相比之下，依靠老一套智慧的精英阶层甚至投注公司到了公投当天还在预测留欧派胜出的可能性高达 90%，而他们在希拉里大选失败前几小时分配给她的获胜概率差不多也就是这个水平。引人注目的是，根据这些社交媒体分析机构的说法，在竞选期间，特朗普社交媒体关注度提高最大的时刻反而是外人感觉是他的竞选活动最低谷的时刻：他在一盘《走进好莱坞》节目录像带里吹嘘自己的风流往事。就在那段时间，就在全美各地民众纷纷站出来反对他的时候，特朗普的支持者却比大选期间的任何时候都更加紧密地团结在他周围[423]。

唐纳德·特朗普：平台强人

特朗普当选后，乔治·奥威尔的《一九八四》销量激增[424]。这个极权主义反乌托邦的故事，在无所不能的"老大哥"形象的阴影笼罩下，借着"特朗普，特能闯"的势头重返畅销书榜首。

然而，把老大哥和特朗普做比较并不完全正确。老大哥通过统一群众思想和对个人主义的强烈抵制来行使自己的权力，而特朗普却是通过增强个人能动性，松开缰绳以及支持那些非正统的、以前不为社会所接受的行为而变得更加强大。他选择的药物不是驯服民众让他们更听话，而是刺激民众让他们更兴奋。他对媒体的看法也不同。《一九八四》里的"电视屏幕"成为规范和遏制公民行为的方式，而特朗普的平台——特别是推特——却大力鼓吹个性化和解放。他寻求控制传统媒体和建制派的方式，不是收编它们，而是破坏它们，看着它们被群众连续不断的攻击淹没。他不需要什么"真理部"来确保所有人都秉持同一种由国家灌输的观点。事实上，他得意于无数真理所造成的不稳定性。越多越爽。

特朗普就是我们所说的"平台强人"：一个通过网络等数字化渠道团结和吸引群众，部署新势力，但推行的基本却是威权主义价值观的领导者。他发动了一场权力高度下放的无政府主义网络群众运动，而他同时又自相矛盾地支持一个更有序、更严厉，而不是更自由、更开放的美国。他的竞选演说描绘了一幅令人震撼的，充满混乱和暴力的美国景象，对来自外部和内部的威胁进行放大和生动化，并把自己宣传为唯一一个足以消除这种威胁的人。特朗普还承诺要恢复"自然"秩序，含蓄地暗示新秩序将重新提升特朗普最强烈的支持者——受教育程度较低的白人男性的地位，而且他的承诺恰恰适逢许多这样的人觉得他们越来越没地位的时候。正是在这些威权主义价值观的背景下，特朗普所有的虚张声势、自吹自擂和攻击性行为虽然让一部分美国人发自内心地感到极度厌恶，但也确实引起另一部分人发自内心的强烈共鸣。他承诺恢复法律和秩序（其实是在含沙射影攻击有色人种，但这段时期，美国的犯罪率处于历史低位）以及他对移民制度"落实规定"的强调也都获得了巨大的民意支持。

早在 2016 年 1 月，研究人员就已经发现"一种可以预测你是否属于特朗普支持者的奇特性状"[425]——不是你的性别、年龄或宗教信仰，而是你是否拥有一套威权主义的价值观。民意测验分析师、研究员马修·麦克威廉姆斯发现，无论是与民主党阵营相比，还是在有 16 名总统候选人的共和党阵营里，特朗普都是唯一一位在威权主义者中间赢得具有统计意义的支持度的候选人。在特朗普出人意料地获胜前近10个月,麦克威廉姆斯就已经假设"在大选中,特朗普的强人言论肯定会吸引差不多39%的,根据我的调查可以认定为威权主义者的独立选民,以及17%的自我认同为坚定的威权主义者的民主党人"。[426]

在我们的领导力罗盘中,平台强人是新瓶旧酒型领导者的一个特殊变种,而这也正是我们看到特朗普与奥巴马在竞选活动上表现出如此大差异的原因所在。旧势力模式的威权价值观与横向的、非结构化的新势力模式的这种结合,构成了当今世界一些最有效同时也是最危险的领导力模式的运行基础。这正是ISIS采取的结合模式,它主张回归秩序和确定性(说白了就是一种残酷的中世纪秩序),但通过精心算计的分散化的控制来传播这一思想。

从群众领袖沦为啦啦队长:奥巴马的在职表现

"如果你想知道我将如何执政,"总统候选人奥巴马承诺,"就看我们的竞选活动好了。"[427]

奥巴马总统带着承诺上台了。他要让超过1400万像詹妮弗·罗宾逊这样的美国人,在为他的胜利做出了某种程度的贡献之后,现在还有机会同他一起出将入相,管理国家。

埃克斯利早在选举前就已放下话来:"奥巴马必须继续养好、带好他们所建立的组织,无论是作为总统还是反对党。"[428] 但正如我们已经指出的那样,事情的结果并不尽如人意。奥巴马在竞争时以群众领袖的形象示人,但在上台后却蜕变成啦啦队长。虽然在口头上,新势力的火炬一直未曾熄灭,但他未能发动一场真正的运动来帮助他治理国家,帮助他挑选继任者,或者创建一个可持续的扎根基层的组织来帮助他的政党从胜利走向胜利。奥巴马离任时,确实取得了一些重要的立法成就，也拥有相对较高的支持率。他治理了8年却没有重大丑闻，他原来的支持者仍然与他有强烈的情感联系。但他的政治对手夺回了总统宝座，控制了国会两院，并在州一级政坛占据了统治地位。

奥巴马错失的机会是他没有真正的群众过渡计划。人们在竞选期间感受到的所有能量和承诺在他当选之后失去了目标，无处可去。正如《滚石》记者蒂姆·迪金森报道的那样，在奥巴马大选胜利后最关键的两个月内，奥巴马一直大肆吹捧的竞选力量基本上偃旗息鼓了，而这项决策被政治技术观察员米卡·西弗里称为"政治过失犯罪"[429]。政府随后做出一项最为致命的决定，收缩和精简竞选工作的组织基础设施——将"为美国组织起来"（Organizing for America，缩写为OFA）更名，连同其1300多万成员一起加入民主党全国委员会，成为党的官方机器的一部分[430]。

这一决定让奥巴马真真正正疏远了支持他的群众，也伤害了群众采取行动支持奥巴马议程的能力。例如，有些民主党人对于总统议程的关键部分，例如他的医疗保健法案仍然持骑墙观望的态度，而群众没有对这些民主党人施加压力。另外，与奥巴马本来建立了联系但却没有兴趣融入民主党正式的政治基础的许多政治独立人士、共和党人和极左派也因此疏远了与奥巴马的关系。

作为甫一上任便面临重大经济危机的新总统，奥巴马不得不高度专注于落实他的政策议程。另外，他对于现在执掌如此强大的国家机器可能也感到有些敬畏，结果使他陷入了旧势力模式。

奥巴马试图在制定他的医疗保健法案这样一些关键时刻动员自己的支持者，也取得了一些成功，但他已经没有了运动的心态，实际情况也是如此。OFA要求支持者们在各种问题上都给予泛泛的"承诺"（例如支持医疗保健法案中的公共选择方案，但对于这个方案，

9 新势力领导力 /207

奥巴马本人也很快就放弃了），但是由于做法过于谨慎，而且在对待社区时也不是特别小心，以致无法激起任何真正的激情。当然，奥巴马的支持群众被故意冷落只是问题的一方面，同时他还要面对另一个资金充足并且也受到普遍欢迎的社会运动的崛起和反对。这就是茶党，鼓动不明真相的群众和愤怒的市政府抗议和反对医疗改革。茶党的兴起预示着它将在2010年的中期选举取得巨大胜利，从而彻底粉碎奥巴马的执政。

奥巴马的支持者希望做的不仅仅是捐款。如果奥巴马投入大量心血和资源让他的支持者有能力在基层开展活动——赋予他们组织起来向奥巴马提供支持的自由——他本来可以组织一场强大的本地化进步运动，并使之成为应对茶党崛起的有力反击力量，特别是在民主党支持者聚集较多的主要城市之外的其他地区。

但是，奥巴马的团队最终似乎还是把支持他的群众当成了自动提款机而不是社会运动的积极力量。当2012年竞选连任时，"大数据"已经取代运动的能量成为奥巴马战术组合中最神圣的成分。连任竞选活动的英雄不再是志愿组织者（虽然仍然有很多这样的人在为他奔忙），而是身居幕后的数据高手。大量标题党式的，以"晚餐？"之类的词儿充当主题的电子邮件充斥着我们的收件箱——让收件人有那么一会儿觉得自己还挺受重视，你看总统终于问我们是否想要出去玩了嘛。不过从另一方面讲，奥巴马也突然变成了那种似乎总是需要借钱的朋友。于是他长久期待的"改变"——或许change这个词儿在这里当零钱讲更合适——就5美元、5美元地多了起来。

奥巴马取得了很大的成就，而且这些成就并不是通过组织一场能量满满的执政运动来实现的。他表现出对总统职位及其行事规矩的尊重，而他的继任者在很大程度上却没有做到这一点。但在特朗普当选总统并有能力将奥巴马的大部分遗产一扫而光之后，人们又不禁会想，究竟是哪些因素让奥巴马这位总统的行为更像一位真正的群众领袖，而不是啦啦队长。

精准信号，精细构建，精心塑造：
新势力领导力的三大关键能力

今天的领导者必须要在一个不仅包括机构和体制，还包括大量群众的世界中取得成功。正如我们所见，在群众领袖这个象限里表现突出（并保持这一地位）是一项复杂的任务。它需要一套特殊本领。那么到底需要什么呢？一位形不似反得其神的新势力领导者——教皇方济各可以教会我们很多东西。

教皇方济各当选之后的第一件事就是祈祷。事实上，在他当选的那一刻，他就已经在祈祷了，他被一股他称之为"巨大的内心宁静感"征服，而且他说自己从此以后一直都能感受到这种平和[431]。

但他接下来的三个行动就令人感到不一般了，而且是各有非凡之处。首先，他退回了新当选教皇通常穿着的带貂皮领的鲜红色斗篷，选择穿上简单的白色长袍。据报道，他告诉梵蒂冈的司仪："你穿上它吧。嘉年华的时间结束了！"[432] 然后，当他向红衣主教们致敬时，他又打破惯例，拒绝升座，只是说："我就待在这里。"[433] 最后，当他出现在圣彼得大教堂的阳台上，向全世界展露真容时，他既没有向红衣主教们请求祝福，也没有祈求他的教会取得成功。他也没有遵循传统，把他担任教皇之后的第一个祝福送给子民们。相反，他请求教徒祈祷，以便"愿上帝通过你们降福于我"[434]。

很难再想出一个比教皇这个职位更富有象征意义的角色了。在方济各担任教皇的第一个小时里，人们就从他的一举一动之中感受到了他所发出的强烈而洪亮的信号，并从中领会到了他对权力的思考和认识。像超级英雄一样可以加持法力的斗篷用不着了，让他高踞于子民之上的宝座也过时了。那天晚上，方济各放弃了教皇的豪华轿车，与他的红衣主教们坐一辆小巴士去吃晚饭。然后，他选择睡在宾馆的客房里，度过成为教皇的第一个夜晚，位于使徒宫顶层的教皇寝殿空无一人（后来成为永久的生活起居安排）。

方济各是一位以不走寻常路著称的拉丁美洲红衣主教，他没想到自己会成为教皇，他还有其他的计划正在进行中，布宜诺斯艾利斯的一个神父养老院还给他留了一个位置[435]。就连博彩公司也认为他机会不大，在选举教皇的秘密会议举行前，他在博彩市场上的赔率是33比1，基本上属于毫无胜算的局外人[436]。所以他只带了一个小旅行箱来到罗马，以为自己能够快去快回，耽误不了太多时间[437]。

他现在领导的教会早已是千疮百孔，声名狼藉。教廷腐败盛行，尤其是涉及梵蒂冈银行的一些金融交易黑幕重重。而且教会的罪不仅仅是经济上的。蔓延整个教会，长达数十年的儿童性侵事件伤害了数以千计的孩子，而他们本来是最脆弱，最需要得到教会保护和照料的人。性侵丑闻的揭露，严重损害了教会的声誉，甚至直接影响了教堂活动的参与率[438]。最后，天主教徒们对教皇本笃十六世的印象也相对欠佳，到了他统治的后期甚至还进一步恶化[439]。

除了这些深层次的挑战之外，人们普遍认为教会与普通百姓之间的关系也在逐渐淡漠。在美国，愿意接受圣召加入神职队伍的年轻人实在太少了[440]，许多教区都缺少牧师[441]。在罗马，梵蒂冈组织内部的低效率和惯性大家都看得再清楚不过[442]（这是一个长期存在的问题。梵蒂冈内部人士的一个著名笑话是，当教皇约翰二十三世被问到有多少人在梵蒂冈工作时，他回答说，"大约一半"）。

教会还发现自己总是在文化思潮发生重大转折的时候站到错误

的一面，例如社会现在对 LGBT（同性恋、双性恋和跨性别者）群体的包容度越来越高，而教会却依然固守其反同立场。它常常卷入各种公众辩论，不是因为自己的"立"，而是因为自己的"反"，比如在堕胎、避孕、女性神职人员等社会问题上的反对立场。最重要的是，天主教徒对教皇本笃十六世奇怪且几乎前所未有的辞职感到不安。根据教廷的长期观察人士，BBC 记者大卫·威利向我们的描述，教皇方济各继承的教会，正处于一场"可怕的危机"中[443]。

从方济各应对这些重大挑战的故事中，我们可以总结出在新势力世界培养领导力所需具备的独特技能。

首先是"精准信号"，也就是说新势力领导者要能通过他的言论、手势或行动让群众感觉更强大、更有力。奥巴马的雄论"我们自己就是我们寻求的改变"就是发出精准信号的典型示例，旨在激发他的支持者的能动意识和参与意愿。教皇要求信众为他祈祷，而不是降福给信众，也是同样的作用。

其次是"精细构建"，新势力领导者要懂得如何建立架构，制定章程，确保其能够顺利实现参与，激发能动。这通常是一件比精准信号困难得多的工作。奥巴马 2008 年的竞选活动创造了广泛的参与方式，不仅让人们产生了主人翁的感觉，更让人们真正去负责，去执行（精细构建的一种变体是去结构化，为人们按照组织者的章程进行参与创造了广阔的空间和能量，但同时不给任何药方，不做任何限制。正如我们所见，唐纳德·特朗普无师自通地掌握了这一点）。

最后是"精心塑造"，新势力领导者要知道如何为支持他的群众设定整体规范和方向，特别是在没有了领导者正式权威的情况下。如果领导者成功地做到这一点，这些规范就会被很好地理解，并被群众本身接受和遵守，不会出现领导者人走茶凉、人亡政息的局面。正如我们将要看到的那样，已经 80 岁高龄的教皇方济各的终极愿望，就是用能够远远超过其任期的长期适用的方式转变天主教会的规范。

精准信号：方济各如何成为"现世神圣的寓言"

在很短的时间内，教皇方济各就成为世界上最受欢迎的领导者，在所有宗教的信徒中都享有很高的评价。他甚至还得到了无神论者的高度认可[444]。

这种热情的大部分源自他对精准信号的娴熟掌控。在被选为教皇之后，方济各通过精准的信号传递成功缓解了各方紧绷的情绪，将自己标记为一个不同类型的教皇，并使用这些信号来定义他的任期。方济各通过各种场合向公众展现了一系列高度公开和高度充满象征性的姿态，利用每一次机会向世人展示他的价值观，而且他的这些举动比绝大多数教皇都要频繁。例如，他用自己特别喜欢的福特福克斯替换了教皇专用的梅赛德斯-奔驰[445]，他在圣彼得广场漫步，祝福并拥抱一个全身长满肉瘤而严重走形的男子[446]，他还为难民洗脚[447]。所有这些信号都向他的红衣主教和子民们传递了一个非常明确的信息，告诉他们应以怎样的举止与那些弱者相处。

从这个意义上讲，他已成为一位"现世神圣的寓言"[448]，正如《全美天主教报道》的高级分析师托马斯·瑞希神父向我们描述的那样，他所营造的形象和感人瞬间已经成为一种现代化的圣像——这种对神性的表达过去体现在僧侣住所墙壁上的图画里，或者教堂法衣室悬挂的圣像上，而现在则在 Instagram 之类的社交媒体上广为传播。

精细构建，实现参与

方济各不仅采取了很多象征性行动，上任以后还进行了一系列坚定而自信的改革，例如改革梵蒂冈银行的架构，增加梵蒂冈教廷的整体透明度，把主张改革的主教任命到关键位置上。从某种层面上说，这些措施可以被视为对教会内部腐败和层级固化的必要反应，但同时也是对方济各信念的彰显和贯彻，即教会应该成为一个"倒金字塔"，神职人员应该肩负起服务子民的重担和责任，而不是生活在云端之上，俯视众生[449]。

为了实现这种倒置，方济各试图将权力从罗马下放给基层的领导者及其社区。

以 2015 年世界主教大会为例。主教大会通常是世界各地的主教举行的闭门会议，讨论教义以及教众与教会关系的变化。不过，这一次，方济各要求首先向整个天主教世界分发调查问卷，目的是"让所有教徒亲自参与，倾听他们的快乐和希望，悲伤和痛苦"[450]。"据我所知，"波士顿学院神学教授托马斯·格罗姆博士说，"这是教权史上第一次真正试图咨询平信徒的意见。"[451]

另一项推动权力下放的举措，是从红衣主教向各地基层主教和牧师的权力下放[452]。教廷破天荒地高调发布教皇对家庭之爱的"劝喻"《爱的喜悦》。在文中，方济各建议各地主教和基层神父可自行判断如何对待离婚和民事上属于再婚的天主教徒，包括可能允许他们接受圣餐，而这是教会以前一直禁止的。

通过向教区居民、神父和主教授权赋能，方济各精细地构建了参与架构，为他们创造多种方式，领导当地的天主教事业。

精心塑造：怜悯的品质（与策略）

"我有何资格评判？"[453]

这是教皇方济各最著名的一句反问。在从巴西返程的一架飞机上，他在讨论教会对同性恋的立场时用这句反问回答了记者。

这几个字，连同它们依着教规的含义，都已经进行过详详细细的剖析。但是寻找实实在在的要点可能反而会忽略它要表达的真意。正是通过这样的表述，方济各在没有实际创造新的教义的情况下为教会设定了方向（请注意，这也是对他的批评）。而为他的子民们塑造新的规范，可是一项比行使权威这一类传统工作更加微妙和细腻的任务。

如上所述，教皇一直在努力引导他的教会远离那些倾向于使教会分裂或者为教会挂上某种标签的热门问题。他一直直言不讳地攻击神职人员"执着"于"坚持不懈地强加各种杂乱无章的教义"[454]。方济各希望他的教会把精力都用到，并将公众的想象力都吸引到为穷人服务的核心工作上去，让教会成为"所有人的家园"。在特朗普总统刚上任那几周，方济各对难民的评论就明确地指明了这个方向："驱逐难民或寻求帮助的人，饥饿或口渴的人，抛弃需要我帮助的人，然后还自称为基督徒，这很虚伪。"[455]

他还通过强调怜悯来做到这一点，而且也许怜悯就是他试图宣示的主题。他的反问"我有何资格评判"并没有改变教会关于同性恋的教规条文，但确实产生了影响，实现了焦点的真正转移。他试图带领教会逐渐走出旧势力的范式，摆脱由神职人员对其子民做出评判，惩罚其行为，将其分为圣徒和罪人、宠儿和弃儿的传统桎梏。他正在逐渐改变教会的模样，让它少关注有关规则的内部辩论，多关注其核心价值观的外在彰显。正如他所指出的那样，"怜悯就是教义"[456]。通过塑造新的规范，通过动员教会千千万万追随者的参与而不仅仅是少数几位领导者，规则本身自然就会得到遵守。

然而，教会的儿童性侵丑闻所带来的深刻的道德挑战并没有消弭，而方济各在面对这些丑闻的时候，也没有表现出他在处理其他问题上所表现出来的那种热情。以澳大利亚红衣主教乔治·佩尔为例，尽管他因为在处理几十年来的儿童性侵案件上过于宽松而受到严厉批评，但方济各仍然亲自挑选他来负责领导梵蒂冈的金融和其他改革工作。不过到 2017 年，佩尔本人也被澳大利亚当局指控性侵儿童，并最终被迫休假。

如果教皇不能面对教会核心管理层发生的各种形式的腐败，反而似乎要把保护他偏爱的神职人员置于尊重平信徒之上，就像他的前任经常做的那样，那么他为教廷带来新势力的努力就将沦为一句空话。方济各的最大考验可能还未到来。

三位新势力领导者的素描像

除了教皇方济各以外，领导者最近并不是很受待见。2017 年度爱德曼信任度晴雨表显示，只有 37% 的人认为首席执行官是可信的。并且对于所有接受调查跟踪的四大类型机构——企业、政府、非政府组织和媒体能否去做正确的事情的信任度都在下降，这是爱德曼开始对信任度进行测评以来首次发现的新趋势[457]。

包括新势力崛起在内的一系列原因，让整整一代领导者突然落伍于时代，他们所依赖的，本来在很多场合都已得心应手，行之有效数十载的行为和观念，现在突然觉得过时了。这不是来一次简单的情感大转弯就能解决的问题。传统智慧鼓励我们的宇宙主宰们化身为共情大师，时刻保持谦卑和真诚的双重美德。但现在这么做已经远远不够了。实际上，这种做法还会分散领导者的注意力，使领导者更加难以将焦点从美德转移到社区上。不过，有三位领导者对这项本领的掌握还是不错的，请看下面的故事。

如何成为新势力世界的天才：蒲艾真的智慧

当蒲艾真赢得麦克阿瑟"天才"奖时，她的反应令人刮目相看："没有我的同事，我不可能做到这一点。这个奖也是颁给他们的。"

麦克阿瑟基金会向蒲艾真颁发了 62.5 万美元奖金，意在促进她个人的创造性成长，但她和她在全美家政工人联盟（National Domestic Workers Alliance，缩写 NDWA）的团队却将这笔钱全部用于推动联盟佣工的发展上。多罗茜·李·伯尔登奖由此诞生，为整个组织庞大的保姆、管家和看护人社区创造领导力发展机会[458]。

伯尔登是为家政工人代言的关键早期人物。她于 1968 年创立了全美家政工人工会（National Domestic Workers Union）[459]，为蒲艾真和她的同事们后来创立全美家政工人联盟铺平了道路，为美国 250 万家政工人发声。

蒲艾真对麦克阿瑟基金会奖金的使用发出了一个强烈的信号：此事关乎我们大家。蒲艾真通过以一位先驱女性命名一个奖项来展现这位女性对所服务社区未来的信念，她也将自己获得的奖项看作是对这场社会运动的肯定。

这一刻真实地反映了蒲艾真的性格。你一见到她，就知道她绝对是这项工作再合适不过的理想人选。这种姿态也有其策略上的必要性。作为一个领导者，蒲艾真能否发挥作用取决于她能否在个人扬名立万与号召群众之间取得适当的平衡，而她的群众又主要由移民和黑人女性组成——整个社会最弱势的一群边缘人。

正如她所说，她的工作是运用她的权力"为更多的人创造权力"[460]。以她所处的情况而言，这是一项特殊的挑战，因为权力的严重失衡是她的支持者每天都会经历的事情："他们对不平等有真真切切的体会，因为他们生活在贫困之中，而他们出入工作的地方又有着最极端的炫富形式。"家政工人不仅要在内心默默承受薪水和贫富差距的煎熬，有时还会经历更加可怕的遭遇——冷遇、虐待和恐吓。

对于蒲艾真来说，以领导者的身份来把控这种紧张局面并非易事。在她20多岁的时候，关于从来没有当过家政工人的她是否可以合法地代表家政工人的利益并领导他们的运动，是有过很多次激烈辩论的。具有讽刺意味的是，对于一个以前一直是一盘散沙而且基本上被忽视的社区，她的激励做得越好，她就越发现自己会被描绘成缺乏"街头亲和力"、难堪领导大任的人。

她还是想办法控制住了这种紧张的局面，并以低调和协作的方式坚持自己的立场，注意要让其他人也有露脸的机会，能被大家看到承担了重要任务，还要确保她的治理结构包括她所服务的人。她的大多数董事会成员（她称之为"老板"）既不是政策专家，也不是捐助者，因为他们组成的充其量只是一家非营利组织：他们是家政工人。她估计他们的平均年收入只有22000美元。

每隔两年，蒲艾真都会将NDWA社区聚集在一起，选出董事会并制订联盟的未来行动计划。500名家政工人齐聚一堂，小到薪水，大至战略，就组织面临的关键问题和挑战畅所欲言。会议记录用8种语言翻译，以便每个人都能参与。

那些想竞选董事会的人还有机会迈上讲台，向大会发表演讲。这是一个紧张的场景。每位候选人都有三分钟发言时间。有些人信心满满，神采飞扬，有些人手忙脚乱，顾此失彼，但大家都为他们加油鼓劲。最后，候选人还要就劳动就业面临的关键问题和挑战进行一场辩论，然后才由所有人投票表决。蒲艾真认为，这个流程是她在NDWA工作最有意义的方面之一。她告诉我们："你知道吗？所有人都很兴奋，几乎坐不住了，因为他们是这个组织的主人。"

蒲艾真组建了NDWA，使家政工人成为主角，而不仅仅是受益者。正如她所说的那样，"整个组织基本上就是作为一个平台，为那些完全孤立无援的人提供发言机会"。她把她世界中的每一个人都当作组织者，而且这也并不是说说而已。NDWA 的战略、组织和领导力计划在制订时就以培养领导者为目标，而这些领导者反过来又努力发展家政工人的领导能力和政治技能。通过这一举措，整个网络的群体能力都得到加强，估计有 3000 名工人在学习如何组织运动，维护他们的权利[461]。

蒲艾真的独特地位要求她必须对身份地位和信号隐含意义之类的问题有着超乎寻常的清醒意识，要通过这种方式表明她对自己培养的群众是在真心实意付出。为了有效地领导她的群众，她必须不断证明自己可以融入其中。

从中子弹杰克到电子贝丝：通用电气新的领导风格

贝丝·康斯托克会不时向她的某位同事介绍一款带有互动功能的智能鸡蛋托盘。这种新颖的设备使用 Wi-Fi 将冰箱中的鸡蛋与你联网，这样你就再也不会在超市里想买鸡蛋的时候却不知道自己家里还剩下多少鸡蛋、保质期还有多久[462]。这是那种科技迷们感到非常开心，但大多数人都觉得有点荒唐的产品。这款产品最终的结局自然是壮烈牺牲。

把剩下的智能鸡蛋托盘分发出去，给了身为通用电气董事局副主席的康斯托克一个可以好好聊聊通用创新文化的机会。智能鸡蛋托盘是通用电气与 Quirky 合作的产物。作为一家特别高调的新势力初创公司，Quirky 让群众发明自己的产品成为现实。康斯托克本人很看重与 Quirky 的关系，她一直与这家公司绑在一起，直到它犯错跌倒并最终申请破产[463]。

她试图传递的信号很清楚：我在这件事上失败了，但我还在这里。在通用电气，吸引群众参与，然后轰轰烈烈走向失败，得到的可不只是一句"很好，不错"，公司其实是期望你这么做，甚至欢迎你这么做。

想想这与通用电气的传奇领导者杰克·韦尔奇的理念有多么不同，杰克·韦尔奇通过他的六西格玛管理流程消除了错误和失败，通过无情的定期淘汰完成裁员，他的声誉就是这样建立起来的。而且正是裁员为他赢得了"中子弹杰克"的绰号，因为他可以"爆炸"，让一栋楼的人都灰飞烟灭，而建筑物本身不受任何影响。

康斯托克的领导风格完全不同。如果可以换一个通用电气的绰号，我们可以称她为"电子贝丝"。这个绰号的含义，不是说她如何厉害，能把所有东西都炸上天，而是形容她深谙用人之道，能把人们捆绑联合在一起。康斯托克成功带领通用电气进入数字时代，这一功劳不但使她晋升高管行列，也让她成为世界上最具影响力的100位女性之一[464]。

她成功的核心在于她对通用电气从内到外进行了重新改造，使其焕发出更大的创造力。她的目标不仅是通用电气公司工资单上的30万人，还包括高墙之外的广阔社区。在康斯托克看来，群众的参与是公司未来的关键。

Quirky仅是康斯托克围绕开放式创新所做努力的一部分，NASA也尝试过同样的开放式创新，通过发动群众来解决问题。康斯托克在有些项目上取得了开门红，例如通用电气与GrabCAD——一个由100多万位设计师和工程师组成的数字平台——合作举办的发动机支架挑战赛[465]。通用电气试图通过这次比赛，制造更轻、更高效的飞机部件。获胜者是一位年轻的没有航空经验的印度尼西亚工程师，他的创意实现了84%的改进[466]。

她大力推动与像洛克汽车公司这样的组织（第一家新势力汽车公司，我们将在下一章具体介绍它）建立合作伙伴关系，借此实现成功创新，邀请网络上以及遍布全美各地的微工厂的工程师、程序员和科学家参加众筹式的产品开发挑战。

在通用电气内部，康斯托克约请热门新书《精益创业》的作者埃里克·里斯，共同商讨新的方法，鼓励和加快公司内部创新和产品设计工作，并能迅速提供客户的初期反馈意见以供参考[467]。这促成了"快速决策"计划的创建，该计划现已为通用电气培训了4万多名领导者[468]。

"快速决策"正在引领实验和原型设计的转变，为股票价格长期走熊，甚至有些人认为已经大到无法创新的通用电气营造新常态。当然它也带来了一些重大的胜利（以及一些新的智能鸡蛋托盘，这一点我们有十足把握）。一个创建数字风电场的项目在不到4个月的时间内就提供了解决方案，而且还可以使每个风电场的可再生能源增加20%[469]。通用电气估计，"快速决策"平均可使每个项目节省数百万美元的产品开发成本[470]。

康斯托克正在努力推动权力下放。"尽可能广泛地将决策过程分布在整个网络中，其实质是让单个'细胞'能够传递信号并在他们认为合适的情况下回应当地的情况。"她说[471]。这意味着要对人力资源进行重新调配，充实世界各地的本地市场，同时还要尝试转变企业文化惯例，例如反馈。通用电气目前正在试图用移动工具取代大多数组织都会进行的年度绩效评估（那感觉就像是每年去做心惊肉跳的牙齿检查），让更多的人可以实时提供真知灼见，暴露问题。我们将在第11章讨论反馈在新势力工作场所中的重要性。

创业者兼作家彼得·西姆斯已与康斯托克相识多年，一直眼看着她步步高升走到今天。他描述了康斯托克如何自由穿梭于艺术家、制作人和机器人奇才的社区中，而不是把时间都花在穿衣打扮上。

正如西姆斯所说："虽然她有一份非常重要的工作、一个非常重要的头衔，但与她打交道的人里面可没人有她那样的经历。"[472]

通过从意想不到的地方寻找新的想法，康斯托克正在模糊群众和公司之间的界限。

Lady Gaga 如何释放她的怪物们

巴瑞·曼尼洛的死忠粉们被称为粉尼洛（Fanilows）。贾斯汀·比伯有他的"比伯信徒"（Beliebers）。黛米·洛瓦托？洛瓦托铁粉（Lovatics）。艾德·希兰？稀饭（Sheerios）（不开玩笑，真的）。但 Lady Gaga 的粉丝群已经拥抱了一种不同的身份。

他们被称为小怪物（Little Monsters）。

这个名字早就在她与粉丝互动中出现了，但在她看过关于脸书成长经历的电影《社交网络》之后，她开始创建自己的社交网络，让自己更接近粉丝，让她的粉丝彼此更接近。

她的愿景不仅仅是做一个 Lady Gaga 的粉丝页面。她希望这个网站及其品牌宣传的主要关注点不能放在她的工作上，而是要侧重于培养她的粉丝的自信心和艺术素养。由此，LittleMonsters.com 为她的粉丝军团提供了一个平台，供大家彼此分享评论、艺术、创意和故事，以及组织各种各样的活动[473]。她很快就吸引了 100 万参与者。

对于 Gaga 来说，这是一项至关重要的任务：她的许多粉丝都是正在面对残酷的体型期待和性别歧视的女孩子，而性少数群体（LGBTQ）① 的青年人正在努力解决身份认同和差异问题。与粉丝建

---

① LGBTQ：女同性恋者（Lesbians）、男同性恋者（Gays）、双性恋者（Bisexuals）、跨性别者（Transgender）和酷儿（Queer）的英文首字母缩略词，本书以"性少数群体"指代。——译者注

立联系的最大回报是，它给了 Gaga 一种工具来大力宣传他们可以体现的价值观，而不是仅仅表达他们对她的兴趣。

Monster@HausofFanis 是这样说的："我们的关系不仅仅是热爱同一位明星。我们的联系基于我们共同的理念。我们都相信爱、同情和宽容的重要性。"[474] 赫克托尔，一个 17 岁的哥伦比亚青少年，则将"小怪物"定义为"不对别人妄加评判或批评，不在乎他们的性取向、肤色或其他特征和东西的人"[475]。

Gaga 选择鼓励她的粉丝群对自己充满信心，也许没有什么奇怪的地方，因为她就经常拿自己的身份做实验。正如安蓓·L. 戴维森教授所写的那样："不是 Gaga 推动她的粉丝采用一种特定的身份，小怪物这种叙事就是拥抱自己的身份。"[476]

在用"怪物"这个词标榜自身的过程中，他们将差异性和边缘化转化为力量。小怪物社区为"最优特性"提供了一个教科书般的范例。"怪物们"感觉彼此的共同之处和差异之处都是不多不少，恰到好处，堪称完美。

LittleMonsters.com 的精神注入 Gaga 与粉丝的整个关系。她的音乐本身也在清楚地传达着这些主题（《天生完美》已成为"怪物们"的"国歌"）。她通过巨大的社交媒体流与"怪物们"对话，经常通过社交平台分享粉丝们的艺术和创意。她是粉丝创造力的呵护者和捍卫者，形容自己是（也被人称为）"怪物之母"，比"超级巨星"这样的头衔多了一丝女族长的味道。

在这个过程中，Gaga 通过多年努力，不仅为她的专辑发行建立了一个更加死忠的粉丝群体，更培养了一批范围更加广泛，能够在关键时刻加以引导和动员的支持者。2010 年，Gaga 在两男两女四名同性恋服务成员的陪同下，出席 MTV 视频音乐奖颁奖典礼，要求观众致电他们的参议员，让他们废除"不问不说"法案[477]。她在缅因州波特兰市举行集会，要求粉丝们打电话给他们的参议员并发推文给当时的参议院多数党领袖，参议员哈里·雷德推动投票。在 Gaga 的行动号召下，很多参议员的电话线路都被打进来的电话占得满满的，以致交换机超负荷运行而无法正常工作。她的宣传活动迫使参议院更新了电话系统，以更好地处理公民的来电[478]。一篇报道的标题是这样描述的："美国参议院安装了符合 Gaga 标准的电话系统。"[479]

上述三个新势力领导者的例子都是女性，这绝非巧合。在分析男女领导风格差异的研究中，艾丽丝·H. 伊格利观察说："平均而言，女性领导者比男性领导者更民主，更具参与性。男性，而非女性，更喜欢采用自上而下的'指挥和控制'风格。"[480]

伊格利的研究结果印证了管理学领域的先驱思想家玛丽·帕克·福莱特更早期的见解。福莱特在于 1918 年出版的《新国家》一书中，曾简要介绍了一个新观点，即如何引导"凌驾的权力"（power-over）[481] 逐渐转向"共享的权力（power-with），这是一种共同培养的权力，一种共致性（co-active）而非强制性的权力"。这一理念后来逐渐成为当代女权主义思潮的一个重要组成部分，强调权力必须提供更多的参与性和公平性[482]。今天，随着很多协作增强技术的普及，福莱特的愿景感觉比以往任何时候都更容易实现，也更有必要实现。

通过这些故事展示的三种新势力领导技能中，最难以掌握的也许是塑造超出个人直接控制范围之外的价值观和行为。对于 Gaga 来说，这意味着善良、多元和宽容。对康斯托克来说，这意味着提倡新的实验文化。而对蒲艾真来说，则意味着培养骄傲、尊严以及面对不平等要奋起反抗绝不认命的意愿。

不是所有人都能成功。接下来，我们将通过对种族这一棘手问题的应对和处理，比较两种领导力的不同。一种是非常新的权力方式，另一种是非常旧的权力方式，它们导致了非常不同的结果。

#RACETOGETHER 与 #BLACKLIVESMATTER 的比较：
标签时代的领导力

"这一切始于一个声音。"星巴克用这句话作为新闻稿的开场白，宣布拉开"Race Together"（种族团结）活动的序幕。它继续说："种族歧视的悲剧正在全国各地上演，星巴克的董事长兼首席执行官不愿当一个沉默的旁观者。霍华德·舒尔茨向公司西雅图总部的伙伴们（员工）表达了他的担忧，并开始讨论美国的种族问题。"[483]

为了解释他对 Race Together 的看法，舒尔茨发布了一段 6 分钟的视频，穿插着多元种族的星巴克员工参与公司论坛讨论这一倡议的影像，我们看到他侃侃而谈。"过去几周，我感到自己肩上沉甸甸的责任，不是关于公司，而是关于美国正在发生的事情。"舒尔茨宣称。

接下来，他鼓励他的店员们在顾客的咖啡杯上写下 #Race Together 标签，让他们参与有关美国种族的谈话。作为一位白人，一位婴儿潮世代的亿万富翁，舒尔茨正在集结他年轻的低薪工人大军——其中很大一部分人不是白人——在 45 秒左右的时间里（这段时间差不多够往牛奶里打入高温蒸汽，做一份双倍印度茶脱脂豆奶拿铁）抽出片刻进行（即将沦为）美国最尴尬的宣传说教。

外界的反应迅速而无情。@IjeomaOluo 指出："成为一名咖啡师已经够难的了。还要和穿着露露柠檬紧身裤的女人讨论 #Race Together，一边聊一边还得倒南瓜味香料，太狠了吧。"[484] 还有 @ReignofApril："搞不清楚 @Starbucks 在想什么。我可没时间向你解释 400 年的压迫，我还得赶火车呢。"[485] 抵制之强烈，令星巴克负责宣传的老大落荒而逃，暂时关闭他的推特账号。在活动发起后不久召开的星巴克年度股东大会上，这件事儿也成为热门话题，结果让公司许多本来令人印象深刻的成果冷落一旁，无人关注。几周之后，星巴克"按计划"结束了这次活动[486]。但很明显，它根本没有按计划进行。

舒尔茨在一个敏感的时刻触及了一个值得全国关注的重要话题，而星巴克其实本来可以发起一项更加乖巧讨喜的环保回收运动而让自己更安全。但他的倡议也因此成为一个颇具意味的案例，一位领导者，哪怕他有着良好的意愿，怎么也能在精准信号、精细构建、精心塑造这三方面错到离谱，事与愿违？

"我们犯了一个战术错误，可那又怎样？"舒尔茨在和《快公司》谈到 Race Together 时说，"我们在前进。"[487]

这可不只是一个战术错误。

首先，从 6 分钟的视频开始，这场活动都是关于霍华德本人的。他被推出来作为英雄领袖勇敢地提出了其他首席执行官所不愿触及的问题。然后，他与另一位白人亿万富翁拉里·克莱默合作，推出了一篇专栏（上面有舒尔茨的照片）来宣传这次活动[488]。

这种操作挤掉了那些可能帮助他实现这一倡议的人。他一个人把空间都占掉了，就没有空间留给别人发挥了。

Race Together 在策划上看起来很仓促，也不是很周全，但这不是一次异想天开的行动。舒尔茨进行了大量的咨询，检验和丰富了他的想法。他在公司员工一系列"公开论坛"中所看到的热情也让他深受鼓舞。然而尽管进行了这么多参与准备，他计划中的缺陷却并未暴露出来。

这正是曾经深受首席执行官们欢迎的"倾听之旅"面临的一大挑战。因为在实际生活中，没有几位员工——即使是相对资深的员工——会有胆说："很高兴认识你，老板，钦佩您的激情，但您在这个问题上大错特错了。"他的一线员工则被这次活动搞得措手不及，首先想知道这到底是怎么发生的。"如果我们要讨论种族问题，那就先说说决定这么做很明智的那拨人里,种族多元化能到怎样的程度。"一位咖啡师当时在 Instagram 上评论道。

简单地"咨询"你的基础群众是新势力的一项基本应用,而且也不太可能产生有意义的反馈。真正地构建参与需要更多的工作和付出。矛盾的是,如果连这一点都不具备,旧势力策略倒是可以帮上一点忙:保持封闭的,在线的,或保密的论坛,可以为忠言逆耳的反馈创造一条途径。

嘲笑 #RaceTogether 不难(很多人也确实在嘲笑星巴克),但这个创意还是有点内容的。舒尔茨明白,像星巴克这样的咖啡连锁店已经成为事实上 21 世纪的社区中心(尽管是一个倾向于中产阶级邻里关系的中心)。美国各地的星巴克门店是可以同更加底层的其他当地空间一起,举办一些本地活动的,由有经验的组织主持,促进有关种族的艰难对话。你也可以想见,舒尔茨一定会招募一支多元化的咖啡师队伍,不是为了观看他的视频或者在纸杯上写下他的口号,而是为了建立属于他们自己的一些东西。

#RaceTogether 始于一个声音,也将终于一个声音。

舒尔茨试图在种族问题上发挥领导作用,他的努力并非心血来潮。Race Together 兴起之时,正值另一项全国性运动风起云涌之际,而后者的组织者们却与舒尔茨没有什么共同之处,其领导方式也截然不同:"三名黑人女性发起 #BlackLivesMatter。其中一人是尼日利亚裔美国人,两人是酷儿[①]。一个曲折的故事……因为所有黑人的命也是命。"这是运动的官方推特账户 @blklivesmatter 在运动组织者和美国各地民众接受这一口号几个月后发出的宣言[489]。

Black Lives Matter 由爆红于网络的模因发展成为一场社会运动,

[①] "酷儿"由英文 Queer 音译而来,原是西方主流文化对同性恋的贬称,有"怪异"之意,后被性的激进派借用来概括他们的理论,含反讽之意。——译者注

改变了美国关于种族的对话。它所激发的激进主义迫使警方改革了警务实践，提高了部分选举的黑人投票率，影响了立法，罢免了多位警察局长，并重新引发了对美国黑人面临的系统性不公正的政治和文化关注。

它始于脸书上的一个帖子。

2013 年，在乔治·齐默曼枪杀黑人少年特雷冯·马丁被判无罪之后，社会活动家和运动组织者艾丽西亚·加尔扎写了一篇强有力的帖子，以"我们的命也是命，黑人的命也是命"为结尾。加尔扎的朋友帕特里希·库勒斯将这句话用作标签 #BlackLivesMatter，并最终成为席卷全球的抗议浪潮，撑起了一把抗议不公的大伞[490]。奥宝·托米蒂开始设立社交媒体账户，扩大他们的宣传活动。

它很快就开始流行起来，人们开始力所能及地为运动提供帮助[491]。"文化工作者、艺术家、设计师和技术人员"各尽所能，而创始人的策略也成为培养群众的范例（我们曾在第 4 章讨论过培养群众的方法）。用加尔扎的话说，加尔扎、库勒斯和托米蒂着手"创建运动的基础设施，从社交媒体的一个账号发展成为街头行动"。他们开始进行网上动员，积聚力量，联系全国各地的组织者，目标是创造"空间，颂扬和教化黑人生命"。

他们对密苏里州弗格森市警察杀害迈克尔·布朗迅速做出反应，使整个运动发展到新的阶段。三位女士一如既往地与他人合作，快速组织了 Black Lives Matter 的"自由行"，来自美国各地的社会活动分子纷纷坐上大巴，蜂拥前往弗格森，支持当地的组织工作和社区[492]。

这个标志性的时刻激起了强烈的社会反响。三个月后，2014 年 12 月，在"纽约百万人大游行"中，巨大的 Black Lives Matter 横幅在群众头上伸展开来。这场 5 万多人的游行是由 23 岁的辛尼德·尼科尔斯和 19 岁的乌马拉·埃略特发起的，而他们之前从未组织过任何抗议活动[493]。

从脸书的一篇帖子开始，Black Lives Matter 如熊熊烈火燃遍美国，占据了各路媒体的头版头条，形成了由一大批社会组织、地方分支机构和组织者构成的松散同盟。它的去核心化设计和"无人主使"的身份认同，反而使许多人参与其中，各负其责，获得了覆盖数百万人的影响力。

那么哪些事情是舒尔茨做错了，而 #BlackLivesMatter 做对了的呢？

显然，在应对种族问题方面，#BlackLivesMatter 的创始人具备舒尔茨所不具备的固有的合法性和可信度。其实，问题不止于此。

从一开始，Black Lives Matter 运动所发出的信号全是关于集体参与的——不突出任何一名领导者的个人作用。艾丽西亚·加尔扎告诉我们，这不是要让 Black Lives Matter 没有领导者，而是要让参与的人全是领导者。"当我们想到马丁·路德·金身上发生的事情，或者梅加·埃弗斯或马尔科姆·X 身上发生的事情时，我的意思是，所有这些人都因为他们的领导者角色而被暗杀。"加尔扎告诉我们，"坦率地说，失去了他们的组织迥然不同。之所以如此，是因为即使是组织本身在某种程度上也是围绕某个人建立起来的……你把头砍掉，身体的其余部分也就死了。"在打造 Black Lives Matter 的过程中，她非常谨慎地避免"把少数几个人单挑出来或让他们显得与众不同，因为真正与众不同的地方在于，这次运动得到了普通老百姓的支持，是他们在努力让它成为比我们所有人都更伟大的事业"[494]。

随着时间的推移，许多领导者也开始搭台组架来构建和支持运动。没错，运动的外围是有很多自由形式的活动（去结构化的一个很好的例子），但联合创始人和其他人对各地基层分会的发展也是非常小心的。正如杰拉尼·科布在《纽约客》中描述的那样："有望组建的分会必须接受协调员的严格评估，包括成员之前参与的各种激进行动，而且他们必须遵守组织的指导原则。"[495]

关于 Black Lives Matter 最值得注意同时也最重要的一点，是它对"彻底包容"的承诺。这是一个希望拥有大量领导者的运动，并且致力于将关注的焦点转移到那些通常没有担任过领导者的人身上，以及最边缘化的人身上。"这种包容的另一面是，Black Lives Matter 如何才能真正推进所有黑人的生命都重要的叙事？因此，这项工作的本质是塑造，试图在政治上塑造这个网络。"库勒斯说[496]。正如这些女性在其网站的"关于我们"部分中所述："Black Lives Matter 肯定了黑人酷儿和跨性别人士、残疾人、黑户黑人、有案底的人、女性以及性别光谱上所有黑人的生命权。它的核心，是那些在黑人解放运动中被边缘化的人群。"[497]

有趣的是，库勒斯、加尔扎和托米蒂一再声称她们是 Black Lives Matter 的共同创始人，部分原因是她们都不是异性恋男性，也就是所谓的"直男"，虽然运动中有人因此批评她们这么做是想将功劳据为己有。三人坚定不移地拒绝复制旧势力模式，不希望让阿尔·夏普顿或杰西·杰克逊这类魅力十足、巧舌如簧的男性传教士来把持大局，抢尽所有风头。这样的态度导致了 Black Lives Matter 在发展初期爆发了很多冲突。例如，杰克逊试图向弗格森的抗议者发表演说，却发现台下嘘声一片[498]。夏普顿则被指试图拉拢运动为他所用。2014 年底，在华盛顿特区举行的"全民公正大游行"中，夏普顿和他的团队还掐断了麦克风，彻底封了琼奈塔·艾琪的口，不让这位在弗格森的抗议活动中遭到催泪瓦斯攻击的年轻社会活动家演讲。她和她的朋友们被告知不能分享她们的观点，因为她们没有"VIP 通行证"，艾琪告诉《根》(The Root)。"如果是抗议，"她想知道，"为什么你还需要获得 VIP 通行证？"[499]

令人惊讶的是，在 Black Lives Matter 时代出现的最知名的人物可能是德雷·麦克森，他是一名记者和社会活动家，参加了早期的弗格森抗议活动，其领导风格也属于大家熟悉的魅力型。政治家和主流媒体都对他给予了很大关注。加尔扎想知道"德雷身边的现象是否真的说明，人们对于男性担负某种形式的领导角色感到更加舒服"[500]。对于人人皆领导且由女性主导的社会运动来说，一项挑战就是以自身的真实面目与旧势力结构熟悉和互动，而不是试图先将自身转变成现有体制能够识别和承认的东西。

Black Lives Matter 为新势力领导力研究提供了一个经典案例。三位创始人开创了一项早已超越自身角色的伟大事业。许多从这项运动中脱颖而出的领导者，如麦克森，也已开始竞选公职，步入政坛，将运动关于如何实现变革的多元观点付诸实践。与所有基础广泛的社会运动一样，Black Lives Matter 出现了许多派别和分歧，但成就也很明显。Black Lives Matter 将一个被严重忽视的问题提升到全国对话的核心位置。展望未来，它接下来的任务是将创造的所有能量转化为持久变革，政治的，以及文化的。

结语：领导力罗盘再回首

现在，让我们把本章着重介绍的各位领导者填到领导力罗盘里。

有很多方法可以成为群众领袖型领导。有些人，比如 Black Lives Matter 创始人，她们对新势力价值观和工具的拥抱都是激进而彻底的。相比之下，在传统企业背景下操作的贝丝·康斯托克，在构建通用电气公司内外参与的过程中就受到了更多的制约。领导风格也是一个因素。像康斯托克、蒲艾真和 Black Lives Matter 创始人这样的新势力领导者极力避免成为具有超凡魅力的领导者，而其他人则巧妙地利用他们的个人魅力来实现他们的目标，比如奥巴马和教皇方济各（这是领导力的普遍现实，每个象限你都能看到魅力型领导和更加低调的领导风格的例子）。

今天的政治和商业世界，尤其是欧美政界和商界，充满了像霍华德·舒尔茨和奥巴马总统那样的啦啦队长型领导。他们拥抱新势力价值观，但在实践新势力模式方面还有很多工作要做。其他希望通过组织一场运动来当选的政客，例如法国总统埃马纽埃尔·马克龙，都面临着类似的选择和困境，因为他们试图将运动转化为政府。这个象限的有些人正在竭尽所能，尝试解决问题，逐渐进入群众领袖象限。但其他人有点太安于现状，基本上还像以前那样运作，只不过现在以十分常见但没有什么实质意义的方式与群众联系起来。

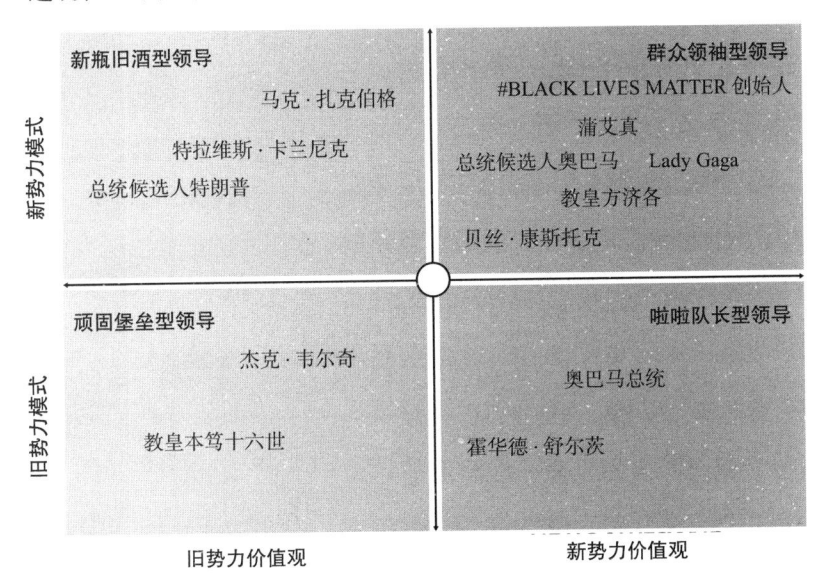

	新瓶旧酒型领导	群众领袖型领导
新势力模式	马克·扎克伯格 特拉维斯·卡兰尼克 总统候选人特朗普	#BLACK LIVES MATTER 创始人 蒲艾真 总统候选人奥巴马　Lady Gaga 教皇方济各 贝丝·康斯托克
旧势力模式	顽固堡垒型领导 杰克·韦尔奇 教皇本笃十六世	啦啦队长型领导 奥巴马总统 霍华德·舒尔茨
	旧势力价值观	新势力价值观

我们前面没有花太多时间讨论顽固堡垒型领导，因为这是我们都太过熟悉的传统领导力模式。尽管如此，有一点仍然值得一提，那就是这种自上而下的领导可以采取多种形式，既有毫无掩饰的独裁者，通过传统的宣传手段与广泛的国家暴力和胁迫相结合来实现目标，也有更常见的传统商业和政治人物，如"中子弹"杰克·韦尔奇以及教

皇方济各那位刻板的前任——本笃十六世。强人领导模式最显著的一点是，在一个群众作用越来越大的世界中，这种模式的局限性越来越大。既然能够成为一位平台强人，能够一边发动高度忠诚于你的铁杆群众，一边仍然把权力集中在自己手中，为什么还要当一个普通的、单纯依靠你的正式权威和强制执行规则的能力的旧式强人呢？

这就要说说新瓶旧酒型领导了，以马克·扎克伯格为例。作为一名领导者，他是培养群众的大师——从很多指标来看，他所掌握的群众数量之多，力量之大都堪称全球之冠。扎克伯格说，他已经重彰脸书专注全球社区建设的使命，而他似乎也在真诚地致力于这一目标。但在很多关键方面，扎克伯格的行为都表明，他只准备在不必放弃太多个人权力的前提下继续执行这项使命。与用户分享更多的经济价值，让他的社区在脸书的治理方面拥有真正的发言权，并让用户有能力查看、塑造和定制其算法，这一切似乎都免谈。相反，他将自己定位为一个仁慈的霸主，可以信任他出于网络的最佳利益做出决策。新瓶旧酒型领导是很有实力的，因为他们精通新的参与方式。他们可以如此有效地参与、取悦、激发和误导群众，以至于群众可能因为太忙或太过分心而根本没有注意到自己实际上并没有变得更强大。

未来，我们将会看到新瓶旧酒型领导（以及他们经常演变而成的平台强人）和群众领袖型领导之间的领导力竞赛。在最好的情况下，两者都可以非常高效地发出精准信号，进行精细构建，完成精心塑造。但是这两种领导模式往往在权力分配方面产生截然不同的结果。

从许多方面来说，工作难度最大的是群众领袖型领导。他们的主张比"我一个人就能搞定它"更复杂。他们要求人们做得更多，承担更大的责任，更自由地开展协作。

即使这是我们人人都希望生活的那种世界，我们最终能不能得到它也还是一个巨大的未知数。

10

融合新旧势力的艺术

本书的一大主题是新旧势力的对比与冲突。回想一下我们在开始时的定义，如下图所示。

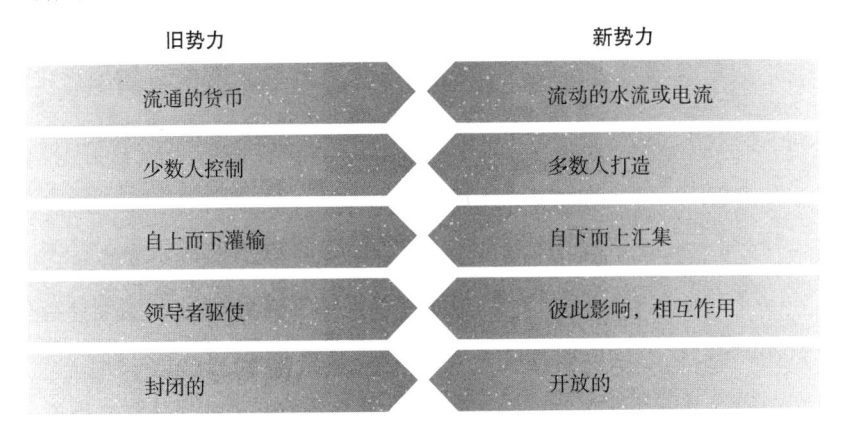

旧势力	新势力
流通的货币	流动的水流或电流
少数人控制	多数人打造
自上而下灌输	自下而上汇集
领导者驱使	彼此影响，相互作用
封闭的	开放的

书中讲述的许多故事都是这种对立关系的直接体现。看看"冰桶挑战"如何淘汰电视马拉松。回想一下NASA求解者与解题者之间，或者满脑子改革思想的教皇和顽固的梵蒂冈官僚机构之间的摩擦。

本章并不讨论新旧势力之间的紧张关系，而是提供一些组织的故事，这些组织已经研究出如何融合权力，创新模式，以相互促进的方式将新旧势力汇集在一起，而不是继续以二元对立的态度对待上图中的新旧势力要素——开放或封闭，自上而下灌输或自下而上汇集。这些组织已经发现，新旧势力的融合大于各部分的简单相加。它们所有故事的一个基本主题，就是它们知道何时运用某一种权力。那么，它们是怎么知道的呢？

为什么全国步枪协会能够屡战屡胜

以新势力模式为主导的科罗拉多州罢免案

2013年9月，美国各地的政治家们都收到了非常明确的信息。在一次专门针对禁枪立场的特别罢免选举中，两名曾协助通过限制枪支暴力法律的科罗拉多州参议员毫不客气地被免职。在这个仍然被1999年科伦拜恩高中大屠杀①的阴影笼罩的州，拥枪派的这一胜利堪称不凡，更何况彼时距离康涅狄格州纽敦市某小学枪击案②不过才9个月的时间。而纽敦小学的这起悲剧共造成26人死亡，其中大部分都是小孩子。

罢免选举仅仅两个月后，第三位科罗拉多州参议员埃维·胡达克抢先辞职，因为她知道自己也被同一个对手瞄上了。[501]

科罗拉多州的罢免选举是全国步枪协会（NRA）及其盟友施展不凡之力挫败那些拦路虎，并向其他也试图这样做的人发出警告信号的又一例证。即使公众舆论压倒性地支持进行合理监管（92%的美国人，包括87%的共和党人，支持对所有枪支买家进行背景调查），NRA仍然屡次设法限制枪支管制的力量。[502]哪怕在它看起来已经摇摇欲坠不堪一击的时候，也能绝地反击，克服重重困难，最

---

① 科伦拜恩校园事件是1999年4月20日在美国科罗拉多州杰佛逊郡科伦拜恩中学发生的校园枪击事件。两名青少年学生枪杀了12名学生和1名教师，造成其他25人受伤，两人接着自杀身亡。这起事件被视为美国历史上最血腥的校园枪击事件之一。——译者注

② 即后文所说的康涅狄格州桑迪·胡克小学枪击案。2012年12月14日该校发生的这起枪击案共造成包括枪手在内的28人丧生，其中20人是儿童，18名儿童当场死亡，2名儿童送医中不治身亡；枪击还造成6名成年人死亡，警方还在凶手家中发现了其母亲也被杀害。这是美国历史上死伤最惨重的校园枪击案之一。——译者注

终取得胜利。

为什么 NRA 能够屡战屡胜？你可能会认为它之所以能够一手遮天，完全是因为它不惜血本，培养了强大的游说势力，黑的也能说成白的。毕竟，它有 2.5 亿美元的年度预算，而且在收买人心、搞贿选方面可谓名声在外[503]。

然而事实并不尽然。面临罢免的两位州参议员当时得到了纽约市长，亿万富翁迈克尔·布隆伯格的辩护[504]。作为整个美国加强枪支管制最有力的支持者，布隆伯格轻而易举就在资金投入上让 NRA 及其盟友相形见绌，在罢免战中投入 300 多万美元，而拥枪派只能拿出区区 60 万美元。而且不仅 NRA 没有花那么多钱，它在双方对峙期间似乎也有点看不到踪影，至少可以肯定它没有冲在最前面，让科罗拉多州准备投票的一些拥枪派大为吃惊。

尽管 NRA 可能并不显眼，但它仍然是科罗拉多罢免案的核心推动力量。多年来，它已经向科罗拉多几十个组织提供了数十万美元的小额赠款，从枪支俱乐部、射击场、保护主义者和狩猎组织（如 Ducks Unlimited），到并非 NRA 正式下属的当地小型枪支权利组织。这些投资旨在创建一个基层活动网络，将政治、文化和枪支商业融合在一起。你可以把这些人想象成一批独立的，自我组织的群众，不受 NRA 正式节制但在战略上与 NRA 的利益保持一致。

从这个群体中涌现出许多像维克多·海德这样的活跃分子，这位 28 岁的水管工和他的朋友、家人一起，收集了启动罢免选举所需的成千上万个签名，将这个在拥枪派在线留言板密密麻麻的发言中冒出来的点子付诸实践。"我兄弟和我参与进来的原因是这些法律确实影响了我们，"海德告诉当地一家电视台——丹佛福克斯 31 新闻网（Fox 31 Denver），"这是我们激情的源头。我们的志愿者全都是真心在乎此事的人，他们去拉票可不是为了拿支票。"[505]

马克·格雷兹是一位经验丰富的华盛顿特区政治操盘手兼律师，当时负责运作布隆伯格的控枪小组，组织协调抵制罢免投票。他发现自己的小组在谋略上完败于对手。

他告诉我们为什么 NRA 的战术被证明如此成功："把资金投到基层并让人们拿着钱去做他们想要做的事，这样的好处是，十之八九他们要做的事也就是你想做的事。因此，当真要进行罢免时，NRA 反而显得是一个局外人……但尽管如此，这些受到资助的群体拥有如此充足的资金，获得如此充分的授权，以至于他们能够拿起选举的武器面对这些立法者，并想方设法将其除掉。"[506]

这个境界是布隆伯格的战略所无法企及的，因为他对大量的外部支出盯得更紧，对基层的控制也更加严格，更加集中。在他这边，格雷兹说，"我们会付钱给组织者，也向地方分支机构提供补助，但所有工作都非常放不开，控制得特别严"。

回顾过去，格雷兹承认，NRA 出色的地方在于"只用 5 分钟就能让自己的议程行动起来"。它放松了对群众支持者的控制，即使这样做有可能让它失去取胜的能力也在所不惜，但 NRA 的这种做法反而让人们获得了自由，使之成为运动的真正主人（我们再最后说一次：如果没有你的参与，一场运动将只是一次运动）。那些在罢免活动中批评 NRA 擅离职守的人误解了这一策略。它并没有消失，只是对自己的终极使命看得比品牌更重要。

虽然布隆伯格敢砸钱，也砸了大钱，但 NRA 动用的"通货"最终证明更有价值：日积月累的强大声势。它早前"养兵千日"，投资于像维克多·海德这样的人，逐渐形成了广泛的人脉网络，也让它可以在选举日当天"用兵一时"，动员一个庞大、多元的却有着一个共同诉求的社会群体，将选举变成了一场对枪支的公投。NRA 的工作则是知趣地让开大路，提供足够的空中掩护和体制支持，以保证胜利。正如格雷兹所说的那样："尽管 NRA 在很大程度上并没有出现在现场，但它多年来一直在精心培养这些激情，而它的支持者对这些控枪法案生气不爽的程度，也远远超过我们这些人对法案的欢欣喜悦之情。"

以旧势力模式为主导，击败《曼钦 – 图梅法案》

为了赢得科罗拉多州的罢免投票，NRA 放手发动群众，让新势力主攻，同时动员其旧势力部门提供支持。但要击败《曼钦 – 图梅法案》这项得到奥巴马总统和他在华盛顿的盟友们支持的控枪法案，NRA 就需要改变其战术，让它的旧势力品牌冲在前面，然后把群众力量当作骑兵，快速出击，一击必杀[507]。

起初，这项法案看起来像是比较明智的枪支改革，最终也许真能通过。它也是在康涅狄格州桑迪·胡克小学枪击案之后提出的，并且绝大多数美国人都支持这项拟议法律的法理基础——进行普遍的背景调查。更重要的是，该法案的发起人是两名参议员，他们都是公认的 NRA 铁杆同盟者，并不属于反对枪支的老好人。乔·曼钦是来自西弗吉尼亚州这个美国枪支文化核心地区的一名民主党人，本人就是一名自豪的 NRA 会员。帕特·图梅则是一位共和党人。

然而《曼钦 – 图梅法案》还是被 NRA 打得溃不成军。NRA 动用了武器库中也许最令人恐惧的旧势力武器——决定对该法案"评分"。

NRA 的"评分"是根据政客们在枪支权利方面的投票记录给打的字母成绩。分数从 A 到 F，每位立法者的分数决定 NRA 在他选举时是送上胡萝卜还是拿起大棒。在这个法案出台之前，图梅的得分是一个结结实实的 A–[508]。

民调专家兼分析师道格·舍恩详细研究了 NRA 操弄权力的方式，

解释说："引人注目的是，NRA拒绝对先前的投票'评分'，结果使得该法案起初出现在议事日程中，并且获得了68票，远远超过了所需的票数。然而，在NRA宣布它实际上将对关于背景调查的关键修正案投票进行评分之后，之前投票赞成将立法提交参议院的全部14名参议员都撤销了对该法案的支持，并对背景调查投下有利于NRA的反对票。"[509]

NRA的评分系统简直就是罗马皇帝大拇指的现代翻版，想救谁就大拇指向上，想杀谁就大拇指向下。华盛顿的门厅大堂里到处都流传着那些曾经触怒NRA并因此付出高昂代价的人的故事。

不过，真相可能没那么夸张。舍恩对过去15年多次选举周期的研究表明，NRA的权力投射虚张声势的成分很大。它经常把那些支持拥枪的候选人怎么选都肯定能赢或者它没怎么花钱的竞选胜利也都归功于自己。例如，在2012年，NRA声称有五场竞选取得胜利，而它的投入还不到100美元。舍恩表示，NRA不仅不像人们普遍认为的那样，是美国大选中花钱最多的金主之一（在美国大选的院外集团中它的排名仅为第50位），而且它在直接投资的时候甚至也不是特别有效。NRA从中榨取的好处，我们可以将其视为一种"恐惧回报"，但其实唬人的多半都是它的传奇故事和虚声威吓，真实事例反而没那么多[510]。

然而，通过新势力的运用，这种威胁变得更加有力，也更加可信。到需要在国会发挥这些选票作用的时候，NRA还利用其支持者的声势来碾压对方。忆及政客们所面临的压力，当时还是一位来自北达科他州的新当选参议员的海蒂·海特坎普说："我觉得自己在外界看来一直还算是一个愿意倾听的人，一个思想相当独立的人，但同时也相信归根结底，你总还是要倾听你的选民的意见。"[511]她说，在她的州也举办了一场声势浩大的活动，要求她支持这项法案，但当一切尘埃落定，当所有该说的话说尽，该做的事做完时，她的办公室接听的电话是"反对法案的比例至少是 7 比 1"。

文化、商业和政治：NRA 如何造势

好好想一想这个数字。民意调查显示，超过 90% 的美国公民赞成《曼钦 – 图梅法案》提出的类似立法内容，但是他们很容易就被那些拥枪派的奉献和承诺反转。[512]

那么反转原因都来自哪里？

成为 NRA 的会员不仅仅是建立了政治归属感，它还能提供诸如保险折扣、获得个人贷款以及加入葡萄酒俱乐部等实实在在的利益。一切都从娃娃抓起，NRA 的博客上就有"你家娃会喜欢的射击课程"这样的帖子[513]。你甚至可以买一个能把 NRA 的品牌烙在面包上的烤面包机。这还只是 NRA 的"在编"群众，通过数十年如一日编排各种计划得以维系，互通声气。NRA 还有数量更为庞大的"编外"群众可以利用，这个生态系统更加鱼龙混杂。有很多像维克托·海德这样的人，他们不仅是枪支文化的重要组成部分，在需要时还能啸聚而起，壮大声势。

NRA 谋在长远。它致力于建立深层次的基层参与，创造有利可图，远远超出其狭隘政治目标的反馈循环。NRA 的一位密切观察者珍妮弗·卡尔森是这样评价的："控枪派方面进行的是一场政治运动。他们正在努力改变枪支政策，这是他们做的事情。而拥枪派，他们改变的是文化，他们的运作有一个行业的支持，是一种政治运动。"[514]

随着时间的推移，枪支文化的力量令 NRA 得到进一步强化。正如马克·格雷兹指出的那样："通过激起民族主义者对政府暴政的控

诉和担忧，它不仅敦促人们加入拥枪团体，支持 NRA 的诉求，给州立法机关写信，投票反对控枪立法，还会购买更多的枪支，因为它认为政府正在打算拿走它的枪支。"[515] NRA 创造了如此强大的统一世界观，以致在大规模枪击这一类危急时刻，这种世界观居然能够一反人们的认知，变得更加大行其道，更加深入人心。枪支买得越多，NRA 的会员就越害怕枪支被没收，于是就会越发投入地加入反控枪的运动，形成一种奇怪的良性循环。

而且 NRA 也丝毫不惮于下更大的本钱，更加努力地去构建统一的世界观，并制造出某个共同的敌人。2017 年，它发布了一个甚至没有提到枪支的招募视频。许多人认为，这个视频是在几乎不加掩饰地号召对唐纳德·特朗普总统的政治反对派乃至广大自由主义者采取暴力。旁白者在视频中宣称："我们阻止这种情况的唯一途径，我们拯救我们国家和我们的自由的唯一方法，就是握紧真理的铁拳，与这种谎言的暴力斗争。"[516]

经验教训：控枪斗争的未来

与许多人可能希望的不同，我们可以从 NRA 学到很多东西。它在新旧势力之间自由切换的能力已经炉火纯青：它的领导者知道如何运用旧势力战术，也知道何时躲到幕后让新势力冲到前台以壮声势。

尽管布隆伯格的组织资金实力雄厚，也能利用公众对合理监管的支持，但仍然没有足够的号召力，把群众组织起来达成其所希望的结果。而且只要这是"布隆伯格"的活动，就很难让别的什么人产生当家做主的感觉。另一方面，NRA 也显示出一种罕见的能力，能够在某一时刻站出来，也能够在另一个场合完全隐居幕后。值得借鉴的是，在《曼钦–图梅法案》失败后，布隆伯格转而发起"大城小镇"运动（在杰里米的组织"使命"帮助下），努力建立一个基层枪支安全运动[517]。这个组织包括一批女性社会活动分子，她们在桑迪·胡克小学悲剧之后形成了一个名为"母亲要求采取行动，提高美国控枪意识"[518]的组织，并在很多地方都建立了分支机构。这些妇女自带母亲的道德权威，养育子女和社区安全是她们关心的全部。她们的抗议和精心设计的信息传递迫使像星巴克和塔吉特这样的大型零售商在它们的门店里禁枪。近年来，布隆柏格的操作更多倾向于基层和本地，也取得了重大的政策胜利，例如华盛顿州和内华达州的背景调查选票动议都赢得了胜利[519]。

"大城小镇"明白它需要缩小与拥枪派民众的"声势差距"。它的策略可能起作用的一个标志是，在佛罗里达州奥兰多"脉动"夜总会大规模枪击案之后，"大城小镇"的支持者——当时数量已经达到300万——在一周内向参议院拨打了6.2万个电话，几乎是惨遭败绩的《曼钦-图梅法案》投票前几个月控枪派打入电话次数的8倍[520]。布隆伯格的社群与NRA之间未来的战斗可能会更加势均力敌。

NRA既有大型机构的力量、权威和资源可供使用，也能发挥社会运动的能量和创造力。在一个巨大、纷乱、势力众多的空间中，它将新旧势力进行了完美融合。下一个故事展示了TED如何进行势力融合，构建更加独立、更加自洽的模式。

开放和封闭：TED如何改变思想传播的方式

TED与蒂芙尼的共通之处

每一天的每一秒，都有17人开始观看TED演讲[521]。但是15年来，即使是规模最大的 TED 演讲，观众也只有几百人。TED 就是一小群满脑子奇思妙想的人聚集在加利福尼亚州的长滩，兴之所至地搞起来的有关技术（technology）、娱乐（entertainment）和设计（design）的妙趣十足的讲座（所以叫作 TED）。

TED 于 1990 年成为每年一度的大会，一直是倡导和孕育新势力理念的啦啦队长和孵化器。早期演讲不乏"协作的新力量"和"开源学习革命的诞生"之类的主题。但它的模式绝不是开源的。计划和演讲者阵容由一个小型的核心团队策划。参加 TED 的人享有与世界上一些最前沿的思想家共聚一堂的特权，但这种特权仅限于那些拥有足够手段和适当人脉的人。正如 TED 官方历史所回顾的那样，大会的早期构架强化了它是一种秘密社团的观念："来自不同学科的有影响力的观众不断增长……他们充满好奇，思想开放，共同发现了一个令人兴奋的秘密，并因此团结在一起。"[522]

在 21 世纪，随着数字世界的开放和社交媒体的兴起，你可能会认为 TED 会放弃这种封闭式的精英模式，改弦更张，拥抱其演讲者无时无刻不在畅想的这个协作、民主、互联互通的世界。

然而，TED 的有趣之处在于它没有改变其核心大会模式。事实上，在某些方面，它变得比以往更加难以接近。如今你若想参加在温哥华举办的 TED 主会场活动，仅花费就将高达 2.5 万美元[523]。而且即使标价如此之高，出席大会的观众也不是花了钱就能去的，也要像演讲者一样经过主办方的精心挑选。会场的 1200 个座位一票难求，而每位嘉宾获赠的那个装满了最炫酷的硅谷宝贝的福袋更是抢手。只有少数几个幸福的人可以与艾尔·戈尔点头问候，或者与谷歌创始人之一谢尔盖·布林一起玩"反人类牌"。这是思想领袖的奢侈品，几乎就不是大众参与的东西。

TED 的巨大讽刺——同时也是成就——就在于，尽管上面说的都是真的，但它仍然是世界上最受爱戴、最广分享、最为欢迎和最获推崇的新势力品牌之一。故事的源头，还要从一位名叫克里斯·安德森的英国企业家说起。

安德森在 21 世纪初接管了 TED 大会[524]。作为新的领导者，他格外尊重 TED 的独特文化，将其转变为非营利组织，同时安抚那些专情的 TED 粉丝，消除他们对于 TED 那种深得粉丝喜爱的氛围可能会被他毁掉的担心。不过，每次大会他听到的演讲，无不在强调世界正在发生怎样大的变化。而他知道，TED 也必须有所变化。但他没有动核心模式，而是向外看，试图围绕大会构建社区。如果他成功了，每个人都能凭借自己的力量创造价值，每个人都会将价值反哺给核心。

他从一个看似冒险的重大决定开始。TED 将公布其演讲内容，这基本是 TED 唯一的知识资产，而且还是在网上免费公布。TED 前高管琼·科恩表示，当时 TED 的一些人确实对此表示反对，担心在网上发布演讲会破坏门票销售的商业模式。

他们看到的结果却恰恰相反。第一批演讲内容于 2006 年 6 月发布，截至 9 月，它们的观看次数超过了 100 万次[525]。今天这个数字是数十亿。TED 品牌的认知度和网络口碑大幅提升，进而增加了对门票的需求，吸引了众多企业赞助商排着队支持 TED 的工作。TED 在分享演讲时越开放，其封闭的会议模式就越有价值。

当然，TED 做的不仅仅是在线发布一些视频。演讲如此受欢迎的根本原因在于它们已经为迎合大众市场进行了精心设计。精美的摄影，可以毫不费力地分享，以及不超过 18 分钟的严格时间限制，都经过了量身定制，按照安德森的说法，以求"明思，解惑，吸睛，悦情"[526]（大家经常批评 TED 把艰深的内容"庸俗化"了，但其实对大多数普通人来说，能聚精会神地听你演讲 18 分钟已经越来越像是一种相当慷慨的时间分配了）。TED演讲可以保证你通过观看它们变得更有趣，通过分享它们让朋友们觉得你更聪明。

TED之所以能搞得这么好，主要原因是这两种用户体验——超级VIP参加温哥华大会，普通老百姓分享其中某次演讲的视频——全都有赖于一套类似的激励机制，只是层面非常不同。

珠宝商蒂芙尼可以领着楼上的亿万富翁潇洒地去一家私人沙龙赏玩稀有的钻石，但同时对大堂门店里的自拍游客也是笑脸相迎。与蒂芙尼一样，TED一方面为少数贵宾提供了进入最高端市场的通道，另一方面也为其他大多数人留下一点东西。这种二元化在很大程度上令双方的价值主张都得到了强化。那些在大会上发言的人获得了更有价值的体验，因为他们知道TED演讲有一个影响力巨大的大众市场。同样，那些在智能手机上观看演讲的人也知道他们正在获取的是一种具有高端品质的产品，因为他们将TED看作是最值得信赖的策展人。

如果TED继续保持一种纯粹封闭的老店做派，很难想象它的影响力还能维持下去。在整个世界正在用怀疑的眼光看待全球精英的幕后交易的时候，它的年度聚会模式似乎越来越不合时宜（请注意，每年在滑雪胜地瑞士达沃斯这个与世隔绝的小镇举行的世界经济论坛也正面临着类似的挑战，而它的应对之策是在年会之外组建社区，举办其他活动）。但是，克里斯·安德森的数字化策略为TED赢得了全球受众的关注，更创建了一个新生的社区。实际上，TED用新势力抵消了旧势力。

如何保持唯一性

通过把演讲内容向大众开放，TED开辟了新的空间，让它的内容获得越来越广泛的分享。然而随着名气的增长，它的成功也带来了意想不到的挑战。许多新的 TED 爱好者渴望做的不仅仅是分享和添加评论，他们希望发表自己的 TED 演讲。很显然，TED 的年度聚会已无法满足这种需求，因此安德森和他的员工们创造了 TED 的下一个社区，他们称之为 TEDx（x 代表自我组织）。

TEDx 的成功奥秘是让世界各地的组织者释放他们内心深处的克里斯·安德森。今天，人们有了 TEDx 阿姆斯特丹大会，有了 TEDx 布朗宁学校大会，连缅甸都有了 TEDx 茵雅湖大会。时至今日，在全球 130 个国家和地区已经举办了三万多场 TEDx 讲座，其他活动更是不胜枚举[527]。

TED 的女员工劳拉·斯坦因负责 TEDx 创办和运营，她描述了原来在某种程度上对 TEDx 抱有警惕和文化抗拒之心的 TED 老大哥逐渐看清后者蕴含巨大能量的全过程。2012 年，600 名 TEDx 组织者在卡塔尔举行了为期一周的首次 TEDx 峰会。会上，他们分享经验，共同畅想这一平台的未来前景。"不管你是一个来自基贝拉贫民窟的孩子，还是卡内基家的豪门子弟，都不重要，重要的是你要来这儿获得这种体验，"斯坦因回忆道，"在那里凝聚而成的情感纽带承载了多年以来的运动发展。"[528]

但是品牌接触面的扩大并不意味着放弃控制权。与温哥华大会一样，TEDx 的体验也经过精心设计。在对想要成为 TEDx 组织者提出的官方"规则"中，"必须"这个词出现了 48 次，"应该"出现了 27 次，"不能"则出现了 21 次[529]。

TEDx 的架构与黑客集体"匿名者"（Anonymous）之类的分散式运动不太一样。任何人都可以声称自己是"匿名者"的会员，而且想朝哪个方向搞事情都可以。TEDx 更像麦当劳，通过一纸服务协议强制实现非常具体的预期。协议的条款旨在保留被 TED 视为其模式固有特色的东西：高质量的策展，不得有利润动机，以及禁止付费参与的赞助商。TEDx 的组织者必须明确说明他们拥有哪些优势，足以令他们圆满组织一场引人注目的本地活动，同时他们也需要按照 TED 的规则行事。

不过这些规则偶尔也会被打破。尼洛弗尔·莫晨特在《哈佛商业评论》上发表文章，记录了有关 TEDx 演讲发生的各种争执，这些演讲有的兜售伪科学，有的主题则在技术上听起来毫无意义，例如什么"基于涡旋的数学""血浆学"，还有埃及精神芳香疗法[530]。最后两场演讲发生在 2012 年的 TEDx 瓦伦西亚妇女大会上，一位参与者在莫晨特的账户留言，将这次活动描述为"一场闹剧……按照如下次序伤害了 TED、瓦伦西亚、女性、科学和常识"[531]。围绕这些演讲的争议导致老大哥 TED 领导层不得不出面"重整"：采取行动，使 TEDx 社区与 TED 使命重新统一起来，并就如何实现这一目标提供更加详细的信息和新的指引。

如果说 TED 的规定如此之严的第一个原因是想努力保护其品牌，第二个原因则是努力扩展它。成功的关键在于它们能否保持唯一性，而这是很矛盾的一件事。从小处讲，它希望每一场 TEDx 都能把 TED 老大哥之所以如此受欢迎的各种要素模仿到位。大多数 TEDx 组织者都准备接受这些限制。"背后的原因是大多数人开始的时候都对协调组织一场大会没有概念。这是很复杂的。TED 想保护这个品牌，不想让人搞成一场闹哄哄的聚会，然后每个人都说'唉，我参加了一场糟糕的 TEDx 活动'。" TEDx 林肯大会热情的组织者，70 多岁的兰迪·布雷兹说道[532]。他又说："TED 的品牌非常出色。在我看来，这是关键。如果是兰迪·布雷兹做一场创意分享大会，我认为它坚持不了多久，即使我也有很多朋友和关系……但现在我的名片上写的是 TEDx 策展人，这对我来说是一种骄傲……我的妻子说得更直白，'兰迪认为他很重要，因为他正在做这个'。她还说，'我为你参与其中而感到非常自豪，我认为这是一件好事'。"

TED 的开放翻译项目与 TEDx 同年正式启动。但这第四个 TED 社区从一开始就焕发出勃勃生机，世界各地的人都在询问他们是否可以翻译自己最喜欢的 TED 演讲，或者干脆问也不问，只管翻译。[533]

为了回应这种兴趣而推出的 TED 平台简单而优雅。翻译人员把他们的译文发布上去，其他翻译人员则充当"审稿人"，"语言协调员"（其任务是监督某一特定语言的所有内容，如法语、西班牙语、乌尔都语等）则担负着在译文发布之前最后把关的角色。

这个项目现已有超过两万名志愿者用 100 多种语言发表了近 10 万份译文[534]。一些翻译人员在网上互相交流，还有些人甚至开始了线下聚会。所有人都很享受这个机会，能够让他们觉得很重要的演讲被更多的人听到和看到。这些演讲往往来自他们组织的某次活动，其他时候他们则会特别兴奋地分享一个"隐藏的宝石"。最多产的翻译是塞巴斯蒂安·贝蒂，他同时也在阿根廷策划 TEDxPESA 活动。他已经完成了超过 3000 次的演讲翻译、评论和文字抄录[535]。

开放系统与封闭系统的比较

总而言之，TED 的四大社区为如何在一个统一的组织品牌下融合新旧势力提供了一个大师级范例。它围绕旧势力模式的大会建立的三个新势力世界已经将自己打造成为世界上最有效的媒体平台之一。

倘若我们将 TED 的势力融合与 NRA 进行对比，我们会看到一个很大的不同：TED 本质上仍然是一个封闭的系统。每次互动都受品牌约束。虽然它的既定使命是传播"值得传播的思想"，但它的领导者并没有为了支持任何值得传播的好思想而决定任何事情，无

9 融合新旧势力的艺术 / 249

论是它的表现形态，还是传达的地方。这是一个巨大却封闭的思想生态系统，创作的每个内容，每项活动，都与闪闪发亮的鲜红色的 TED 品牌紧紧联系在一起。

NRA 则在开放系统内运行。是的，它有一个精心呵护的旧势力品牌，但它也在其核心组织和成员之外培育了一个广泛的生态系统，并且与更广泛的社区有着更加宽松和更少限制的关系。

这是两种截然不同的方法，每种方法都完全服务于其组织的核心目标。开放的系统令 NRA 可以利用枪支文化和商业的能量和声势。封闭的系统则让 TED 得以保持质量并增强其产品和品牌价值。

到目前为止，这种唯品牌是瞻的做法确实让 TED 受益匪浅，风光无限。"TED 大神"这个词一度为参加年度 TED 大会的少数人所专用，是通行世界的身份标志。但是 TED 可能还是需要更多地开放它的世界。一方面，大会本身很容易受越来越不受欢迎的硅谷精英影响。另一方面，TED 的形式——严格专注于制作超出想象的令人愉快的演讲内容——对于 TEDx 组织者来说并不解渴，因为他们希望将自己组织的活动转化为真实世界的行动和全年无休的社区参与机会。但 TED 对于迈出这下一步并不踏实。它的使命是传播值得传播的思想，解决值得解决的问题可就是另一回事儿了。在这个群众对参与的渴望有增无减的时代，TED 可能不得不重新构想它的未来之路。

群众也能造汽车：人尽其力，人尽其才

如果非要找出一个最能体现旧势力和 20 世纪管理模式的行业，那一定非汽车行业莫属。然而，我们的下一个故事是一家以 21 世纪的崭新方式制造汽车的公司，一家严格依赖于新旧势力融合的公司。

"我们尽最大的努力，在敞开的大门里思考和创造。"这是洛克汽车公司（Local Motors）的战斗口号之一，也向人们宣告这是一家与众不同的汽车公司[536]。

加拿大的《金融邮报》将洛克汽车公司的商业模式描述为"非常激进，以至于很难在第一次就充分领悟。在杂货店大小的当地微型工厂制造众包3D打印电动汽车，然后直接卖给消费者。"[537]洛克汽车公司有一个5万人的社区，他们都不领工资，但却负责车辆概念设计和开发，然后交由公司小批量生产和销售。这和亲手制作的果酱没什么区别，只不过装上了发动机而已。而且公司有时还会在这些社区成员的帮助下组装这些车辆。这种模式一反福特主义（20世纪那种一统天下的制造模式）——在装配线上大量生产标准化产品，然后出售给大众市场。洛克汽车公司提供给它的客户的，恰恰与亨利·福特那句脍炙人口的名言形成鲜明对照："任何客户都可以将汽车涂成任何他想要的颜色，只要它是黑色的。"[538]

洛克汽车的社区全都是车迷，有的技艺高超，有的纯属业余，但所有人都对汽车的未来充满梦想，并尽心竭力让未来更快地成为现实。社区成员共同设计和开发了很多车型，比如一款无人驾驶小型巴士，一款专门用于运送比萨（带内置烤箱）的汽车，以及一款加强了马力，可以合法上路的改装卡车。

为了让美梦成真，洛克汽车公司及其年轻的联合创始人杰伊·罗杰斯将自上而下的行业模式完全颠倒过来，吸引客户指导汽车的研发："我们问你，洛克汽车社区，你想要对你的汽车进行哪些改进，而你说你希望自己能够进行汽车保养、修理和改装。你曾经说过，今天的汽车制造商让获取零件以及完成一些简单的任务变得很困难，例如更换前灯和给没电的电池充电。你曾经说过，很难识别机器的响动和噪声，因为部件都被埋在汽车结构难以接近的深处，就好像我们都在驾驶着神秘的机器。"[539]

以下是洛克汽车公司为其社区设定的最新挑战之一：设计世界上第一款可以在高速公路行驶的3D打印小客车，设计和零件全部开源，以便任何人都可以修理它。还有模块化的概念，让车主可以根据自己的规格制造车辆。

最后胜出的设计是"泳"（Swim）。它是温哥华的惠普工程师罗凯文的心血结晶。他在业余时间学习了汽车设计，以便在全职工作中更好地进行用户互动。"我实际上是按照女人的鞋子设计的。"他说[540]。

洛克汽车的设计理念与苹果的设计理念截然相反。苹果的工业设计师被认为是全知全能的宛若上帝般的角色，而且公司也认定消费者并不清楚自己想要什么，直到产品从库比蒂诺①天堂恩赐下来的那一刻。

不过洛克汽车的推动力也并非毫无秩序的混沌。它的成功在于新旧势力的精心融合，使群众在设计汽车时能够发挥实质性（和团队性）的作用，然后确保作品脱颖而出。

洛克汽车产品开发总监阿历克斯·菲切尔指出，公司员工的技术领域完全与更加传统的竞争对手一样，产品生命周期也都差不多。只不过它已经找到了一种方法，可以向范围更大、人数更多的群众开放这一流程。

在选择了像"泳"这样的车辆设计之后，洛克汽车向社区发布了一系列其他"项目需求"，这与任何一家汽车公司在试图将设计变为现实时所面临的基本任务相同。菲切尔解释说："我们正在寻找那些机缘巧合的互动，就好像我们正好在走廊里撞到谁，而他正在谈

---

① 硅谷核心城市之一。——编者注

论我们现在遇到的问题。他会说，'真巧，实际上在我以前的工作中，或者可能在我现在的工作中，我正在努力解决这个问题'。我们希望找到会这样回复的人——'这是我的爱好。我对这个课题完全在行。让我告诉你你需要做什么'。"[541]

两个世界的最佳结合

杰伊·罗杰斯说他的直觉总是来自社区，但他的成功在于知道公司何时需要设定条件并做出正确的决定。他称自己的方法是"把框框画得严丝合缝"，为社区的创造和构思设定明确的参数和条件[542]。这种严丝合缝究竟要到什么程度，则取决于公司对两方面问题的了解和认知，一个是供应链能够提供哪些原料和支持，另一个是决定某一特定产品是否可行的各种外部条件。

当罗凯文提交参赛设计时，洛克汽车公司的设计社区联络人尼古拉斯·德·佩耶最初因不符合挑战赛的规格要求而拒绝了这件作品。"我实在太想验证这款设计了，而且它太接近我们的要求了。唯一让我犹豫的是，它的软顶敞篷部分并不十分清楚。"他告诉罗凯文，补充了洛克汽车需要看到的细节要求[543]。当罗凯文克服了重重困难，完全满足了参赛要求后，德·佩耶接受了他的参赛作品，并向他表示衷心的祝贺。这种细节上的反复在洛克汽车构建其社区参与的过程中可谓司空见惯。

罗杰斯承认，社区也在对他提出挑战："没有什么批评是我们没听过的，'你们没有 35 英寸的轮胎，你们只有 34 英寸的轮胎，你们应该有 35 英寸的轮胎'。好。我们听到了，我们想过了，我们尊重您的意见，我们意识到这需要权衡。配 35 英寸轮胎，价格就要高出 2000 美元，而 34 英寸的轮胎只小一英寸，所以您只会损失一点材料性能……但是您花 150 美元每样就都可以买到。我们决定不花 2000 美元给汽车配轮胎。"当你向社区解释时，罗杰斯说，"他们会说，'嗯，这确实有道理，我以前可不知道'"[544]。

偶尔，社区也会抱怨公司的做派怎么也那么旧势力。"有时我们会碰到有人说，'你要求我们做得太多了'。"[545]例如，当公司让群众帮忙设计一个门户网站时，有些成员就会抗议："你们这些家伙难道不做事吗？"

洛克汽车现在正在寻找与社区分享其创作价值的最佳方式。社区成员已通过"知识共享"授权书拥有对平台贡献的所有权，有了这份授权书，成员贡献的知识产权就可以共享，但前提是选择好项目。获奖作品会获得奖金，至少有一个案例可以证明，获奖设计师会从其创作中获得版税。罗杰斯坚持只向最重要的贡献者提供版税，以此作为分享价值的最佳长期途径。他感觉更具交易性的模式，比如每次贡献都会获得报酬，会玷污将社区团结在一起的合作精神和志愿主义。当洛克汽车将其汽车推向市场时，所有这些参与都会得到回报。在这里，我们看到"参与溢价"在发挥作用。参与汽车开发的人都准备好为汽车大做宣传并购买它们。洛克汽车建立的社区就是一个免费的营销渠道，完全可以与哈雷摩托或特斯拉这一类被一大批死忠粉崇拜的"磕头品牌"（cult brand）相抗衡。

洛克汽车现在还处于早期阶段，远未拥有大型汽车公司的规模，但它向我们展示了真正以群众为动力的制造业务的新形象。

波德莫斯党的狂野之旅：开辟务实革命的道路

我们的最后一个故事将我们带到西班牙，这是一群公民的故事，他们不愿意眼睁睁地看着自己不断增强的能量被旧势力政治家利用。于是，他们将新旧势力混合在一起，开辟了一条属于自己的新路，直指政治生活的核心。

一位年轻、魅力十足的领导人横空出世，一跃成为全国闻名的政治明星。他把数字工具运用得炉火纯青，断了反对党的后路。他的演说技巧令人目眩神迷，燃起了大规模集会的群众热情。虽然经验相对不足，但他却用那个著名的战斗口号激励了整整一代人："是的，我们行！"

这不仅是巴拉克·奥巴马的故事，也是西班牙波德莫斯党（Podemos party）领袖巴勃罗·伊格莱西亚斯的故事。

Podemos是西班牙语，翻译过来就是"我们行"的意思。这个党成立于2014年初，仅仅4个月后，就在5月举行的欧洲议会选举中获得了120万张选票，占到总数的8%[546]。在2015年12月的西班牙大选中，又有20%的选票投给了该党候选人[547]。在不到两年的时间里，波德莫斯党就发展成为西班牙第二大党（按党员人数计算），打破了持续数十年的两党制格局。

波德莫斯党难以预见而且也确实无人预见的崛起，告诉了我们许多关于新旧势力融合的奥秘。这是一个致力于新势力原则和价值观的组织，但却并不追求不惜一切代价也要达到目标的极致。它还频繁地充分运用旧势力策略来把事儿做成，其对旧势力的运用频率和程度也令人叹为观止。这个党的处世哲学，按照党的一位领导人豪尔赫·莫鲁诺的话说，既有堂吉诃德式的理想成分，也有马基雅维利的权谋因素[548]。

波德莫斯党的故事源于近乎绝望的失望（以及有关新势力极限的熟悉教训）。2011年春，西班牙国内形势一度极为紧张。腐败盛行，经济崩溃，银行家成为人们眼中的恶棍。年轻人失业率达到惊人的

43%[549]。公共场所的示威游行接连不断。在一片风雨飘摇之中,"愤怒者"（Indignados,又名 15–M）运动应运而生。群众举行大规模抗议活动,反对西班牙裁减预算。这场运动更成为即将在那个秋天震撼整个世界的全球占领运动的先声。它新鲜、刺激,充满各种可能性。正如《卫报》当时所报道的那样:"从一个城市广场到另一个城市广场,从一次集会到另一次集会,成千上万的公民通过网络化的方式聚集在一起参与政治。这种方式新颖而有吸引力,因为它有一个谁都没有的优势,无视既得利益者所青睐的森严等级。"[550]

然而,所有这些政治能量起初并未能促成太大的变化。在 11 月的全国大选中,两个主要政党仍然高高在上,丝毫没有动摇它们自 20 世纪 80 年代以来形成的地位[551]。回想起来,巴勃罗·伊格莱西亚斯仍然对"老派精英的嘲笑"耿耿于怀。他和广场上的示威者们领悟到,如果他们有更好的想法,就应该去竞选公职[552]。

彼时只有三十五六岁的伊格莱西亚斯,长发飘逸,语快话多。对这位已经在马德里康普顿斯大学担任政治学讲师的年轻人来说,这些嘲笑听在耳中无异是一种挑战。作为一个决定一生致力于西班牙社会平等的社会活动家,他以西班牙社会主义之父的名字命名,而且一直是共产主义青年团的团员[553]。

于是,与一批组织松散的教授和学生一道,他开始计划组建一个新的左派运动,而且不会像 15–M 那样激情过后就偃旗息鼓。相反,它的声势将会持续增强,并且当它准备就绪时,其能量就可以转化为一个正式的政党。然后,它将赢得足够的政治权力来改变西班牙的大选格局。就这样,他以一个非常旧势力的行动开始了这场斗争。

他开始制作一档电视节目。

一个旧势力的开始

这档节目被称为 La Tuerka（螺丝钉），通过 YouTube 发布[554]，质量低，产量也低。摄影师在镜头内外乱窜，嘉宾们挤作一团坐在一起，不过至少可以说达到了实验的目的。对于伊格莱西亚斯及其学术和社运盟友来说，这次节目制作可以说是一个完美的新兵训练营，使其具备了政治成功的必要条件：通过传统媒体传播信息的能力。

当然，推特对年轻人的鼓动性很大，脸书也非常适合动员。但是为了进行重大的文化转型，并将其转化为持久的政治权力，你需要占领（他们的词儿）电波。对于伊格莱西亚斯来说，"电视摄影棚已成为真正的议会"[555]。他们的革命需要通过电视进行传播。

经过 La Tuerka 的三年锻炼，伊格莱西亚斯终于开始走上前台，步入主流节目。他的主张——现在在已经经过精心的打磨——瞬间震撼了主流媒体，使他成为媒体争相追捧的明星。很快，这位梳着马尾辫的教授就被各大电视网奉为上宾，化身为困境之中的普通人的象征和代言人。正如他所描述的那样："一步一步，一位另类的左翼脱口秀嘉宾成为这场危机引发的社会政治不满情绪的参照点。"

到了这个时候，尽管他们的表述是新势力模式的，但焦点仍然全部集中在一个灵魂人物身上——伊格莱西亚斯。现在，当你充满活力和热情，看起来几乎就像 20 世纪 50 年代好莱坞塑造的救世主时，你可能很难拒绝成为一个偶像，而这也确实是一个有目的的策略性选择。按照伊格莱西亚斯的话说，这种名气是"波德莫斯党假设中不可或缺的成分"，它的目的是在每个家庭、每个心灵，以及凡夫俗子的普通生活中占据一席之地。

下一步是制造一群易于辨认的替罪羊。于是，他们开始让西班牙人民反对"la casta"（种姓）。"La casta"是一种新的一揽子表达方式，他们用这个词来标记那些被视为对西班牙正在发生的危机负有责任并从中渔利的人。银行家、腐败的商人、偏心眼的法官和善于甩锅的行政人员，全都可以被钉上这个好记又好使的词儿。它彻底揭露了西班牙政治的傀儡本质，即无论谁赢了，最终还是同一批精英坐在台上掌握大权。很快，"la casta"就传遍了全国，成为一个朽烂的阶级、一个朽烂的体制的代名词[556]。

到2013年底，伊格莱西亚斯，连同他的口号和观点，都已经家喻户晓，尽人皆知。

他们有了一个英雄，他们有了一个恶棍，是时候组建一个政党了。

一场新势力的运动

凭借旧势力的战术和一个富有魅力的领导者，创党大业已经积聚了足够的能量，有望成为现实，但波德莫斯党的正式成立还需要一股新势力浪潮的推动。

2014年初，一群核心学者和社会活动家聚集在一起，正式确定了他们的思想，设定了他们的目标，制定了一份政治宣言——Mover Ficha（行动起来）。这是一封致新势力价值观的情书，它呼吁"平权和透明"，"民主开放"，"主权在民"，以及通过"开放的参与进程"产生候选资格[557]。

伊格莱西亚斯宣布，他们必须为支持其竞选活动的请愿书征集到5万个西班牙人的签名，然后才会继续进行他们的事业。如果达到这个数字，他就将竞选欧洲议会，同时该党也将为其他人制订一个开放的程序，帮助他们成为波德莫斯党旗帜下的候选人。5万个签名不到24小时就征集齐了[558]。

不过，虽然波德莫斯党现在已经正式成为一个党派，但它表现得仍然像一场运动。人们仍然没有付出特别的努力来完善党的制度建设或增设许多机构。波德莫斯党的选举策略主要是尽其所能地鼓励人们抓住竞选机会为自己所用。它呼吁人们组织和创建线上和线下的"圈子"，讨论他们所关注的问题并交流各自的想法。"圈子"开始如星星之火一般燃遍全国[559]。

爱德华多·莫拉是为大选服务的波德莫斯党团队成员，也是伊格莱西亚斯在康普顿斯大学的同事，他认为这场运动奉行的是一种"黑客逻辑"："当你像黑客一样从事政治活动时，你必须到处扩散，你必须无处不在，你需要无处不在。"[560] 这种想法驱使他们建立了一种低门槛、少负担的归属模式，与20世纪大多数政党的做法完全是两个极端。他们使与党的联系尽可能简单。"要创建分支机构，你只需要一个脸书账户、电子邮件地址和参加一次会议。不需要党员资格，不需要缴纳党费。这样，在前两个月里，我们就有了300多个分支机构，不仅设在不同的地方，而且还在教育、文化、环境等特定领域设立了分支机构。"[561] 在构建"圈子"的过程中，他们特别强调局部的、本地的能动性：人们创建波德莫斯党的圈子，不是基于"总部"认为重要的东西，而是以他们自己最关心的问题为核心。

波德莫斯党尊重并理解数字运动的本质：弥散性、短暂性和不可驯服性。伊格莱西亚斯的核心形象以及反对不公的核心主题将指导他们的前进方向，而能量现在已经广泛分布。

这个策略取得了成功，包括伊格莱西亚斯在内的5名候选人成功当选欧洲议会议员[562]。不过，胜利的更大意义或许在于它证明了波德莫斯党的政治生存能力。现实世界的胜利，也证明了所有那些用他们的选票，他们的心声，或者干脆就是他们的喜好之情为这场运动添砖加瓦的公民，确实做出了正确选择。

一个融合新旧势力的政党

无论如何，波德莫斯党实现了自己的目标。党的领导人希望能够走得更远，通过引导公民的能量转化为政策和决策制定的结构化方法，真正构建他们赖以闻名的全民参与。

他们的主要想法是，召开为期两个月的公民大会，允许"大众参与最重要的决定"[563]。通过线上和线下讨论，公开会议和"圈子"磋商，波德莫斯党试图将其政治宣言、政策主张乃至领导人选择的关键部分全部众包。整个过程会有点烦琐，也做不到一碗水端平，但肯定会非常开放，欢迎任何人提交他们的想法草案。《民族报》称这是"前所未有的直接民主实践"，有超过10万人参加[564]。一个在线辩论网站Plaza Podemos上线后，每天吸引了一两万名粉丝[565]。某个"参与平台"允许人们为党的工作提供捐款，可以捐资支持党的一般性工作，也可以通过小额贷款支持选举活动，或者支持特定项目。

尽管所有新势力因素都参与了这个进程，但它最终生成的结果仍然带有某种旧势力的味道。伊格莱西亚斯当选为总书记，进一步巩固了他的核心作用，他的提案平台也占据了上风。更重要的是，他成功地反对了一项建议党设立三位总书记以防止顶层权力过于集中的提案。即使经过广泛的参与过程，他仍然是这场运动的导师和领袖，而且作用更甚以往。

到2015年12月，波德莫斯党已经建立了庞大的实力和势头，最终在西班牙议会赢得了超过500万张选票和69个席位[566]，并在第二个生日之前打破了西班牙两党统治的格局[567]。

在"愤怒者"运动爆发前4个月，瓦伊尔·高尼姆在2000英里以外的地方对体制发起了他自己的攻击。他是脸书上"我们都是卡勒德·赛义德"①页面的管理员,正是这个页面引发了"阿拉伯之春"的埃及之乱[568]。

然而,像"愤怒者"和"占领"运动一样,这种新势力的激增很快就消失得无影无踪。在埃及,革命的动荡为旧势力提供了攫取控制权的机会,而这拨人比他们取代的人更加专制。高尼姆在2015年的TED演讲中回忆说:"我曾经说过,如果你想解放一个社会,只需要互联网就够了。我错了。"[569]

回首往事,高尼姆认为埃及抗议活动分散式的领导和社交网络实际上是削弱而不是强化了运动本身。"幸福感逐渐消失,我们未能达成共识,政治斗争演变成了强烈的两极对立。社交媒体只会助长错误信息、谣言、党同伐异和仇恨言论的传播,并把这种状态加以放大。"[570]

波德莫斯党让我们学会了如何避免失败的命运。在本章介绍的所有组织中,这个党在开始时对新势力的意识形态承诺是最彻底的。然而,它的成功却取决于持之以恒的实用主义哲学。他们小心翼翼,不被社交媒体的光明前景迷惑,也不只靠抗议的肾上腺素生活。在情况需要时,创始人也总是愿意转而诉诸旧势力来实现目标。

将新旧势力混合起来发动政治叛乱并取得成功,波德莫斯党并不是唯一一个。2017年,西班牙的邻国法国,埃马纽埃尔·马克龙通过发起名为"前进"的运动而成功问鼎总统宝座,并很快将运动改组成执政党。他通过巧妙地利用对现行政治体制的不满,召集网络群众,成功吸引了主流媒体的注意力,在创纪录的超短时间里建

---

① 卡勒德·穆罕默德·赛义德,埃及人,2016年6月6日在埃及亚历山大市的一家咖啡馆楼下被警察殴打致死。警察指控其持有印度大麻制成的毒品并拒捕。但当赛义德被打得遍体鳞伤的尸体照片在互联网迅速传开之后,事件引发埃及民众的普遍不满,瓦伊尔·高尼姆等人顺势组成脸书群组,建立了"我们都是卡勒德·赛义德"的脸书页面,并由此引发2011年埃及革命。——译者注

9 融合新旧势力的艺术 / 261

立了一个组织有序的政治基础。这在另一个时代要难得多。不过，他在做这些事的过程中，一直以一个相当传统的中间派形象示人，并不认同波德莫斯党那种招牌式的激进参与政治。

当然，波德莫斯党的方法也有其天生的弱点。面对魅力十足的领导人声称代表人民的声音，我们总会犹豫再三，并不敢放心托付一切。而波德莫斯党仍然过度依赖伊格莱西亚斯的人格力量。另外，他们也非常清楚，竞选模式下的理想主义，到了执政时不是堕落为争权夺利，就是退缩成犬儒主义。标语牌可以做得十全十美，政策永远不会。党已经取得了成功，特别是对城市产生了巨大的影响，巴塞罗那和马德里的市长都在波德莫斯运动的支持下当选[571]。但是当选官员刚刚进入议会，就被让步、联盟、争吵和妥协占满了所有时间，全都逃不掉新的多党制现实的大旋涡。

不过，党的最初成就还是无可争议的。由于波德莫斯的异军突起，西班牙的政治已经发生了变化，变得更加年轻，更加多元化，更具参与性。波德莫斯树立了一个新型政党的典范，而这正是这个世界所需要的。

那些掌握了我们在本书中阐述的技能的人，将能够根据形势和战略的要求，在新旧势力之间自由转换：从开放迅速转到封闭，在"运动"和"体制"之间切换，也明白何时收紧，何时放松。

这项工作有一定的紧迫性。如果我们希望有一种更加积极、更富参与性的政治体制，波德莫斯的例子是很有启发性的。而世界上最重要的事业——尽管其可能会对这种比较感到愤怒——可能就是与NRA的能力进行融合，进一步把自己的工作推向前进。

我们中的许多人都懂得如何进行旧势力形式的表达。毕竟，这就是我们成长起来的世界。而新兴的世代则更可能以新势力作为他们的母语。但是，真正改变世界的人，一定精通两种语言。

11

职场新势力

思爱普（SAP）客户战略全球副总裁鲁文·高斯特跟我们聊起他几年前聘请的一个实习生，讲了一个有趣的故事。这个只干了三个星期的小姑娘漫不经心地来了一句："哦，你知道吗？我和比尔当面聊了聊。"[572]

比尔是思爱普的首席执行官。鲁文在那里工作了10年，"从来没有和他在一起待过哪怕一分钟"。

"哦，真酷！"鲁文说，故意装出若无其事的样子。

"是啊，我下周还要和他面谈半小时。"

鲁文有点不开心了。这一出可是从何说起啊？

他的实习生解释说："我来找他，我说，'我想和你面谈，给你反馈'。他说，'好吧'，就给了我一点时间。"

鲁文的故事也发生在其他很多人身上。在所有职场挑战中，也许最让旧势力领导者感到难以捉摸和把握的，就是在如今这个新势力价值观已被许多人接受的世界里完成日常的管理任务。年轻一点的劳动者，还有其他许多人，对于等级制度、忠诚之类的规矩越来越抵触，尤其反感那种一条道儿走到黑的所谓"术业有专攻"的理念。今日之职场，已成为旧势力和新势力相互碰撞的角斗场。

在20世纪，工作的世界根据你衣领的颜色来安排。蓝领工人组织工会，争取并赢得了基本权利和权益，保护自己免受职业不稳定的影响。白领工人则是进行伟大长征的战士，他们的目标是实现"管理主义"，这是一种治理领域的意识形态，从国际联盟到福特汽车公司再到日本对公司无限忠诚的"公司侠"，无一不是"管理主义"的体现。"专业人士"的角色，就是精确地嵌入精心管理、越来越大的组织。他往往一干就是几十年，作为这种稳定服务的回报，他将稳步提升自己的职位，获得工作保障和社会地位。

我们许多旧势力领导者都是从一个"适者生存"的世界中成长起来的——谁最适合一整套流程和组织架构，谁就最吃香。然而今天，这种本事却被视为一个大累赘。

在21世纪，管理主义受到了意识形态领域和现实空间的双重夹击。在我们的文化英雄里，企业管理者越来越少，好斗的破坏分子越来越多；管理主义的效率被视为创新之轮上沾染的沙子，微不足道；数十年忠心耿耿的"公司侠"正在被临时工和小时工取代；无固定形态的"创客文化"正在挑战长期以来有关专业知识的规范。旧势力管理者面对职场，感觉到处充斥着梦想成为埃隆·马斯克的人，他们的期望值高得一望无际，他们对反馈的要求无休无止，他们一只眼睛盯着下一次晋升，另一只眼睛寻找着下一份工作。

很多时候，这种紧张关系中也会夹杂些许喜感，就像"怪老头儿"看不惯"小愤青"，美国退休者协会（AARP）理解不了什么是多动症（ADD）。但随着新旧势力价值观在工作中的冲突和角力，我们的世界开始出现更深层次的文化转变。在本章，我们将剖析为什么新势力工作者会以如此不同的方式接近世界，我们也将向管理者提供一些建议，给予新势力员工以必要的认可、机会和放权，让他们焕发最佳状态（同时又不会在这个过程中忘乎所以）。

为什么反馈和认可如此重要

想象一下，哪怕就一小会儿，你的工作单位就好像是另一个

Instagram 式的社交网络，有着同样的互动关系和激励氛围。

在那样一个世界中，某个很普通的行为，比如，把你的费用报告提交给老板，都会得到一些非常特别的认可。

在你点击发送报告后几秒钟内，你就收到来自同事的数十条评论，表扬你的工作干得有多漂亮。你会听到像这类的赞美："老天，简直太赞了!!!!""酷毙了！""干得漂亮！"人们会在你的办公桌前驻足，对你微笑，祝贺你准时提交。有人甚至可能会带给你一张小小的心形贴纸，贴在你的衬衫上。你的老板会和他认识的每个人分享你的费用报告，还要加上一条附注，写着："#MUSTREAD！"（必读！）

整整一天，你会接连不断受到别人的赞扬，因为会有越来越多的人被你在出租车和卡布奇诺上的花费吸引。你会收到一些通知，写着诸如"普拉迪普刚刚读过你的精彩报告！"之类的话。你的费用其实都不需要加总。毕竟，那些有工夫评判这些费用的人，全都是你朋友圈里的死党，都是你精挑细选，从骨子里就愿意肯定你的人，他们会轮番表扬你，让你开心，花样百出，绝不重样。

这种体验很爽吧，那再来看看更具现实感的遭遇吧。

一位 23 岁的助手整个周末都在为他的公司思考新的营销点子。他对此感到超级兴奋，以超一流的水准精心制作了一份 PPT 来展示他的想法。星期一一上班，他就把文件通过电子邮件发送给了老板。

然后他就等着。

星期三，他发了一封跟进邮件，只是想确认老板是否收到了他的 PPT。

星期五，他收到了一条回复，老板向他道歉，说他已经去参加一个会议，下周再讨论这事。

转眼到了下一周，星期四，老板终于回复邮件说："有趣……感谢分享。"

将新一代工作者看作是自恋狂，这么做既很容易，也很普遍：这些牢骚满腹的千禧一代，恨不得把所有时间都用来谈论他们自己和他们的感受，还想让别人表扬他们吹捧自己吹得好。不过更明智的做法是将这些期望视为职场未能创造令人满意的反馈循环的信号，而这些反馈循环在我们生活的其他方面已经成倍增加了。青年企业家理事会（Young Entrepreneur Council）的研究显示，80%的千禧一代更愿意"实时"获得反馈[573]。一份2014年的《千禧一代影响力报告》显示，"超过一半（53%）的受访者表示，他们的激情和才干得到认可和正视是他们留在现有公司的最主要原因"[574]。

新势力一族对反馈和认可如此珍视是有原因的。对于大多数人来说，他们的生活因为其他人的认可和参与而变得更有意义，甚至由别人的认可和参与来决定。每行文字、每张图片、每个帖子都是为了吸引别人的回应而设计的：每个心形点赞带来的都是一滴多巴胺似的奖励。甚至他们的约会生活都由陌生人裁判，由他们仔细查看精选的照片，决定这个不行换下一个，或者这个不行还不如上一个。接受别人的评判，不管是明确的还是含蓄的，已经成为他们生活的一部分。他们就是这样在数字化北极星星系的导航和引领下，塑造、鼓励和促进自己的一举一动的。

他们也生活在丰富的数据中。他们测量自己的步数、卡路里、心率和睡眠。就拿某位使用耐克跑步应用从单位跑回家的千禧一代来说吧。他可以获得自己速度和步幅的即时信息，再配上一幅标注了前方路线的炫酷地图。他从自己的脸书朋友圈"获得欢呼"，朋友们能够实时跟踪他的进展，为他鼓掌加油。他可以将自己的时间与他以前的时间和他朋友的时间进行比较。一旦他跑完全程，他的统计数据马上就会发布到朋友圈里供大家点赞和膜拜。然后还会有一位奥运金牌得主通过他的蓝牙耳机称赞他，告诉他他的表现多么出色（信不信由你，现在甚至有"可穿戴"技术可以监控一个人的床上功夫水平，完事儿了还能用手机应用给自己打个分）。

事实上，在我们的数字化生活中，我们已经越来越习惯于仅仅露个脸就能获得徽章和地位升级。Snapchat 的核心功能之一是它的"奖杯陈列柜"，你可以在其中展示自己获得的各种小饰品。这些小玩意儿都是你完成诸如"在设置中验证你的电子邮件地址"和"已发送加了一种滤镜的快照"之类的所谓奥林匹克壮举而获得的[575]。

当然，对于许多职场年轻人来说，这种经历不仅是他们数字生活的写照，也是他们童年时代的写照。他们背负着"奖杯一代"的名声长大成人，得到认可不是因为表现的水平有多高，而是因为参与的行为本身，获得奖牌和溢美褒奖也仅仅是因为完成了比赛而不是真正取得了什么好成绩。他们从小接受的养育理念——建立自尊胜过一切——处心积虑要提供的人工反馈循环与大多数社交网络是相同的：通过循循善诱，使个体相信他们平凡的人生篇章实际上具有非凡的价值。那些以这种心态进入职场的人经常会发现现实很残酷。他们的老板也是如此。

现在有很多新方法正在帮助组织在与新势力员工相处时更多地顺应员工自己的习惯。在线服务 TINYPulse 就是一个用户友好的解决方案，每周向员工提出一个简单问题[576]。这有两个好处。首先，它为那些希望有机会表达观点的人提供了一个出口。其次，它为管理人员定期提供可以汇总、分析并且在理想情况下可以据其采取行动的小批量数据。很好玩儿，也很友好，TINYPulse 的"声音"听起来一点儿也没有公司腔。诸如"如果你的公司是一种动物，它会是什么以及为什么？"这样的问题排在"你打算在这里工作 12 个月吗？"的旁边。这与那种每年搞一次然后就悄然消失在公司内部网络某个角落里的传统的员工调查简直是天壤之别，而且它只需要两分钟。这套程序已被 IBM（国际商业机器公司）、脸书和爱彼迎等公司采用[577]。当亨利在他的组织里试用 TINYPulse 时，它的"为同伴欢呼"功能真的流行起来。这是一个点对点的数字表扬系统，它让从老板到实习生的每个人都能公开表扬他们的同事做得很好。

像 TINYPulse 这样的产品在某种程度上预示了未来的结果：管理人员会以新势力员工所熟悉的，一滴接一滴的方式接受他们并向他们提供反馈。但这并不是说责任完全在管理层这一边，那些拥有新势力思维的人需要认识到，他们的老板和他们的粉丝绝对是不一样的。真正在那里帮助他们成长和发展是老板，粉丝只是到场为他们加油助威而已。

这里面是有很多文章可以做的。拥有一群需要更多反馈和能动性的人才其实是好事，这个资源不应该被白白浪费。请注意，旧势力职场面临的挑战恰恰相反：员工，特别是那些已经被胡乱管理了很多年的人，会将任何反馈都视为批评和实实在在的威胁。

"创始人情怀"：为什么（几乎）所有人都希望获得更大的能动性

2015 年，MTV 进行了一项调查，向 2000 年后——后千禧时代——出生的 1000 名年轻人提问，他们认为自己这一拨新生代应该被冠以怎样的称呼。最后谁胜出了？"创始人一代"[578]。这个答案告诉了我们很多信息。

在一个新势力世界中，人们越来越对传统制度持怀疑态度。我们这个时代的伟大职业神话是那些颠覆性的，白手起家建立一个梦幻般庞大帝国的创始人。Snapchat 是最受新兴一代欢迎的社交网络之一，它的联合创始人埃文·斯皮格尔的故事就堪称一个教科书级的范例。

在这个熟悉的初创故事的第一章,埃文和另外两位联合创始人鲍比·墨菲和雷吉·布朗有了他们自己的大创意。他们将创建一个照片共享应用程序,让为照片添加注释和涂鸦变得更有趣。但有一条:照片不久就会自动消失(对于又想保护自己的隐私,又忍不住要发点照片,而且夹在这两种相互打架的需求中间纠结不已的这一代人来说,他们的这个点子可谓恰逢其时)。

第二章,他不得不从一所著名大学辍学。为了追求他的梦想,斯皮格尔毫不犹豫在这个选项上打了钩,彼时他离从斯坦福大学毕业就差几个学分了。然后,他麻溜地转入第三章——和他的联合创始人陷入一场法律风波——与这个创意的首创者布朗闹翻了,布朗起诉了他。

我们的故事在第四章达到了高潮,当时斯皮格尔的创业英雄马克·扎克伯克开始接触他,提出以 30 亿美元的价格收购 Snapchat[579]。斯皮格尔对他的创意是否有足够的信心呢?是否愿意因此拒绝他的英雄而冒险一搏呢?

当然了。

你知道接下来发生了什么。Snapchat 疯狂增长,斯皮格尔意气风发。公司后来以 240 亿美元的估值上市[580]。斯皮格尔娶了一位澳大利亚超级名模。

也许最爽的是斯皮格尔终于可以对着那些岁数比他大得多的人指手画脚,告诉他们每天要做什么了,这是所有年轻人的梦想。一位前雇员告诉《快公司》:"他只是希望人们倾听并按照他的要求行事,他真的厌倦了向媒体行业里一个又一个老鬼解释什么是 Snapchat。"[581]

创始人神话竟有如此魅力,很意外吗?

当然，斯皮格尔的创始人叙事中有太多言过其实的东西。和扎克伯格一样，他其实也是富家子弟，这是他自己说的。斯皮格尔在加州宝马山花园的富人区长大，父母都是事业有成的律师，一个毕业于哈佛，一个受教于耶鲁。他充满信心地认为，美国，就是富裕的、受过高等教育的、正常性取向的白人男性的天下（关于这方面的记载实在太多了，这正是硅谷愿意一次又一次支持的创始人应该有的样子，因为大多数风投资本家和这些创始人基本都是同一类人）。

不管怎样，曾经垂涎于在高盛或麦肯锡谋到一份合伙人工作的一代精英，现在都开始琢磨着推出自己的机器学习初创公司了，再起个诸如"大墨点儿"（Splotchy）之类的名字。美国本特利大学的一项调查显示，66%的千禧一代报告说他们想要开办自己的企业（当然，真正付诸实践的只占这个数字的一小部分，但大部分人那种创始人似的期望却在颠覆传统职场）[582]。

更广泛地说，即使我们不想成为一名科技亿万富翁，我们现在蝇营狗苟的这个世界，在我们生活的大多数方面，也都让我们拥有创始人般的经历。越来越多的我们，成为我们自己神话的创造者，我们自己社区的领导者，我们自己秀场的明星。新势力的互动使得对"创始人情怀"的渴望更加广泛。

希望像创始人一样去感受和行动究竟意味着什么？哪怕我们是在为别人打工？要回答这个问题，先把创始人实际要做些什么想清楚，或许会有所帮助。

- 创始人建造东西。创始人创造了新的东西。他们的价值不在于简单地监督或改善别人的主动性，他们创造的东西才能证明他们的价值。
- 创始人是真正的主人。对于企业家来说，这意味着拥有权益（然后被你唾弃的联合创始人起诉，如果事情进展很顺利的话）。在新势力职场，它意味着能够在组织创造的价值中占有一大块份额。这也意味着你要自己做决策，因为如果你是创始人，中层管理人员是骂不了你，也管不住你。

- 创始人能够体会到透明度的乐趣（和恐怖）。他们知道每个人的薪水是多少，银行里有多少钱，企业是否按时缴税。我们知道，这些正是年轻员工的诉求所在，他们越来越觉得有权获得这一类通常只有高管甚至首席执行官知晓的信息，先从彻底的薪资透明开始。

- 创始人要做很多工作。当你是一名初创公司的创始人时，你就不能奢望只做一份高度专业化的工作。在你的高风险事业开局的第一年或第二年，你也许要做各种事情，从购买清洁用品到销售，再到设计新的徽标或网站。这反映了当今职场越来越要求人们发挥多面手的作用，远远超出其精细定义的职位描述，甚至要跨学科，多技能。你新雇用的营销人员非常有可能在利用他的午休时间学习编码。这是一个"副业当道"的时代。最近的一项调查显示，近1/3的千禧一代现在有兼职[583]。

- 创始人要全身心地投入，要永远在线。他们比朝九晚五的上班族有更大的灵活性和自主性，但他们的工作与生活之间的界限往往模糊不清。

当然，这种创始人情怀也有黑暗面。这部分创始人的体验，大多数人都不想分享，然而实际也都分享了，就是那种不确定性和不安全感。风投资本支持的初创企业有3/4倒闭的现实，说明今天的职场已经不再使人们对自己的工作岗位感到安全，也看不到战后时代可以让忠诚的员工指望的那种雇主的长期承诺[584]。许多人现在正在寻找更扎实稳定的基础。万宝盛华的一项调查显示，在千禧一代选择工作的过程中，就业保障是仅次于薪资报酬的第二大决定因素[585]。

所有这些欲望和焦虑都给旧势力模式带来了巨大的压力，因为旧势力模式为员工提供的能动性、信息、参与性和灵活性微乎其微，而员工在很大程度上必须服从。

但是，一些组织正在成功地将这种"创始人情怀"融入其员工日常体验的方方面面。荷兰开创性的家庭护理护士网络"博组客"（Buurtzorg），对一项传统职业进行了新势力的大改造。

创始姐妹们：人手不多却精明强干的护士团队如何重构社区医护的明天

如果你想了解职场的未来，你可能不会直奔荷兰去了解当地的护理状况，由此来开始你的探索任务。

不过博组客这个分散化的护士网络确实震撼了护士这个职业，与社区的接触全部按照自己的意思来，整个故事堪称如何扩展"创始人情怀"，以新势力原则为基础创建一个新职场的典型范例[586]。

博组客始于2006年，其愿景是让女护士不再做她们不想做的工作。例如，她们不会淹没在文书工作中，不会让繁苛的程序胜过健康的文化，也不会让总部那些不接地气，只会鼓捣文件的办公室文员骑在头上为所欲为。

相反，她们要做最能激发灵感的工作——照顾病人。她们将与她们的社区联系并做出与自己息息相关的决定。她们将决定何时以及如何探访家中的亲属，处理从更换绷带到制订临终计划的所有事项。在她们自己的世界里，她们要说了算。

这不是一个只有护士才有而别人从来没有过的梦想。许多在旧势力机构工作的人对她们的希望清单都会产生似曾相识的感觉，她们都会幻想自己也能像"甜心先生"①那样，最终大喊一声"够了"，像个男人一样坚强起来，去拼，去闯，走出属于自己的一条路来。

但博组客却是制订了计划要实现这一梦想的组织。为了保证社区卫生保健工作的顺利开展，它将把所有权力交给由10~12名护士组成的小型自主团队。每个团队将负责照顾患者的全过程以及她们自己这个小企业的运作。她们将自己做出决策，最大限度地减少行政监督，并通过共享技术平台与其他团队建立联系，从而使网络中的所有护士能够一起学习和协作。她们可以自由地尝试新的和创造性的方式来完成护理任务。

10年后的今天，博组客在荷兰已拥有超过一万名护士，共有850个正在运作的团队，每年为7万多名患者提供服务[587]。而它的后台办公室却只有45个人支持所有这些工作。毕马威的一项研究表明，博组客的模式可以"使护理时间减少50%，改善护理质量，并提高员工的工作满意度"[588]。博组客的开销远远低于平均水平。病假率也是如此。员工流失率也是如此。在员工人数超过1000人的所有荷兰公司中，博组客一直被评为员工满意度最高的公司[589]。

它的护士还提高了患者满意度，即使她们提供的护理时间比以前还少。她们以患者为中心，消除了官僚主义的沉重负担，从而在更短的时间内获得更好的结果。它的病人可以更快地恢复自主能力，缩短了在医院的住院时间。

传统的护士行业却呈现出与此相反的一番景象，护士人手不足，没有足够的时间来照顾病人，这种状况已波及全球。国际护士理事

---

① 《甜心先生》是索尼影视娱乐公司出品的剧情片。该片讲述了杰瑞·马圭尔被一家国际体育运动管理公司无理解雇后，没有灰心，热心面对生活，并得到了众人帮助最后走向成功的故事。——译者注

11 职场新势力 /275

会和辉瑞的研究表明，对护士的攻击非常普遍，几乎每个国家都有 25% 或更多的人报告受到同事的职场霸凌[590]。这种文化付出了高昂的代价：英国皇家护士学院 2015 年的一项调查显示，近 1/3 的英国护士正在寻找新工作[591]。

博组客的生活是怎样的：一位创始人的故事

玛德隆·范·蒂尔伯格是海牙一位为博组客工作的护士，短期内不会再找新工作了。如果你见到她，反而可能会突然想要辞掉工作，搬到荷兰，成为一名家庭护理护士。一谈起自己的工作，她就满面春风，浑身上下洋溢着满满的职业自豪感和使命感。

她原来可不是这个样子。以前，她在一家等级森严，官僚主义严重，死抠利润目标和用工时段的公司化家庭护理组织工作。她总是一副急匆匆的样子，踩着点儿上班，到点儿就赶紧跑。她与老年患者在一起待的时间太长，即使在进行预防性护理时也是如此。结果，她因此受到了惩罚。"我每周都会与同一位经理开会，她会说，'哦，你和布朗夫人在一起。星期四你比预计的时间长了 5 分多钟。怎么回事？'"[592]

玛德隆解释说，博组客的生活完全不一样。"当你开始带一个新团队时，你必须先给自己找到办公室……设立办公室是团队的起点，因为你必须在社区中找到自己的位置并找到你服务这个社区的方式……这对于建立你的团队也很有帮助。你们在一起工作，一起装修它，你的团队决定谁去找椅子，谁来刷墙，以及所有这些。这真的感觉就像是你自己的事业……你们一起做事，然后你们会产生共同的责任感，这是非常重要的。"[593]

也许看起来这么做不必要地分散了精力，因为这类事情完全可以作为共享服务由总部的专业人士更有效地提供。但要求护士自己全权负责整个初创流程其实是目的性非常强的一步。它是在培养一种增强个人能动性的文化，而且在护士之间了建立集体间的感情纽带。

这种文化一直延续到日常运营中。像初创公司的创始人一样，玛德隆团队的护士发现自己要操心几乎所有的事情，排班，制订护理计划，管理办公室，招聘和解雇，制订预算，以及与当地医生和医院拉关系："有时你会从你的同事或你自己身上发掘出新的才能。有人可能会说，'哦，不，我不想做计划。我不擅长这个'。我们会说，'试试吧'，然后也许她会发现她真的喜欢它而且自己真的很擅长。"[594]

团队中的每个成员都可以自由查看其预算和计费时间（在博组客自己那套"护士友好型"软件的帮助下，这套软件让整个网络透明化）。没有人会质疑老板的动机，因为每个团队的管理根本不是一个人的事，大家都要承担责任。当然，团队的规模有意压缩得比较小，以便能够在达成共识的基础上进行决策。

玛德隆感受到一种深深的自主责任感和合作精神，进而产生的工作满足感即使是"随便吃"的谷歌自助餐厅提供的最棒的午餐也比不了。它还提供了一个以信任、透明度和共同问责为基础的根据地，使她能够专注于结果，不必把心思全放在处理办公室政治或完成自上而下强加的企业目标上。像任何一位优秀的初创公司的创始人一样，她认为自己的工作是找到客户的痛点，并以创新的方式提出解决方案。

玛德隆已经养成了这种自己当家做主的责任感，但她本人同时还在这个更大的组织里工作，这一点特别令人惊讶，因为为大企业打工往往会扼杀创始人情怀。但作为一家大公司，博组客非常扁平化。它没有那么多的管理层级，也没有挂着诸如"咨询和支持官（系统和运营管理）"之类职衔的人四处占坑。相反，它仅仅聘请了15名"教练"为850个团队提供支持和建议，帮助解决任何可能出现的问题[595]。教练通常是经验更丰富的护士，而不是从未在一线工作过的行政人员或经理。她们也没有管理权或雇用批准或否决权（不管正式还是非正式的），而是更像导师和顾问。每个人都要分管五六十个团队，这种状态也很难让教练成为经理。除了教练，剩下的就都靠团队自己了。博组客的座右铭一言以蔽之："你如何管理专业人士？你不用管。"[596]

玛德隆最重要的基础设施就是她能与所有其他护士保持联系。博组客网页（BuurtzorgWeb）是一种新势力网络，可以促进学习、同伴支持以及跨团队共享资源的开发[597]。如果玛德隆对某一特定疾病或疑难患者病情有疑问，她就可以利用这个网络与其他一万多名护士进行协商。她可以找到一位对某一特定病症比她更专业的护士，或者超出其本地团队范围的其他地区的专家。护士们通过彼此创建的在线课程来分享知识，其中有关痴呆症患者护理的课程让玛德隆觉得特别有帮助。这个在线社区比通常的企业内部网更加充满活力，因为在没有管理者的世界中，同伴支持成为职业发展和解决问题的关键。

在她以前的工作中，玛德隆经常希望病人不要在她往外走的时候问她问题，因为她知道这会让她超时——超过规定给她的时间限额。但是在博组客，抽时间和病人喝杯咖啡聊聊天都属分内之事，不违反工作纪律。别小看这点区别，影响可是大不同，不仅会增进她和病人的关系，还会改善健康成果。一旦人们开始聊天，她发现，真实情况就出来了，解决方案也就有了。

玛德隆自豪地讲述了一位病人的故事，那位患者很担心自己96

岁的邻居（也是玛德隆的病人），就把这种担心告诉了玛德隆，提出要帮忙。于是，玛德隆就聘请她在每天结束时到隔壁来帮老奶奶脱下她的护腿长袜。这不仅省了玛德隆的事儿，还为她的社区增添了一点凝聚力。

哪些地方博组客做对而硅谷做错了

在远隔一片大洋的另一块大陆，另一场自我管理团队的实验也在进行中。"合弄制"（Holacracy）是由几位软件工程师发明的一种全新的管理理念和体系，近年来被美捷步和Medium等多家网络企业极力推崇。美捷步对这一理论的接受极其彻底，甚至重组了整个公司，消灭了所有老板和部门。从表面上看，合弄制似乎很有新势力的风范，它提供了一种"经营组织的新方式，从管理等级制中移除权力并将其分配给多个明确的角色，然后让这些角色自主执行权力，没有老板从头管到脚"[598]。合弄制号称可以使员工的角色具有更大的灵活性，提供更高的透明度。

合弄制可能听起来很像博组客，唯一不同的是前者的软件更好，但实际上远非如此。这两种模式之间的差异有助于我们理解博组客成功的真正秘诀，搞清楚我们这些旁观者应该去模仿谁。像玛德隆及其团队这样的护士有很大的自由来定义自己的工作方法，而合弄制仍然是高度结构化和指令性的，或许也就比许多旧势力组织更自由一些。40页的合弄制宪法提供的使用说明示例是这样写的："作为分配担负某一角色的合作伙伴，你有权控制和监管你角色的每个管辖领域。当其他人请求允许影响你的某个管辖领域时，你可以考虑他们的请求，根据具体情况，选择允许或拒绝允许来实现你对角色的控制和监管。"[599]

各种限制和协议,以及一套漂亮的专业术语,成为合弄制的重点,工作本身的重要性反倒放到了第二位。在最初拥抱它的激情消退之后,Medium放弃了合弄制,称它"妨碍了工作"。合弄制也在一定程度上导致美捷步史无前例地在2015年一年时间里就有近1/3的员工离职,并让这家公司8年来首次落榜《财富》杂志最佳工作场所的年度评选[600]。

合弄制就像机器人的新势力机构。茱丽娅·库伦曾在维也纳某家历史悠久的咨询公司担任管理合伙人,这家公司后来采用了合弄制。她对这段经历描述说:"感觉就像是代码的一部分……一种针对机器优化的算法,但不适用于人。我没有感觉更完美,自我组织能力更强或者更强大。相反,我感到被困住了。我参加了好多圈子,但根本没有感觉得到授权,反而失去了我的自然真实性和活力感。"[601]

博组客在这方面就做得很好,因为它将人放在了最前面,放在了最中心的位置。它侧重于如何让一组一组的人彼此建立深层的联系(这就是为什么它会让护士也去负责室内设计的事)。博组客运用技术来实现更好的同伴协调,但并不唯技术论,不让人被技术牵着走,这是合弄制(以及硅谷的一些人)尚未领会的教训。

从"至死不渝的伴侣"到"互利互惠的朋友":如何才能抓住候鸟般的员工

明年,如果有选择的机会,25%的千禧一代将离开其现在的雇主,加入一个新组织或做些不同的事情。如果时间范围扩大到两年,这个数字会增加到44%。到2020年底,每三位受访者中会有两位希望已经换了新工作,而只有16%的千禧一代认为自己从现在起10年之后仍然和目前的雇主在一起。[602]

——《德勤2016年劳动力未来报告》

(29个国家的人接受了此次调查)

一家大公司的首席执行官最近接受新一届实习生的答疑。一个活跃的家伙鼓起勇气问:"您能告诉我,我有哪些晋升的机会吗?"

"晋升?"首席执行官想了一下,"我们还没有雇用你。"

当你体会到了创始人感受的那种诱惑后,大型组织的许多员工在晋升或者寻找新工作上越来越没有耐心也就不足为奇了。领英的联合创始人兼董事长里德·霍夫曼并没有抵制这一点,而是接受了它。所有在领英面试的人都会被问到一个问题,那个特别追求上进的实习生一定喜欢这个问题:"你希望在领英之后的下一份工作是做什么?"[603]

对于许多满脑子旧势力思维的人来说,这简直就是问你刚刚订婚的未婚妻,她认为你的第二任妻子应该是什么样子,不过是把对象换成了职业。霍夫曼不想再继续这个职场中的最大谎言了:我们是一个大家庭。我们不应该把职场的承诺看作我们的婚姻誓言,"至死不离"。相反,我们应该将雇员和雇主关系构建为"联盟"关系,由一段段持续两到四年的简短而明确的"责任之旅"组成[604](霍夫曼与克里斯·叶和本·卡斯诺查合著了一本关于这些想法的好书,书名就是《联盟》)。一段旅程结束,往往会再延长一段,但有时员工也会另寻他途,双方好聚好散。

作为最大的职业社交网络,领英这个平台为了帮助那些希望改善自身前景和换工作的人,基本可以说是全力以赴,竭尽所能地打破各种障碍,因此对于它来说,试图重新构想与自己员工的社会契约也就不足为奇了。在这样做的过程中，它也要面对令旧势力职场同样感到棘手的巨大挑战：如何从许多不想对一个雇主做出数十年承诺的人那里获取价值。

以下是霍夫曼"联盟声明"样本中的一些条款，供开启责任之旅的人使用[605]。考虑一下这与我们在旧势力世界暗示新员工要做的"无论祸福，至死不渝"式的承诺有多么不同。

- 我希望你帮助改造公司。
- 作为回报，我和公司需要帮助你提高市场价值并改变你的职业生涯（最好是在这个组织内）。
- 虽然我没有承诺提供终身雇用，而你也没有承诺贡献你的整个职业生涯，但即使雇佣关系结束，我们仍将采取行动维持长期联盟。
- 我们公司期望当前的这次责任之旅可以为你提供足够的时间以执行以下任务目标：_____。
- 我预计这次责任之旅持续的时间大约是：_____。
- 以下是公司认为一次成功的责任之旅所应产生的成果（产品发布、流程改进、销售等）：_____。
- 以下是你认为一次成功的责任之旅所应获得的成果（知识、技能、成就、表彰等）：_____。

更重要的是，你的责任之旅虽然结束了，但你与公司的关系并没有到此结束。领英希望它的关系网能够引荐它应该聘用的人，担任形象大使，分享创意，帮助塑造和保护公司的声誉。

那些想要建立发达的用人关系网的组织必须首先确保它们能够培养出自豪的毕业生，让他们在领完最后一笔薪水之后仍然继续保持忠诚。但对于那些随时可能遭遇前员工挺身而出揭短批黑的组织来说，今天要想达到这样的目标难度可是越来越大了。一位高级人力资源负责人最近告诉我们，Glassdoor（玻璃门）——一个能够显示现任和前任员工对公司的匿名（有时是严厉的）评论的网站——让她夜不能寐，这个网站现在对新员工的影响要远大于她公司的招聘网站。

原子化的工作未来又将走向何处

不仅员工的流动性越来越强，工作本身也变得更加原子化，更加无常。随着"零工经济"（gig economy）平台的兴起，临时工的队伍正在快速扩大。我们现在处在一个忠诚不断受到侵蚀的世界，一边是踏上"责任之旅"的职场新人，一边是精简裁员的企业，既有渴望成为创始人的创业者，也有集乐师、程序员、家具设计师于一身的兼职达人[606]。在这样一个世界里，高达40%的美国劳动力现在都可以被视为临时工。这样一种转变有些可以通过我们在本章阐述的文化因素来解释，但其中大部分也是由艰难的经济现实驱动的：如今，值得人们去争去抢的高薪、稳定的全职工作越来越少了。

透过管理临时工和"零工经济"工人所面临的种种挑战，我们或许可以对管理的普遍未来有一点点新的认识。如果你是一家拥有大量临时工（或你的商业模式依赖于他们）的公司，传统的人力资源的说辞就会变得相当不合时宜。在旧势力世界中能够发挥作用的标准审查和绩效发展计划对于数量庞大、分散的临时工来说没有任何意义。

以"跑腿兔"这样的平台为例，绝大多数工作者都是临时性的。这些业务依赖于一个我们可以将其理解为算法管理的初始层。平台在设计上使他们能够执行规则，为期望的行为创造激励。客户评级系统代表绩效评估。允许工作者评价顾客，有助于清除"坏苹果"来维持士气。其实承担传统服务角色的工作者很少会对某个刻薄或抱怨特别多的客户真正报以颜色。

算法管理本身也只能做到这个程度。在工作者之间建立大范围的人际关系网也是至关重要的。像博组客这样的网络走出了一条正确的发展道路，那就是构建一个伙伴问责和学习的架构，减轻管理负担，增添了一种强烈的共同奋斗感。

"零工经济"平台正在改变人们对工作和工作环境的预期，而且主要是朝坏的方向转变。2017年，一个专门提供自由职业工作和任务，通常只需支付5美元的平台——"5美元办事网"（Fiverr），发布了一个广告，画面上是一位穿着时髦但看起来精疲力竭的千禧一代，配有下面这样一句鸡汤文："一口喝干一杯咖啡就算午餐。一个挑战紧接一个挑战。不眠不休才能解你心头之忧。你也许才算是一位实干家。"[607] "5美元办事网"说它支持"精益企业家"（就它的广告而言，确实如此），而伴随广告发布的新闻稿就像是对创始人情怀的悲伤戏仿："这次宣传活动说明，'5美元办事网'抓住了今天新兴的时代精神，那就是灵活创业、快速实验以及用更少的资源做更多的事情。它致力于反对官僚主义的思虑过度、分析过度和嘴炮过度。"[608]

在"5美元办事网"的世界里，创始人们看起来更像是农奴。正如贾·托伦蒂诺在《纽约客》评论的那样："我猜想很多在'5美元办事网'上发布服务广告的人都愿意听一点'嘴炮'来换取雇主赞助的健康保险。"[609] "5美元办事网"显然没有通过我们在第6章设定的"圆环测试"。

平台是可以做得更好的。以世界最大的看护平台"关爱网"（Care.com）为例，这个平台拥有超过2400万会员，是美国和其他19个国家的数百万家庭寻找儿童保姆、婴儿保姆和老人保姆的地方[610]。它的创始人、董事长兼首席执行官，菲律宾裔美国企业家希拉·丽瑞奥·马塞罗早期也曾采取过和优步压榨司机一样的激励措施来压榨她的保姆们，但她后来学会了把眼光放得更长远。马塞罗本人是由菲律宾人保姆抚养长大的，她理解给予保姆们尊严和尊重的重要性。她告诉我们："如果我们想把这个事做长久，就不能做成一个骑在低收入劳动力身上的企业……那样的职业对于这些人来说不会有吸引力。"[611]

相反，她选择建立一家"人与人平等相待的公司"，在她的平台上支持保姆们的权利。她与蒲艾真及其全美家政工人联盟建立了深厚的、几乎不可能有的伙伴关系，而双方最初对这种关系表现得都很谨慎。马塞罗和蒲艾真一起倡导改善对家庭工人的待遇，提出"公平护理承诺"等倡议，帮助用工家庭通过"关爱网"平台承诺为受雇用的任何人提供公平的薪酬和带薪休假[612]。此外，她们还在全行业率先创建了一个集资性质的便携式福利计划，允许通过平台获得报酬的员工创建自己的社会安全网。现在，她们正在国会山和世界各地倡导通过一项全面的《护理工作者权利法案》[613]。

随着工作变得越来越不稳定，把工人组织起来的声音也变得越发响亮。但工会在全世界范围内都呈现持续衰落之势，使自己沦为竭力适应21世纪发展的又一种20世纪的归属形式。不过，新势力模式可以帮助我们重新构想它们。同事网（co-worker.org）算是在这个方面开了一个小头，这个平台允许任何人发起职场层面的维权运动，有没有工会都可以，从鼓动更多员工参与的星巴克咖师，到为了拿到客户在平台上的打赏而据理力争并取得胜利的优步司机。

当我们展望未来的工作时，我们的想象很容易被引入一条歧路：绝大多数工作将由自动化的财务逻辑和算法的数学逻辑决定，同时只有少数获得超级授权的"创始人"才能拥有巨大能动性、资本动员能力和创新能力。我们应该拒绝这样一种观点，即我们的命运最终要么被机器人取代，要么被别人像机器人一样对待。我们相信，设计更加人性化的平台，仍然有其实际优势和道德需要：为劳动者提供保护和安全，提供自由和尊严，释放创造力，实现最终价值。

12

未来：全堆栈社会

尤查·本科勒是哈佛大学的教授，他在过去的 20 年里一直在著述和思考技术使能的协作和大众参与的可能性。他是一位"啦啦队长"，利用执教的大部分时间清楚有力地宣传互联网进行文化、政治和经济权力分配的巨大潜力。他的工作极大地影响了我们的思考。

早在 2006 年，当脸书还在蹒跚学步的时候，本科勒就陷入了一场争论。这场争论后来成为有关未来的一次大赌注（听起来有点像罗伯特·勒德拉姆的小说标题），被称为"卡尔-本科勒赌注"[614]（Carr-Benkler wager）。

一切都始于一场言辞激烈的辩论。本科勒当时出版了一本名叫《网络财富》的书，预测将会有一股"基于非市场的合作和富有成效的协作"浪潮，大致意思就是"人们出于经济回报以外的其他原因共同创造事物"[615]。维基百科和开源软件就是很好的例子。本科勒预测，在超联时代，这种"人人生产"将变得更加普遍。但是，他的这本书却遭到科技作家兼评论家尼古拉斯·卡尔略带讽刺的点评。

卡尔对本科勒的观点根本不买账。他将本科勒的书描述为"技术-无政府主义-乌托邦巨著"，你几乎可以从连字符里感觉到他的不屑[616]。卡尔预期的未来，与本科勒的人人天堂截然不同。他将这种开源和合作，这种超级友好的社群主义，看作是一个可以预测且不可避免的进程的组成部分，即"业余活动在新的传播媒介发明之后迅速萌发，但紧接着又会变得越来越职业化和商业化"[617]。

辩论演变成为本科勒的新势力愿景与卡尔的旧势力信念之间的一场冲突。本科勒主张，互联互通将为"人人生产"创造巨大的机会，且必将主导整个互联网。而卡尔则坚信资本主义和管理主义将重新恢复自己的力量。是协作，还是枷锁？于是，本科勒提出了挑战，要测试他们相互对立的意见究竟谁对谁错。

"我们可以任命一到三个人，在某一确定日期……调查网络或博客圈，挑选出一些主要行业中最具影响力的网站。例如，内容相关性和过滤（如'掘客'），或视觉图像（如网络相册Flickr）。然后由他们决定届时这些网站是属于'人人生产'流程还是价格激励体系。"[618]

5年后，到了决定胜负的时候了。谁赢了卡尔–本科勒赌注？听到两个人都认为自己赢了，你也许不会感到非常惊讶。

2012年5月，卡尔发布了一篇博客文章宣布胜利，标题甚是吸睛："打钱！尤查·本科勒！"[619] 他在文中再次强调了他的观点，即"大多数在线媒体类别中占据主导地位的生产系统都是商业性的"。一周以后，本科勒以他自己的一篇帖子还以颜色："让投资者向往的，更不用说也是令社会创新者和活动家憧憬的那片乐土，蕴藏于那些构建社交互动和参与平台的网站，而不是盘算如何用最佳内容赚钱的地方。"[620]

卡尔再反击，引用音乐制作和发行、新闻报道、视频、电子书、游戏、应用程序等许多行业的例子，来证明企业整合已经战胜了对等协作。他倒是把摄影和百科全书让给了本科勒，并且（还算聪明）把色情类网站排除在外。

从"人人生产"到"参与养殖场"

十多年过去了,当年的赌注仍然无解。

事实证明,他俩都有点道理。人与人之间的在线活动变得更加商业化和职业化,这一点卡尔肯定是对的。像"找沙发网"(Couchsurfing.com)这类早期曾风靡一时的共享平台,虽然带着一股招人喜欢的、好像破沙发一样的随性味道,无偿地真诚地帮助游客,不带一丝铜臭味,但仍然在爱彼迎等基于价格的选择兴起之后逐渐沦落,在边缘徘徊[621]。不过,本科勒在预言海量(和无偿)的"人人生产"方面确实走在了时代的前面,而正是这种"人人生产"的模式推动了从脸书到社会激进运动的方方面面的发展。

然而,我们也能看到,甚至是本科勒寄予如此厚望的、无偿性质的"人人生产"模式也已让这些平台的所有者积聚了海量的财富和权力。我们生成的内容为强大的中介机构创造了巨大的价值,这些中介机构吞噬了我们的数据,通过黑箱操作,决定我们可以查看哪些内容,并从由此创造的巨额财富中攫取最大的那一份。

维基百科是一个值得尊敬的例外,但像这样的非营利、非榨取模式其实并非常态。与此同时,卡尔预测的付费模式,即使理论上我们的生产性贡献会得到这种模式的奖励,也越来越多地被人指责为在利用其规模和杠杆剥削那些付出劳动的人,哪怕这些人的辛劳和心血获得了金钱报酬。优步司机几乎就没有实现职业化,事实上,正如我们所见,优步正竭尽全力抵制将他们视为员工。从某种意义上讲,你可能会说卡尔–本科勒赌注已经证明是一次双输。

当我们在哈佛法学院的办公室拜访本科勒时,他似乎有点闷闷不乐。"我很高兴你们写这样一本乐观的书,"他告诉我们,"我认为今天写这么一本书真的比10年前更难。"[622]

为了解释原因，他描述了自己在讲授音乐产业和知识产权方面的课程中每隔几年发生的变化。"有趣的是，如果你在 21 世纪前 10 年末期讲授音乐产业的案例，你看到的是彻底的分散和分裂。当你 5 年前再讲这门课时，能让艺术家谋生的中间结构开始出现。自愿捐款啊，音乐云啊……然后到 2016 年，基本上全是'声破天'（Spotify）①了。完全再集中化了。"[623]（你可以想象卡尔那一副自以为是地乐呵呵搓着双手的样子。）

作为受过良好培训，将"无摩擦"看得比几乎所有其他要素都重要的消费者，我们都会受益于"声破天"等易于使用的服务（特别是我们当中那些仍然耿耿于怀，搞不清楚如何从纳普斯特（Napster）②下载隐藏的特蕾西·查普曼曲目的人）。然而，这样做的代价是我们都被锁定在一些平台上，这些平台不断巩固，使我们更难以从中解脱出来［想想脸书如何吃掉像 Instagram 和自由聊（WhatsApp）这样的潜在竞争对手，这样它就能创造一个我们依赖的大生态系统］。那些在这些平台上创造价值的人则受到压榨。本科勒提醒我们，YouTube 创作者现在必须签合同，把自己作品的著作权让渡给 YouTube，才能分享其内容创造的收入。10 年前在本科勒眼中只不过是星星之火的新势力模式如今已成燎原之势，并且与它们的创始人所倡导的新势力价值观渐行渐远。它们在我们日常生活中的作用越来越大，但它们给人的感觉以及实际行事也越来越像是一个个"参与养殖场"。

---

① Spotify 是一个正版流媒体音乐服务平台，提供免费和付费音乐在线收听两种服务。——译者注

② Napster 也是一种在线音乐服务。它的出现，使音乐爱好者间共享 MP3 音乐变得容易，但也因此招致音像界对其侵权行为的诉讼。目前，其免费共享服务已经终止。——译者注

思考另一条路：骆驼，而不是独角兽

众筹网站 Kickstarter 是最好的原创新势力平台之一。它现在已经为创意项目筹集了数十亿美元，为艺术家和发明家打开了新机遇的大门。它引领了一大类众筹项目的发展，大大减少了艺术家对唱片公司等大型传统中介机构资金的依赖。不出所料，本科勒和卡尔为 Kickstarter 的成功究竟证明了什么而争吵不休。本科勒承认："很明显，这是为了支持艺术家筹集资金，所以它扶持了对专业性的兴趣。"但他继续争辩说，Kickstarter 的融资模式更接近"本科勒的梦想"，即"艺术家会得到人们的资助，而出于各种社会动机，这些拿出真金白银的人并不指望大赚一笔作为回报"[624]。

Kickstarter 由联合广场投资等顶级风投提供资金。这让第一任首席执行官佩里·陈和他的联合创始人本来可以一夜暴富腰缠万贯，特别是如果他们试图进一步商业化其核心模式。但佩里和 Kickstarter 采取了截然不同的策略。随着平台规模逐渐扩大成为一块文化试金石，创始人在 2012 年一篇著名的博客文章中宣称"Kickstarter 不是商店"，采取措施引导网站避免发展成为另一种预订产品的简单模式[625]。佩里决定不出售 Kickstarter 或将其上市，而是将其变成一家"公益企业"[626]——一种新兴的公司和法律结构，将公司与服务社会联系起来，而不仅仅是其股东［其基本理念来自"共益企业"（B Corps），这是一种社会责任企业的自愿认证］。Kickstarter 的章程用简单直白的语言无所顾忌地描绘了一副截然不同的新势力巨头的样子[627]：

- Kickstarter 将关注其生态系统的健康及其系统的完整性。
- Kickstarter 绝不会将用户数据出售给第三方。它将坚定捍卫使用其服务的用户的隐私权和个人数据，包括在与政府实体打交道的过程中……

- Kickstarter 不会制订什么万全之策来应对未来所有可能的意外事件，更不会仅仅因为它可以或者这样做属于行业标准而主张权利和权力。
- Kickstarter 不会为不符合其使命和价值观的公共政策进行游说或竞选，无论这样做可以为公司带来多少经济利益。
- Kickstarter 不会利用漏洞或其他深奥但合法的税务管理策略来减轻税负。

佩里和我们说起他早年与潜在投资者的一次谈话："我们告诉人们，'嘿，我们建这个东西不是要来卖它，也不是为了上市。那样实际上可能产生不了很大影响，我们仍然认为我们可以成为一项良好的投资……我们会这么做'。"[628] 我们可以认为，Kickstarter 不像硅谷试图捕捉的那种神秘的"独角兽"———一种特殊且罕见的，能够带来神奇回报的生物，而更像是普普通通的骆驼，更沉闷无趣，但能发挥至关重要的作用，并且如果经营得法，也可以为投资者和社会创造长期价值回报。宾夕法尼亚大学的一项研究发现，Kickstarter 的项目已经创造了 8800 家新公司和非营利组织，以及令人惊叹的 29600 个全职工作[629]。这个平台已经为这些创作者及其社区带来了超过 53 亿美元的直接经济收益[630]。

佩里认为可以鼓励更多的创业企业家来制造"骆驼"，而不是独角兽："的确，这就是让现在正在崭露头角的这一代人，我认为他们有很强的这方面倾向……能够知道还有别的方法可以做到这一点。"鉴于千禧一代和年轻人对于名利双收的期望越来越高，出现更多的佩里不仅是可能的，而且是可行的。对于创造新势力社区的企业家来说，佩里的战略逻辑更具吸引力，因为这些企业家的命运往往取决于他们在培养和尊重群众上能够做到多好。

佩里及其联合创始人的经历和理念展示了另一条道路，或许可以让我们摆脱"参与养殖场"的生活，并有可能过上一种压榨性不那么强，更具社会创造性的生活：建设能够通过"圆环测试"的平台。世界各地都在进行实验，让佩里的激情更进一步，并开始以更有意义的方式分配权力和所有权，借此重新构想像脸书、推特或优步这样的新势力模式。

科罗拉多大学博尔德分校的内森·施奈德是一个不断发展的（仍然相当学术性的）社会运动的领导者之一，该运动倡导的是他所谓的"平台合作社"（platform co-ops）。这是一种民主经营和管理的合作社，其重新创想的世界基于人人对等关系的技术平台，而不仅仅是农场和工厂。这场运动希望将"参与养殖场"变成看起来更像数字化基布兹[①]的东西[631]。

施奈德指出，在更加传统的行业里，也有一些沿着这一方向发展的模式，比如英国的约翰·刘易斯百货连锁店。这家店于1929年转由其员工控股的信托持有，员工共享零售连锁店的利润，选出代表组成管理委员会。他认为，新势力平台也应该让它们的数百万用户，而不仅仅是工资单上的员工，来分享所创造的价值，建言置喙重大决策，并选出自己的代表参与这些平台的治理。他建议推特的用户尝试把推特回购，因为他认为推特是一个重要的公共功能机构。在他看来，在推特面临的所有挑战中，最大的问题不在于推特没有服务其用户——他举证说恰恰有许多强大的正义运动都是依靠

[①] 基布兹（kibbutz）是以色列集体农庄的名字，以色列建国初期曾从苏联引入大批苏联犹太人，由此在以色列建立了极具社会主义色彩的集体农庄。这种集生产、军备、社会服务等多个角色于一身的社会基层组织为以色列早期的社会经济发展和与阿拉伯人的战争做出了重要贡献。——译者注

推特进行的，而是在于"华尔街的经济要求已经成为推特的经济指标"^632。换个说法，如果用卡尔的话说，推特业绩欠佳，跑输大市；而用本科勒的话说，它生机勃勃，欣欣向荣。

施奈德和其他人共同推动的"回购推特"（#BuyTwitter）运动显示了举足轻重的影响力，最终成为推特 2017 年度股东大会讨论的五项提案之一。它为促进推特发挥新的作用提供了一个充分的理由。

一个"全民所有"的推特可以产生新的可靠的收入流，因为我们，作为用户，可以作为共同所有者买进，共享平台的成功，共担平台的风险。如果没有股票市场的短期压力，我们就可以实现推特的潜在价值，这是当前商业模式多年来一直在努力做到的。我们可以设置更透明的问责规则来处理滥用权力的行为。我们可以重新开放平台的数据来刺激创新。总之，我们都可以投资推特的成功和可持续发展。这种转换还可以确保公司现有投资者获得比其他选择方案更公平的回报。^633

推特公司没有采纳这一动议。以这种方式将推特转变为"平台合作社"将是非常困难的。但它为我们这些参与者以及下一代平台的创建者提供了一个引人注目的替代愿景。

事实上，拥有这种"合作启发"的理念和模式的公司正在开始涌现。照片共享合作社 Stocksy 聚集了众多摄影师和电影制作人，让他们有机会授权其作品。它是一个值得骄傲的平台合作社，但也是一个严肃的、不断增长的数百万美元规模的企业。正如其领导者所说："多想想对艺术家的尊重和支持，少想想卖香水。我们奉行创意诚信、公平的利润分成和共同所有权，同时让每一个声音都能被听到。"^634

如果想让平台合作社以及类似的想法取得成功，政府就必须在不依赖大投资者或传统的资本市场前提下，让资金的筹集能够更容易地扩大规模（如果真能做到这一点，佩里可能根本不需要从一开始就要为 Kickstarter 寻找风投）。这就意味着要推动发展"酿酒狗"曾经依赖的大规模"群众股权"——同时由政府发挥作用，确保真正的问责制和透明度，保护小投资者不被利用。

为了真正重新构想平台巨头，我们还需要重新构想它们的算法。正如脸书向我们展示的那样，社交媒体网站拥有巨大的力量来改变我们的消费者偏好，刺激或阻碍极端主义，并通过代码的微调来左右我们的情绪。但是今天它们的算法已经变成只为私人利益服务的私房菜。

还是考虑一下如何让"公益性算法"起作用吧。公式应该怎样设计，才能服务于平台参与者和整个社会的利益，而不仅仅是它们的所有者、广告商和投资者？

它需要三个关键功能。第一，算法的输入（它决定了我们所看到的内容和推送的先后次序）将对用户完全透明，包括平台用来缓和攻击性内容或仇恨言论的标准。第二，每个用户都应该有一系列调整工具，允许他们改变自己的世界。他们可以选择与他们不同意的内容进行更多的交锋。他们可以"过滤"视角和观点，跳出自己熟悉的空间，用外部视角观察问题。他们可以减少哗众取宠的轰动效应。第三，算法的默认设置应该可以进行公益性测试，考虑平台如何更好地服务于更广泛的"圈子"。这样改下来，平台的运作可能就像是一种版本更新的公共广播，除了列示哪些社区没有服务或者服务不足之外，其他那些能置顶的内容，必须能证明可以减少社会紧张和极端主义，支持公民话语权以及促进多元化。平台的普通参与者、超级参与者以及更广泛的公众都可以就平台是否应该、如何以这种方式"改头换面"，以及推进到什么程度进行合理的辩论。

新势力，新平台，无平台？

10年前，万维网之父蒂姆·伯纳斯－李成为第一个预见"参与养殖场"即将来临的人。

2008年，在他最初的愿景阐述表达近20年之后，他又为建立"离散化社交网络"而再度行动起来，寄希望于让这种社交网络取代脸书等日趋集中的网站，还他心爱的网络以本来面目。他认为，真正巨大的价值蕴藏在一个更加流动和多元化的平台世界中，在这个世界里，"在线社交网络将更加不受审查、垄断、监管和其他集中权威行使影响"[635]。

今天，他正在努力完成一个项目来解决这个问题。这是一个彻底改变网络应用程序工作方式的计划，一个将我们所有个人数据和内容从现在拥有它们（实际就是如此）的应用程序和平台中分离出来的计划。伯纳斯－李的"立方体计划"（Solid Project）将允许我们拥有自己的数据，存储在个人安全"pod 存储器"上，这样，我们就可以随身携带我们的数字化生活了[636]。想象一下，所有的数据你现在都可以随身携带，而不是放在第三方平台上（这就是极客们所谓的"互操作性"）。你随身携带你的照片、朋友、健康历史、到过的所有地方的地图、买过的所有商品的清单，甚至你在各种各样的平台上积累的网络信誉度（这可是一种特别强大的商品）。你可以自由决定向谁授予哪些访问权限，以及基于怎样的条款。"立方体"不仅仅是一种不同的技术，还是一种不同的理念。使用立方体，你的数据只会"向你报告"。

如何避免将一个人的数据放在某个强大的中间人手中，这个问题还有另一个解决方案，那就是寄希望于伟大的——同时也被炒得很火的——区块链技术。区块链是一种分布式公共分类账，允许每个人记录和查看已发生的交易。与银行的分类账这一类集中化的秘密分类账不同,它是透明的。交易不是由集中化的中央权限验证,而是通过分布式流程验证。可能你还是从区块链最著名(也是最富争议)的应用中知道这一技术的:它是构建虚拟货币"比特币"的基础技术[637]。

对于非技术人员来说,很难把这种解决方案的实际工作方式搞清楚,即使花费几个小时,也未必能弄明白什么是区块链。不过这不是最重要的,最重要的是了解人们可以把这项技术应用到哪里。正如《经济学人》所说的那样:"它为那些相互之间不了解或不信任的人提供了一种方法,可以创建一项记录,说明谁拥有什么,并得到所有相关人员的正式认可。这是一种厘清和保存真相的方式。"[638]

这种技术的实际潜力确实很大,怎么炒作也不为过(尽管像所有技术一样,区块链仍然容易成为别人扯的虎皮或者抓过来用作他途)。它开启了一个抛开中间人,让用户可以直接交换价值的世界。我们可以很容易想象通过区块链签订房地产合同或进行金融交易。此外,我们也可以想象,如果优步的司机和乘客,或爱彼迎的房主和房客,找到了相互协作和直接交换的方式,那么它们这类中间人,也许就要从超大型平台的网络世界中消失了。

展望未来,我们并不缺乏对于将要改变我们生活的新一代参与技术和思想的预测。无论是虚拟现实、增强现实、区块链,还是元界(metaverse)的出现,我们今天所熟悉的平台最终都会沦为让后人感到相当奇趣的老古董。但无论世界如何变化,我们始终需要坚持并建立一套准则,确保我们未来生活的世界少一些垄断,多一点透明,以更加和谐,更加适应的姿态面对新技术日益广泛的影响。

作为"参与养殖场"的参与者,我们能做的不仅仅是感叹我们的命运。在 2017 年《卫报》的民意调查中,不到 1/3 的美国人认为脸书有益于世界,而且只有 26% 的人认为脸书把自己的用户当回事儿[639]。该调查还显示了对限制大型技术平台权力的支持。但是，我们也没有理由将这项工作留给监管机构，因为监管机构往往更倾向于削弱平台的权力，而不是维护用户从平台获得的收益。回想我们在本书中分享的若干故事，你可以研究一下"逃离脸书"（#FleeFacebook）运动，它具有若干类似于"冰桶挑战"的流行性和参与性。同时，虽然没有任何措施可以完全消除养殖场，但即使是相对温和的用户反叛，也会引发政策或领导层的重大变化，正如我们在2017年初"删除优步"（#DeleteUber）浪潮之后看到的那样。我们参与的条件需要改写，而这需要技术专家、企业家以及所有人以灵动而专注的方式运用新势力。

走向"全堆栈社会"

政治思想家和社会创新者周若刚描述了我们这个时代的一个重大悖论："人们得到的承诺是，经济、社会和技术变革的潮流，会使他们感到更加强大。但实际上他们看到，政治和企业领导人做出的决策却在进一步抛弃他们。他们感觉自己是旁观者，而不是参与者。"[640] 他引用的研究表明，世界上大多数人都认为他们的国家走错了路。

我们在英国脱欧公投中看到了这种悖论。英国选举研究（British Election Study）认为，"脱欧派"和"留欧派"选民心中的"内心"差异是一种"更深层次的异化感"[641]。那些想要脱欧的人往往感到无力左右自己的生活。同样，诺贝尔奖得主，经济学家安格斯·迪顿也表明，在他所谓"心死"预测指标之间，从毒品、酒精、自杀到对唐纳德·特朗普的支持，都显示出明显的相关性[642]。

对自动化的恐惧以及收入停滞和不平等加剧的严峻现实都在助长这种异化感。正如爱德曼信任度晴雨表所显示的那样，即使是全球化的所谓"赢家"，也会感到与政府、媒体、教育等核心社会体制的疏离[643]。我们可以在社交媒体上随时发泄我们的挫败感，并找到许多会为我们加油鼓劲的人。但是，面对人生多艰的现实，在融入社会以及与政府和体制打交道的过程中，我们仍然会产生一种失控感。

为了缩小这一差距，切实减少财富和收入不平等以及改变落后者的物质条件至关重要。更微妙的挑战在于我们如何为人们创造更有意义的机会，让他们积极塑造自己的生活，并与影响和左右他们的体制建立联系。人们需要感觉更像自己命运的主人，而不是精英们的炮灰。如果所有这些被压抑的能动性唯一有意义的表达是偶尔为之的选举或公投，人们自然会倾向于利用他们更加熟悉的参与方式来控诉和还击。平台强人，极端分子，都是比较简单易行的方案。其实，我们需要不同的东西，我们需要让这个世界为我们提供深入、恒定、多层次的参与，拒绝蜻蜓点水，拒绝三天打鱼两天晒网。

假如，我们这个世界能够成为一个"全堆栈社会"。

当程序员们谈论堆栈时，他们指的是软件的不同组件，这些组件协同工作让产品运转起来：编程语言、应用程序和操作系统。而"全堆栈"是指所有这些层聚集在一起形成一个连贯的整体，包括我们看到的那些（"前端"）和我们没有看到的那些（"后端"）。

对于我们需要创造的世界，"全堆栈社会"是一个很好的比喻。在这个社会里，人们可以更有意义地参与并感受到他们对生活各个方面的所有权，包括与技术平台、工作、健康和教育的互动，当然还有民主制度和政府本身的体验。这不是通过一个"杀手级应用"

就能实现的，而是需要文化和结构上的转变，体制的各个方面都需要建立更加深入、更有价值的参与途径。人们不信任体制的最重要原因是，体制并不真正信任人，只提供偶尔的、无关紧要的、往往令人沮丧的参与机会。为了创建全堆栈社会，我们需要设想全新的模式，让我们无论身份如何变换，无论是作为患者、纳税人和消费者，还是作为邻居、选民、学生和父母，我们都能感觉更加强大，彼此之间的联系更加紧密。

构建堆栈

为了帮助大家想象一个全堆栈社会可能会是什么样子，我们在这里给大家讲两个故事。人们在关键领域向堆栈中添加层，一个领域是媒体，一个领域是政府。每个故事都教会我们如何让人们感觉更有力，以及如何让社会变得更强大。这两个故事还提供了一个重要的教训：如果我们想要重建公众对体制的信任，就必须让人们成为体制的主人。

从读者到主角：《记者》的故事

2009 年，年仅二十来岁的罗勃·韦恩伯格成为久负盛名的荷兰报纸 *NRC Next* 有史以来最年轻的主编。他曾被誉为神童，而且已经是一本畅销书的作者。这位被当作哲人培养的年轻人，自带新闻世家的血统（他的父母都是记者），已经为自己博得了思想深刻、待人诚恳的声誉，仿佛是昔日新闻界的理想化身——记者们以伸张公共利益为己任，对于花钱买版面的软文不屑一顾。

然而仅仅两年后，韦恩伯格就被解雇了。他试图让报纸不要总是被突发新闻的报道牵着鼻子走，因为他认为这类报道太容易炒作、煽情，而且维持不了很长时间的热度。韦恩伯格青睐更多的分析，对结构性问题的报道以及长期的调查性新闻故事。追着那些陷入"巴拿马文件"的各色亿万富翁不放，当然可以满足大众的窥视欲，报道起来也很刺激，但韦恩伯格却告诉我们，让读者了解暗伏地下的全球逃税和资本外流系统要重要得多[644]。这种不同寻常的观点与东家 *NRC Next* 的商业目标并不十分契合，所以当他拒绝改变自己的做法时，就被炒了鱿鱼。

一般情况下，故事就到此结束了。在 20 世纪，办报纸是一项开销极大的工作，需要各种物质基础设施和资本投入，所以被解雇的编辑通常都不会另起炉灶办一份新报纸。但韦恩伯格不是一个轻言放弃的人。既然不能在一个旧势力机构中完成重新审视新闻业的任务，那就干脆建立一个新势力机构来做到这一点。

韦恩伯格提出了一种新型出版物的愿景，将在保留高质量新闻基本要素的同时，重构其他所有方面。这份新出版物将把至少 95%的收入进行再投资，促进新闻报道和平台的发展。其隐私政策将明确禁止其收集有关其读者的不必要的个人信息[645]。而且完全没有广告。报道将是"公开主观的"，破除记者是"客观机器人"的神话，并鼓励记者积极追求现实世界的变革。以及，最重要的一点，它将重新设定出版物与读者之间的关系，使读者成为新闻报道过程的积极参与者。

他把自己的想法介绍给群众，希望人们站出来支持他的愿景并成为他的第一批订阅者。结果，他打破了"众筹新闻"（crowd-funded journalism）的世界纪录。他创办的《记者》（*De Correspondent*）在 30 天内筹集了 170 万欧元，而且在第一天这份出版物就有了 1.9 万名订阅者（称为"会员"）[646]。

《记者》的核心主张是一种至关重要的新势力理念。正如韦恩伯格的联合创始人兼出版商恩斯特-扬·普福斯所说："以前被称为'受众'的人构成了记者可以访问的最大的知识、专长和经验之源，然而这一资源在超过一个半世纪的时间里一直没有得到充分利用。"他补充说："我们认为现代记者不应该把他们的读者视为一群被动的粉丝。相反，他们应该将读者视为一座等待发掘的专家信息金矿。"[647]

《记者》通过多种方式践行了这一主张。每个记者在落笔之前都会与会员们分享他们的故事创意或他们想要调查的问题，这个事不做，哪怕一个字也不会写。然后还会邀请读者利用他们在该主题上的专业知识，分享见解、想法或线索。读者还可以使用多种工具来策划、采用和改编报纸上的材料，添加外部资料来源和他们自己的经验[648]。报纸上每一篇文章的结尾，都会向读者提出一个问题，"引导其在记者认为与新闻报道相关性最强的方向上做出贡献"[649]。

《记者》将用户"评论"重新定义为"献言"，并将其转化为整体体验不可或缺的一个组成部分，并不仅仅视之为事后的想法。编辑和记者会邀请特定会员撰写嘉宾文章，回应他们所感兴趣的文章。他们还会在读者的姓名边上添加标签，来反映读者所擅长的知识领域并添加他们自己的履历，把读者当专家一样对待（这在传统媒体网站上简直闻所未闻，读者能够看到的唯一履历是作者本人的履历）。

通过这种做法，《记者》自认为是在培养"世界上最伟大的关系网"[650]——一个值得信赖的专家献言社区，从科学家到护士，大家都在帮助记者撰写更好的故事，获得更加多元的消息来源和采访对象。

读者特别喜欢参与这个行动。《记者》目前正在进行"荷兰最大的难民群体访谈"[651]，要求读者与寻找庇护所的难民结对子，每个月都与他们见面，采访他们，分享他们（经常被忽视）的故事。数百人参与其中。

再举一个例子，当环境记者杰尔默·马默斯想要对壳牌进行调查时，他先写了一篇博客文章，请求道："亲爱的壳牌员工，让我们谈谈。"[652] 他没有把自己发现的东西积攒起来直到用一篇文章进行"大揭底"，而是与读者分享了他不断丰富的知识和问题，并寻求他们的帮助。"杰尔默发布的更新报道扩大了他的影响范围，为他带来了新的读者和新的消息来源。"恩斯特-扬·普福斯解释道[653]。其中一位读者交给他一大批堪称宝藏的文件，证明壳牌公司在承认气候变化之前就知晓气候变化带来的严重风险。

经历了最初的众筹活动之后，《记者》利用几年时间蓬勃发展，订阅用户已经超过5.2万个（按人均计算，与《华尔街日报》等主流出版物已相差不远，而且这家媒体还是以荷兰语为主）。它的读者保留率足以令大多数媒体公司眼红：年度订阅用户为79%，月度订阅用户为89%[654]。它现在正计划将其模式在全球推广。

在一个对传统媒体持怀疑态度，"假新闻"的讨论不绝于耳的时代，面对一位将媒体描述为"人民公敌"的美国总统，《记者》向我们展示了如何让一项重要的社会功能重新恢复参与和共享所有权的感觉。那些对媒体失去信任的人终于有机会亲自动手，不是作为被动的读者，而是作为真正的参与者。人们成为一场伟大冒险的亲历者。像《卫报》和《纽约时报》这样的报纸也开始放下架子，推出强大的"会员驱动"功能，强调其更高的社会使命。但真正参与溢价还是需要走下神坛，邀请他们的读者共襄大业来赢得。

唐凤的故事

在中国台湾，一位才华横溢、无所畏惧的 36 岁跨性别程序员和社会活动家，号称台湾地区最好的技术专家之一的唐凤，正在展示新势力进入政府核心时可能创造的奇迹。

她的旅程始于 2012 年，当时，台湾当局发布了一则广告，画的是一群公民面带敬畏地看着他们上面出现的经济改革方案的复杂细节。"信息的基本意思是，它对你来说太复杂了，但不要担心，相信我们。这太侮辱人了。"唐凤在"开放文化"博客网站上告诉克莱尔·理查德[655]。于是，一群黑客建立了一个网站，透明发布所有政府预算数据，使公民可以轻松地参与，就数据展开辩论。他们将这个网站称为 g0v.tw，通过把字母 O 换成零，成为当局行政网站地址的一个巧妙"分叉"[656]。

关键的技术挑战是创建足够引人注目的可视化内容，让所有人都能理解行政机关真正想达到什么目的。为此，他们必须扫描大量数据。"g0v"希望能够吸引群众参与，但他们必须找到一个技术解决方案，让人们参与其中："如果我们要求人们把一整页数字复制到 Excel 表格中，那可能需要 4 分钟，"唐凤说，"在网上，这已经太长了。人们可以在其他地方找到即时满足感，他们可以在脸书上简单地'点赞'或者'分享'，花不了几秒钟时间。所以，这事儿不应该超过一分钟。这是互联网的限制。"[657]

于是，他们将行政部门开支的海量数据简化为"验证码"，只需几秒钟即可转录，并增加徽章激励，鼓励人们一路做到底。唐凤用一种特别的热情描述道："只需要 5 秒钟，而且真的感觉你是在救台湾！有用、简单、有益、有趣。这是众包的关键。只要有办法衡量玩家的进度，人们就可以花几个小时不睡觉来完成游戏！"[658]

这个项目在 24 小时内吸引了 9000 人参与[659]。

2016 年，唐凤和 g0v 的下一个挑战是协调传统的出租车行业、台湾当局以及优步等公司，寻找新的监管方法。她使用一个名为 Pol.is 的在线平台来协调这个非常细腻、非常微妙的共识建立过程，将 4500 名用户和司机聚集在一起，提出解决方案并实时转播决策过程。通过她的协调，台湾当局出台了一项新的规定，优步做出重大让步，包括更充分地审查司机并提供保险，也使得民间社会更容易出现优步的替代方案[660]。

一步步走来，唐凤从一个在体制外运作的社会活动家成长为一名富有远见的政治家，更担任台湾历史上最年轻的无任所"部长"[661]。唐凤在办公室聘请了她所谓的"参与官"，他们的工作就是创造各种机制，帮助普通百姓真正有意义地参与当局的工作。民众参政议政似乎是一件显而易见的事，而在台湾这个仍然秉持 20 世纪管理理念的地区，民众参政议政是一件看起来很美很简单，实际做起来仍然感觉很难很不便的事。

唐凤决心找到更多让人们参与（并共同拥有）行政成果的方法。平台合作社的推手之一内森·施奈德也有同样的冲动：他认为，调节和深化公共话语的关键是让人们不断辩论、投票、审议。他称之为"分拆民主"（unbundling democracy）："我信奉分拆民主的理念，这样你不仅可以选举一位代表在所有事情上代表你，还可以将民主想象成一系列分层和串联的机构，然后根据你与某项服务的关系与之发生联系"。[662] 他认为这一理念适用于所有事情，从推选医保系统的管理机构到挑选由谁来运转我们生活中的那些大型网络平台。

为了把这个问题解释得再清楚一些，我们可以拿那个简陋的（并且令人痛恨的）年度纳税申报表为例。想象一下，如果它不再让人费解、枯燥乏味，而是完全沉浸式和参与性的，让每个台湾人都聆听用自己的税收帮助别人的故事，看到他们的钱去了哪里。如果纳税不再是每年一次的可怕时刻，而是全年向市民提供反馈。人们也许会惊喜于意外收到某位市民的感谢视频，因为他的人生，完全被他们缴纳的税款改变：一个来自衰退行业的，经过再培训的工人，享受新游乐场的孩子们，开发了一种癌症新疗法的医生。人们甚至可以发挥更加积极的作用，决定他们缴纳的税款每一部分都用到哪里去。

其中一些变革已经发生，特别是在城市层面。参与式预算编制的构想几十年前出自巴西城市阿雷格里港，现在已在全世界传播，并与互联网众包文化相互融合[663]。在市长安妮·伊达尔戈的领导下，巴黎雄心勃勃的参与式预算计划已经吸引成千上万的巴黎人对与他们日常生活息息相关的各种项目展开热烈辩论和投票，从绿化公共空间到帮助无家可归者不一而足[664]。另一个成功的案例是雷克雅未克的公民参与和预算编制计划，吸引了全市近60%的人口参与[665]。

这样的计划必须解决好任何众包活动都不可避免的固有倾向性，尤其是要能区分哪些更重要，哪些更具有病毒传播吸引力，以及确保它们的最大受益者不是已经成为特权阶层的人。如果做得好，它们可以起到更大的作用：给予人们一种归属感和更多的参与机会。

这些只是我们为构建堆栈所需各种努力的几个例子。设想更多的方案和计划很简单，也很令人兴奋。举例来说，卫生部门就可以进行改造，实现更多参与。而且在一个老龄化社会中，卫生部门也是人们关注的焦点所在。事实上，更高水平的"患者激活"（patient activation）一直被称为"21世纪的重磅炸弹类药物"[666]。

英国国家卫生署的创新能手海伦·贝雯要求我们重视和关心自己的健康，以此作为对我们民主政体的贡献：作为对个人和公共利益的持续投资。为了鼓励这一点，需要建立卫生体制的堆栈层，以建立 PatientLikeMe 风格的充满活力的患者社区（我们曾在本书开头介绍过这个平台）。我们还看到了医疗历史数据和云合作社出现的希望——人们可以将他们的个人信息存储在这些地方，摆脱大平台的窥探，然后通过"人人生产"实现更好的健康结果。

开辟更多路径，供人们更深入地参与某些通常不对公众开放的领域的工作，将是关键之举。发源于英国的志愿者紧急服务网络 GoodSAM 就在这方面做得不错[667]。这是一个安排普通人接受急救培训，以支持和补充大型医疗系统的网络，用 19 岁的学生护工亚历克斯·格兰特的话说：

> 作为 GoodSAM 的响应者，我在自己身边的本地社区自愿提供救生服务。在一次特殊的 GoodSAM 报警期间，我响应并救援了一位距我家仅有几百码的心脏骤停病人。我们很快就得到伦敦救护车服务中心的支持，不知疲倦地工作了 40 分钟，以挽救这个人的生命。我们设法恢复了患者的自主循环。患者的脉搏一直保持到医院——这段时间足够让家人跑 200 英里路去说再见，握着手等待最后时刻的来临。并非所有的故事都有一个美好的结局，但你肯定可以尝试发挥作用——通过安慰、同情以及为生存提供一次抗争的机会。

GoodSAM 现在的规模已足以成为英国城市救护车服务的主要补充力量，但它还有另一个优势：它有助于让社区更紧密地联系在一起，让像亚历克斯·格兰特这样的人有一种深切的参与感。

不仅是医疗保健行业，你可以为很多行业创想各种形式和各种规模的行动计划。例如设想一些新势力平台，在一个自动化程度越来越高的时代让退休人员能够更加方便地教育和辅导失业者；还有由无数本地的熟人团体组成的庞大的生态系统，让不同背景的人组成各种社群，专注于从学习印地语到反对种族主义的任何事情。再想想即将到来的分布式清洁能源的未来，它将允许普通人捕捉和使用电力，甚至可以将电力卖回给电网或者彼此交易。

我们都需要构建模式——找出模式——帮助像我们这样的普通老百姓获得当家做主的感觉，建立彼此之间以及和整个社会的联系。"参与"需要的，远远不止一个能让你标出街道坑洼之处的网站，它需要的是一种持久且引人注目的体验，让人们在那些真正重要的事情上共同合作。

眼下，民主本身在大多数工业化国家，尤其是年轻人中获得的公众支持度已经跌至历史低点。在这个时候去建设全堆栈社会，确实是一项极具挑战性的工作[668]。如何让人们为了真正重要的东西走上街头，而不是让我们所有人去追求能够带来快感的简单诱惑，这两者之间总会存在紧张关系。这就要求与天使站在一起的人们在提供杀手级用户体验、黏性反馈循环，以及一系列令人信服的激励措施方面做得更好，因为这些才是恢复我们基本社交功能活力的关键所在。

新势力的大杂"绘"

2017年4月，经过72个小时的努力，红迪网为人们呈现出一幅奇诡却出乎意料的美丽画面。我们要讲的这最后一个故事其实从很多方面都涉及我们在结束本书时仍未解决的一个大问题，那就是新势力能否最终将我们团结在一起，构建一个更加公正的世界，而不是分裂我们，加剧不平等。红迪网向它的社区发出了一个简单的挑战：它创建了一块巨大的空白虚拟画布，称为"广场"，邀请用户逐个像素地贡献绘画创作（每个用户限时5分钟），制作一件巨大的艺术品。刚开始的时候，用户们主要画的是男性生殖器、奇怪的符号以及各种脏话（想想第5章"红迪起义"的大致经过，这样的开局并不会太令人惊讶）[669]。但很快，红迪网那些善良天使用他们自己的像素绘画做出了回应。

红迪网的一位产品经理评论说："真正令人惊讶的是看到社区这么快就能组织起来，开始自我监管画布，保持积极向上的风格。"[670]一幅令人惊叹的梵高《星空》复制品出现了，而且在社区其他人的帮助下，从一群自称为"黑色虚空"的虚无主义画师进行的涂黑像素的攻击中幸存下来。接着又开始画国旗，各国打得不亦乐乎，但最终还是实现了和平。乐高成人粉丝插了进来，为他们心爱的积木做宣传推广。一个男人想用"广场"来求婚，征集社区的帮助，希望画出一个漂亮的图案并能保持在上面。他的计划被残酷地破坏了，但后来又被一个致力于绘制心形图案的社区部分拯救了。超过100万人铺陈出了1600万像素的图画，协力创造了一幅复杂混沌的杰作。从某种程度上说，这是有史以来集体创作的最大的一幅艺术品[671]。

最终，在红迪的"广场"上，光明力量无论从人数上还是组织上都压过了黑暗力量。他们能做到这一点，依靠的是集体行动和核心价值观的力量。红迪"广场"成为勾勒"全堆栈社会"可能形态的一种隐喻——无数对政治、经济和文化参与的表达，都呈现在一张巨大的数字画布上。每个做出贡献的人都感觉像是画的主人，因为这百万大军中的每个人确实就是。构建这样一个世界怎一个"乱"字了得——它一定少不了零星的仇恨和笼络，也会充斥着大量的干扰和牵制。但这是一个我们所有人都可以共同创造的世界，也是最值得为之奋斗的世界。

术语表

新势力叙事语言

ACE 创意（ACE idea） 这种创意在设计上就要让群众抓住并传播。它是可行动的，因为它的目的就是推动用户做一些事情；它是可连通的，因为它使用户感觉到自己属于某个志同道合的社群；它还是可扩展的，因为它在构建上就有一个共同的主干，鼓励其社群改变和扩展它。

融合权力（blend power） 将新旧势力以一种令双方都得到进一步强化的方式融合在一起。

搭桥者（bridge） 新势力变革的推动者，能够与新势力世界建立实实在在的联系，实现新旧势力之间的实质性"跳跃"。搭桥者的工作是结构性的。数字龙套经常被误认为是搭桥者，但实际上它是组织规避风险的挡箭牌，蜗居于影响力的边缘。

骆驼（camel） 一种新势力平台或组织，提供的经济回报不如其对立面"独角兽"那样引人注目，但却具有重要的社会功能，可以长期维持投资者及其社区。

圆环测试（circle test） 求证一个新势力平台对其三角形内部和更广泛的圆环内部的影响是否为正。

网络联系人（connected connectors） 彼此联系，拥有相同的世界观，并且能够在自己力所能及的范围内影响别人的人。对于新势力运动，能不能发现和培养恰当的"网络联系人"，往往决定了以后是一鸣惊人，还是泯然众人。

民意绑架（crowd-jacking） 一场运动经过各路群众的恶搞演绎，完全背离了它的本意，就是遭到了"民意绑架"。"长着一副船样儿的小船船"流行一时可为例证。

创始人情怀（founder feeling） 员工寻求越来越强的能动性、控制力以及责任感，好像他们就是初创企业的创始人，哪怕他们其实是在为别人打工。

全堆栈社会（full-stack society） 一个在所有主要社会和经济体制上都进行精心设计，使人们可以更有意义地塑造他们生活的方方面面的世界。

风口的三种驾驭方式（harnessing the three storms） 成功的运动往往是借助各种风口建立起来的——利用某些很难预测却极具戏剧性和紧迫感的辉煌时刻乘势而起，大展宏图。有时，风口出现，运动会想方设法拥抱它们，即使它们起初看起来像是挫折。有时，运动会发现世界某个地方出现风口并追逐它。还有时，运动会凭空创造风口。

领导力罗盘（leadership compass） 根据领导力模式和价值观描述领导者。群众领袖型领导将新势力领导力模式与对新势力价值观的承诺相结合。他想做的不仅仅是引导群众力量，而是想让群众变得更强大。啦啦队长型领导支持新势力价值观，如协作、透明度和参与，但以旧势力方式进行领导。新瓶旧酒型领导善于调动群众并能够巧妙地使用新势力工具和战术，但他这样做是为了维护旧势力价值观，并为自己集中权力。顽固堡垒型领导将旧势力价值观与旧势力领导力模式相结合。这是传统的等级和权威的领导力模式，我们大多数人都是在这种模式中长大的，在军事、商业和教育等领域它都很普遍。

热梗的涟漪（meme drop） 旨在横向传递的信息或思想，经过同等社区的重构、分享和定制而变得最具活力，如冰桶挑战和佩佩蛙。

新势力（new power） 由许多人合力打造，开放的，参与式的，彼此影响，相互作用。与水流或电流一样，它在激增时最为强大。新势力的目标不是驾驭这种力量而是引导这种力量。旧势力（old power）则由少数人控制，封闭的，常人无法企及，由领导驱使。一旦人们获得它，就会被谨慎地保护起来，生怕被别人夺走。拥有它的一方权倾四野，可以肆意挥霍。

新势力行为（new power behaviors） 分享、加盟、融资、生产和塑造。旧势力行为（old power behaviors）则是服从的和消费的。

新势力品牌（new power brand） 旨在激发参与的品牌。

新势力圆环（new power circle） 围绕某个新势力社区的一组利益团体，可以影响新势力社区的命运，同时也受其影响。

新势力罗盘（new power compass） 对组织进行两个维度的考量：模式和价值观。"群众"是拥有新势力价值观的新势力模式。"啦啦队长"坚持旧势力模式，但公开表示拥护新势力价值观。"顽固堡垒"是拥有旧势力价值观的旧势力模式。"新瓶旧酒"则是使用新势力模式来强化旧势力价值观。

新势力决策树（new power decision tree） 在决定你的组织是否应该转向新势力时需要考虑的四个问题，分别是战略、合法性、控制权和长期承诺。

新势力模式（new power models） 由群众的行动使能，没有群众，这些模式只是空壳而已。旧势力模式（old power models）则由人或组织拥有、知晓或控制其他人所没有的东西使能，一旦旧势力模式失去这种东西，也就失去了优势。

新势力三角（new power triangle） 新势力社区的三个组成部分，包括普通参与者、超级参与者和平台东家或管家。

新势力价值观（new power values） 信仰非正式治理、选择性加入决策、协作、彻底透明、创客文化以及短期归属。旧势力价值观（old power values）包括对正式治理、竞争、保密、专长和长期归属的信仰。

"占领自己"（occupy yourself） 接受彻底透明化，把自己最容易受到质疑的问题（如果有）主动曝光的一种技巧。作为一种先发制人的战略，这是许多旧势力机构的一项关键任务。

普通参与者（participants） 加入新势力平台，构成用户主力的人。

参与养殖场（participation farms） 圈地划界，扎紧篱笆，把数十亿参与者的日常活动当作庄稼收割谋利的数字化平台。

参与溢价（participation premium） 通过将更高的目标、实质性回报和无交易的参与集中在一起创造的附加价值。

参与度量表（participation scale） 列出旧势力和新势力模式旨在激发的行为，参与度从最低到最高。最有效的新势力模式知道如何推动人们"提升参与度"。

平台东家（platform owners） 控制谁能被允许参与平台及其治理，决定价值如何分配乃至平台生死的实体。在没有东家的情况下，平台管家（platform stewards）有时扮演非正式的领导角色。

平台强人（platform strongman） 新瓶旧酒型领导运用新势力工具和方法推行威权主义价值观。

解题者（problem solvers）和求解者（solution seekers） 由纽约大学教授希拉·利夫施茨-阿萨夫首创的术语，分别描述了组织内那些抵制向更广泛的社区开放的人，以及更容易进行这种转变的人。解题者在信奉专长的旧势力价值观中寻找身份认同，而求解者则扩大其专业领域的界限，邀请外人参与。

转型者（shapeshifter） 转型者是披着旧势力外套的新势力变革促动者，具有无可挑剔的制度公信力，能够让变革之路更加顺畅。转型者的对立面是破坏者，是"快速行动，粪土规则"的外来"空降兵"。

精心塑造（shaping） 新势力领导者要知道如何影响群众的整体规范和方向，尤其是在没有领导者的正式权威的情况下。

精准信号（signaling） 新势力领导者通过他的言论、手势或者行动使群众感觉更强大。

精细构建(structuring) 建立架构,制订章程,确保能够顺利实现参与,激发能动。新势力领导者"为参与而构建"。

超级参与者(super-participants) 平台最积极的贡献者,往往是那些为平台提供动力和营造其价值观的核心资产创造者。

寻求转型(taking the turn) 从旧势力向新势力转型。

"水军"(WeWashing) 我们的朋友黄立祥拼凑创造的一个词,意在描述有些大品牌偶尔会运用群众语言,表现得欢迎群众参与,但实际上对参与群众运动没有任何真正的兴趣。

致　谢

亨利和杰里米希望感谢：

我们的非凡编辑——克里斯·普奥波罗，对任何一位第一次出书的作者来说，你都是最好的旅程同伴、引路人和临时任务主管。在克诺夫道布尔迪出版集团，我们非常感谢比尔·托马斯的领导，以及他为支持这本书所付出的极大热情。还有马库斯·多勒和索尼·梅塔，他们很早就看到了这本书的潜力。我们在出版社的团队——迈克尔·戈德史密斯、苏珊娜·赫兹、丹尼尔·迈耶和约翰·皮茨——一直愉快地合作并为这个过程增添了很多价值。

我们出色的经纪人——埃丽丝·切尼，从一开始就对我们充满信心，总能恰到好处地为我们奉上正确的方向把控、诙谐幽默和金玉良言。与亚历克斯·雅各布斯、爱丽丝·惠特曼和这家经纪公司的其他所有人的合作，从头到尾都是一件愉快的事。

我们感谢那些对成书草稿提供详细反馈和见解的人：大卫·麦凯恩、罗勃·里奇和艾力·韦纳。

我们特别感谢优秀的研究人员坎贝尔·施奈布、凯特·谢里丹和艾丽·坦普斯付出的巨大心血和劳动。我们还要感谢乔恩·亚历山大、阿瑟·德·格雷夫、艾瑞妮·埃克希斯、薇基·黄歌、黄立祥、安东尼·列奥纳德和劳伦·路。我们的校对员茱丽·塔特非常棒。

梅丽莎·克罗宁在我们的写作过程中提供了无微不至的呵护，并以出色的工作与一大批对书中观点感兴趣的人保持互动和联系。罗比·罗斯在整个项目中扮演着无与伦比的角色，继续以灵活熟练的技巧引导新势力世界。简·曼泽蒂和安妮·梅丽娅继续着她们的新势力发展之路，并展现出极大的耐心、专业精神和激情。

《哈佛商业评论》和 TED 的团队，尤其是艾米·伯恩斯坦、布鲁诺·吉萨尼和阿迪·伊格内修斯，他们在 2014 年向全世界介绍了我们的想法。我们很高兴看到《哈佛商业评论》中国和 TEDx 阿姆斯特丹接过了指挥棒，创建多项活动，致力于推动这方面的思考。

感谢正在努力开拓新局面，一路上向我们提供伙伴支持和深刻见解的新势力实干家和思想家：NHS 由大名鼎鼎的海伦·贝雯领导的 Horizons 团队，乔治敦大学校长杰克·德乔亚，AT&T 的夏琳·莱克以及联合之路的詹妮弗·桑普森。

我们还要感谢大卫·艾克曼、丹娜·波伊德、KJ·博伊尔、理查德·布兰森、维多利亚·阿尔西娜、伯格斯、保罗·伯克、丹·卡尔迪纳利、贝丝·康斯托克、迈克尔·费耶、普里马韦拉·德·费里皮、布莱恩·福尔德、凯特·加尔维、菲尔·格里芬、塞茜莉·霍奇、杰夫·克莱恩、卡利姆·拉卡尼、埃伦·麦克格特、贝丝·诺维克、亚历桑德拉·奥罗菲诺、夏法利·普里、埃伦·谢里尼昂、理查德·索卡里德斯、阿鲁·萨丹拉彻、保罗·塔格里亚布、阿特·泰勒、达伦·沃克和基尔·韦斯塔韦。

特别感谢所有分享自己见解和知识的人：史蒂夫·阿德勒市长、允美·安托里尼、菲尔·阿伦尼努、希拉·利夫施茨 – 阿萨夫、道格拉斯·阿特金、本·包尔特、扎克·巴罗斯、尤查·本科勒、娜迪亚·博尔兹 – 韦伯、兰迪·布雷兹、利蒂希娅·布朗 – 詹姆斯、克雷格·卡尔霍恩、哈里·坎贝尔、珍妮弗·卡尔森、亚历桑德拉·卡沃拉科斯、佩里·陈、乔·德肖特尔、阿利克斯·菲切尔、阿丽娅·芬格、娜塔莉·福斯特、莉吉娅·弗莱德曼、查尔·盖茨、马克·格雷兹、鲁文·高斯特、尼古拉·格里科、塔特·豪斯曼、斯科特·海弗曼、阿迪·赫恩拉、娜奥米·希拉巴亚什、菲利普·K.霍华德、里克·艾夫兰德、韦里提·琼斯、本·基赛、杰斯·科奇、约瑟夫·柯维达、希拉·丽瑞奥、马塞罗、南茜·鲁布林、布莱恩、林奇、本杰明、马可·希尔、娜塔莉娅·莫尔曼·佩特齐拉、米歇尔·迈克尔、杰奥夫、穆里冈、奈卡拉·尼基·纽豪斯、雷纳·诺尔瓦克、阿历克斯·潘特兰德、夏尔·波拉考-苏兰斯基、蒲艾真、凯蒂·拉德福德、托马斯·里斯、杰伊·罗杰斯、罗宾、萨瑟、内森、施奈德、迈克尔·西尔伯曼、詹姆斯·斯莱扎克、劳拉·斯坦因、柯特尼·斯韦尔林根、玛德隆·范·蒂尔伯格、艾立克·托普、克里·万斯特拉斯、大卫·韦恩伯格、保罗·韦克斯、罗勃·韦恩伯格和大卫·威利。

最重要的是，我们要感谢许多我们从未谋面的人，他们都参与了这一思考，改善它，并将其运用到自己的工作中，使更多的人变得更强大。

亨利希望感谢：

92 Y的同事和董事会在整个过程中给予了我支持和鼓励。特别是，阿莎·库兰不仅在本书的创作过程中提供了宝贵的反馈，而且我们的共同合作更加丰富和完善了这一思想并最终凝聚成册。

我的导师鲍勃·戴伦施耐德、霍华德·加德纳、艾米莉·拉弗蒂和罗勃·里奇都提供了宝贵的指导意见，其意之诚尤胜于其学之博。在所有人里，我最要感谢的是董事会主席马克·安吉尔森。斯坦福大学慈善与公民社会研究中心（PACS）的团队为我的思想研究提供了一个温暖的孵化器，大大推动了我的创作进程。

我的几位朋友马休·比肖普、迈克·格林和彼得·西姆斯尽是饱读诗书的博学之士，不但赐我美酒，关心支持，更以其智慧令我多有裨益。我最好的朋友乔恩·波顿通过他自己的创造性野心指明了方向，我的兄弟威尔总是提醒我，如欲见性，必先明心。每天，考利和乔赛亚都会让我真切体会到权力之有限，而科琳则让我感受爱之无限。

最后是我的父母，他们赠予我的一切，终我一生，亦难尽数。

杰里米希望感谢：

那些在过去的15年里，曾经激励我并真正协助我的朋友和同事，他们为"使命"的创建和发展，以及其他宏图伟业做出了重要贡献：亚历桑德拉·奥罗菲诺、阿尔诺尔·拉德哈、安迪·库珀、安娜·诺兰、安德烈·班克斯、安德里亚·伍德豪斯、布雷特·所罗门、布莱恩、伯考佩克、卡梅隆、海普伯恩、克里斯蒂娜·布劳尔、丹·巴拉奇、道格拉斯·阿特金、艾米·铃木·哈里斯、埃里卡·约翰森、伊尤·索恩雷、加利特·甘、亨利·多纳休、詹姆斯·斯莱扎克、劳伦·罗德曼、妮可·坎娜、萨里·米勒、斯科特·海弗曼和蒂姆·迪克森等人。

在我撰写本书期间，我现在在"使命"的那些令人难以置信的合作伙伴——乔什·汉德勒、丹·夏农和杰西·托尔甘，以及 Porps 的整个团队（罗比·罗斯发挥了超级黏合剂的作用）都提供了支持，进行思想的交锋和碰撞，激励我不断前进。

我的家人，包括我的大姐英格丽德·巴斯和我的兄弟拉尔夫·海曼斯和他的妻子塔米，特别是我的父母弗兰克和乔瑟特。我的母亲爱尽一生，扶持左右，偶尔也会提醒我要努力工作，专注于重要的事情。她讲这些话的时候喜欢用法语，但情急之下阿拉伯语也会脱口而出。我的父亲则始终以一名大屠杀幸存者的身份坚持对正义和正派的追求，他通达世情，经历沧桑，但绝不封闭内向。作为一位纪录片制片人和口述历史学家，他坚持揭露人世间之不公，为我树立了独立和创业精神的榜样。

最后要感谢布鲁克·福斯布罗姆，他的善良和厚爱使这本书成为可能，更支撑着我日行不息。

注 释

1 人人参与的新世界

1. Bertrand Russell, *Power: A New Social Analysis* (London: Allen and Unwin, 1938).
2. Ashley Rodriguez, "How Powerful Was Harvey Weinstein? Almost No One Has Been Thanked at the Oscars More," *Quartz,* October 13, 2017.
3. Madeline Berg, "After Expulsion from the Academy, Here Are All of Harvey Weinstein's 81 Oscar Wins," *Forbes,* October 13, 2017.
4. Alex Ritman, "British Government Under Pressure to Strip Harvey Weinstein of Honorary CBE," *Hollywood Reporter,* October 11, 2017.
5. Jim Rutenberg, "Harvey Weinstein's Media Enablers," *New York Times,* October 6, 2017.
6. Ronan Farrow, "Harvey Weinstein's Army of Spies," *The New Yorker,* November 6, 2017.
7. Emanuella Grinberg and Janet DiGiacomo, "Amid Harassment Allegations, a Sisterhood Forms to Take Down James Toback," CNN, October 30, 2017.
8. Together they formed: Ibid.
9. Doha Madani, "Over 300 Women Chime In After L.A. Times Details Director's Sex Abuse Reputation," *The Huffington Post,* October 27, 2017.
10. "More Than 12M 'Me Too' Facebook Posts, Comments, Reactions in 24 Hours," CBS News. October 17, 2017.
11. Eleanor Beardsley, "Instead of #MeToo, French Women Say 'Out Your Pig'," NPR, November 3, 2017; Sasha Lakach, "#MeToo Has Gone Global," Mashable, October 20, 2017.
12. Joshua Lowe, "#MeToo Sexual Assault and Harrassment Scandal in British Parliament Causes Minister to Resign," *Newsweek,* November 1, 2017.
13. Milan Schreuer, "A #MeToo Moment for the European Parliament," *New York Times,* October 25, 2017.
14. "#MeToo: 'Sexual predators' List Divides Indian Feminists," DW, November 8, 2017.
15. Nicholas Moore, "#MeToo: Fighting Workplace Harassment in China," CGTN, October 30, 2017.

16. Justin Carissimo, "Creator of Original 'Me Too' Campaign Speaks Out," CBS News, October 17, 2017.
17. Heather Schwedel, "The Jewelry Designer Who's Already Selling #MeToo Necklaces Explains Herself," Slate, October 20, 2017.
18. PatientsLikeMe, July 2017. www.patientslikeme.com.
19. Letitia Browne-James, discussion with authors, June 28, 2017. Quotes and other information about her case are also from this source and at Tampa General Hospital Health News. www.tgh.org.
20. Atika Shubert and Bharati Naik, "CNN Exclusive: From Glasgow Girl to 'Bedroom Radical' and ISIS Bride," CNN, September 5, 2014.
21. Lauren Crooks, "'Bring good quality bras': Scots Jihadi Bride Writes Suitcase Checklist for Schoolgirls Wanting to Join Islamic State Fanatics," *Daily Record*, August 1, 2015.
22. Katrin Bennhold, "Jihad and Girl Power: How ISIS Lured 3 London Girls," *New York Times,* August 27, 2015.
23. Luiz Martinez, "US Drops Anti-ISIS Leaflets over Syria," ABC News, March 26, 2015.
24. Rita Katz, "The State Department's Twitter War with ISIS Is Embarrassing," *Time,* September 16, 2014.
25. "90's Kids, What's Something You Did When You Were in School That Youths of Today Wouldn't Understand?," Reddit, June 15, 2015. www.reddit.com.
26. Matt Peckham, "'Minecraft' Is Now the Second Best-Selling Game of All Time," *Time,* June 2, 2016.
27. #GivingTuesday, July 2017. www.giving tuesday.org.
28. Purpose, July 2017. www.purpose.com.

2 新势力罗盘

29. Hila Lifshitz-Assaf, "Dismantling Knowledge Boundaries at NASA: From Problem Solvers to Solution Seekers," *Administrative Science Quarterly,* forthcoming.
30. Ibid.
31. Ibid.
32. Ibid.
33. Ibid.
34. Ibid.
35. Hila Lifshitz-Assaf, discussion with authors, August 24, 2016.
36. Lifshitz-Assaf, "Dismantling Knowledge Boundaries."
37. Ibid.

38. Ibid.
39. Space Apps Challenge, July 2017. www.2017.space appschallenge.org.
40. Lifshitz-Assaf, "Dismantling Knowledge Boundaries."
41. Hila Lifshitz-Assaf, discussion with authors.
42. Ibid.
43. Lifshitz-Assaf, "Dismantling Knowledge Boundaries."
44. Peg Tyre, "Beyond School Supplies: How DonorsChoose Is Crowdsourcing Real Education Reform," *Fast Company,* February 10, 2014.
45. DonorsChoose.org, July 2017. www .donorschoose.org.
46. Tyre, "Beyond School Supplies."
47. Kevin Roose, "Silicon Valley's Secessionist Movement Is Growing," *New York Magazine,* October 21, 2013.
48. Peter Kafka, "Balaji Srinivasan, Who May Run the FDA for Trump, Hates the FDA," *Recode,* January 14, 2017.
49. Alyson Shontell, "A Leaked Internal Uber Presentation Shows What the Company Really Values in Its Employees," *Business Insider,* November 19, 2014.
50. Geoffrey James, " 'Collaboration' Creates Mediocrity, Not Excellence, According to Science," *Inc.*, April 14, 2017.
51. "HRC Paid Speeches," WikiLeaks, January 25, 2016.
52. Noah Dyer for Governor, "Scandal and Controversy," July 2017. www.noahdyer.com.
53. "The Maker," Vimeo video, posted by "Patrick Kehoe," 4:43, January 18, 2016. www.vimeo.com.
54. Doug Bierend, "Meet the GynePunks Pushing the Boundaries of DIY Gynecology," *Vice*, August 21, 2015; Wattpad, July 2017. www .wattpad.com.
55. Edelman, "2017 Edelman Trust Barometer Annual Global Study," 2017. www.edelman.com.
56. Michael Gove, "Britons 'Have Had Enough of Experts,' " *Sky News,* June 21, 2016.
57. Chris York, "Professor Brian Cox Says Michael Gove's 'Anti-Expert' Stance Is the 'Road Back to the Cave,' " *Huffington Post,* February 7, 2016.
58. Robert Putnam, *Bowling Alone: The Collapse and Revival of American Community* (New York: Simon and Schuster, 2001).
59. Pastor Nadia Bolz-Weber, discussion with authors, October 30, 2015. All Bolz-Weber quotes in this section are from this source.
60. " 'Nones' on the Rise: One-in-Five Adults Have No Religious Affiliation," *Pew Research Center,* 2012.
61. Airbnb, "About Us," July 2017. www.airbnb .com.

62. "The Footprint Chronicles," July 2017. www.patagonia.com/footprint.
63. Zainab Mahmood, "Guardian Creates Chief Customer Officer Role as It Claims 230,000 Paying Members," *Press Gazette* (UK), June 19, 2017.
64. David Bond, "Guardian Relies on Readers' Support to Stave Off Crisis," *Financial Times,* May 13, 2017.
65. Emma Howard and Damian Carrington, "Everything You Wanted to Ask About the *Guardian*'s Climate Change Campaign," *The Guardian,* March 16, 2015; "The Counted," *The Guardian,* July 2017. www.theguardian.com.

3　创意传播的 ACE 原则

66. "Neck and Nominate," YouTube video, 1:22, posted by "Will Green," November 29, 2012, www.youtube.com.
67. "24 HR cold water challenge," YouTube video, 2:34, posted by "Jessica Lagle," March 8, 2014, www.youtube.com.
68. "Jennifer Begley's Coldwater Challenge Lexington Fire Department for Joe," YouTube video, 1:32, posted by "Jennifer Begley," May 31, 2014, www.youtube.com.
69. Lexington Fire Department, "Firefighters, News Anchors, Mayor Accept Cold Water Challenge Supporting Fellow Fireman," *KYForward,* June 3, 2014.
70. "CK Ice Bucket Challenge," YouTube video, 0:25, posted by "Chris Kennedy," July 15, 2014, www.youtube.com.
71. Pete Frates's Facebook page, July 31, 2014, www.facebook.com.
72. Alex Finnis, "Pensioner, 102, Celebrates Becoming Britain's Oldest Ice 'Bucketeer' with a Glass of Whisky," *Daily Mail,* August 26, 2014.
73. ALS Association, *Annual Report 2014: Finding Connections, Finding a Cure,* 2014. www.alsa.org.
74. Ibid.
75. Chip and Dan Heath, *Made to Stick: Why Some Ideas Survive and Others Die* (New York: Random House, 2007).
76. Arpita Aneja, "Rice, Not Ice: India's Answer to the Ice Bucket Challenge," *Time,* August 26, 2014.
77. "Pstew's Ice Bucket Challenge," YouTube video, 0:56, posted by "Sunny Ozell," August 22, 2014, www.youtube.com.
78. Ashly Perez, "What City Should You Actually Live In?," *BuzzFeed,* January 16, 2014.
79. Cates Holderness, "What Colors Are This Dress?," *BuzzFeed,* February 25, 2015.
80. Caroline Kee, "17 Times Double-Jointed People Took It Way Too Far," *BuzzFeed,* August 22, 2015; "100 Most Australian Words"：Chris Rodley, "100 Most Australian

Words of All Time," *BuzzFeed*, June 15, 2015.
81. BuzzFeed Tasty Facebook page, July 2017, www .facebook.com.
82. Chris Matthews, "Here's Why Buzzfeed Could Be Worth $1.5 Billion," *Fortune,* July 31, 2015; "The Most Innovative Companies of 2017," *Fast Company,* February 2017; Noah Robinschon, "How BuzzFeed's Jonah Peretti Is Building a 100-Year Media Company," *Fast Company,* February 16, 2016.
83. Ben Smith, "Why BuzzFeed Doesn't Do Clickbait," *BuzzFeed*, November 6, 2014.
84. "How Y'all, Youse and You Guys Talk," *New York Times,* December 21, 2013.
85. Abhinn Shreshtha, "You Cannot Charge for Vanilla Content," *Exchange 4 Media,* March 8, 2017.
86. Dave Stopera, "If None of These Pictures Make You Say 'What the Fuck,' Nothing Will," *BuzzFeed,* May 7, 2017.
87. "Let Them Wed," *The Economist,* January 4, 1996.
88. Inga Kiderra, "Facebook Boosts Voter Turnout," UC San Diego News Center, September 12, 2012.
89. Zoe Corbyn, "Facebook Experiment Boosts US Voter Turnout," *Nature*, September 12, 2012. Quotes and data on the experiment that follow also come from this source.
90. Alex (Sandy) Pentland, discussion with authors, August 14, 2015.
91. Jack Krawczyk and Jon Steinberg, "How Content Is Really Shared: Close Friends, Not 'Influencers,'" *Advertising Age,* March 7, 2012.
92. *Humans of New York*, July 2017. www.humansofnew york.com.
93. *Humans of New York*'s Facebook page, April 26, 2017, and May 1, 2017, www.facebook.com/humansofnewyork.
94. Ibid., July 2017.
95. Sophia Rocher, "Paypal Smashes World Record for Most Money Raised Online for Charity in 24 Hours with $45.8M Campaign," *Guinness World Records News,* January 13, 2016. www.guinnessworld records.com
96. Micah Sifry, "The Most Successful Civic Tech Culture Hack of the Decade?," *Medium,* December 4, 2015.
97. University of Michigan, "Giving Blueday Impact," December 2016. www.givingblueday.org.
98. Dress for Success, "Dress for Success Turns #GivingTuesday Into #GivingShoesDay," October 30, 2015. www .dressforsuccess.org.
99. GivingZooDay, July 2017. www.givingzooday .org.
100. Madeline Turner, "How Baltimore Became the Most Generous City in America on Giving Tuesday," *npENGAGE* (blog), November 4, 2015. www.npengage.com.

101. Doa Sorocaba, July 2017. www.doasorocaba.com.br.
102. see UnDiaParaDarAR, July 2017. www .undiaparadar.org.ar.
103. GivingWeek, July 2017. www .givingweek.sg.
104. In Russia it is #ЩедрыйВторник, July 2017. www.givingtuesday.ru.
105. Lauren Johnson, "Taco Bell's Cinco de Mayo Snapchat Lens Was Viewed 224 Million Times," *Adweek,* May 11, 2016.
106. Ibid.
107. Muscular Dystrophy Association, "MDA Telethon Ends Historic Run, Urgent Fight for Families Continues," May 1, 2015. www .mda.org.
108. Amy Nordrum, "Ice Bucket Challenge 2015: Can the ALS Association Turn Last Year's Viral Phenomenon into an Annual Fundraiser?," *International Business Times,* August 26, 2015.
109. Khaleda Rahman and Victoria Allen, "The Private School Jihadist," *Daily Mail,* September 2, 2014.
110. James Cook, "Glasgow 'Jihadist' Aqsa Mahmood Denies Recruiting London Girls," *BBC News,* March 16, 2016.
111. Lizzie Dearden, "Isis 'Jihadi Brides' Trying to Radicalise Girls and Encourage UK Terror Attacks Online as They Remain Trapped in Syria," *The Independent,* August 13, 2016.
112. National Post Staff, "Inside the Life of a 20-Year-Old Scottish Woman Who Ran Away to Become a Hardline Supporter of ISIS," *National Post,* September 4, 2014.
113. Lauren Crooks, "Scots Jihadi Bride Uses Secret Online Message Service to Recruit Fighters for Islamic State," *Daily Record,* February 8, 2015.
114. Ashley Fantz and Atika Shubert, "From Scottish Teen to ISIS Bride and Recruiter: The Aqsa Mahmood Story," CNN, February 24, 2015.
115. Rukmini Callimachi, "A News Agency with Scoops Directly from ISIS, and a Veneer of Objectivity," *New York Times,* January 14, 2016.
116. Colin Lecher, "ISIS Is Waging a Terrifying Web Propaganda War," *The Verge,* June 23, 2014.
117. Patrick Kingsley, "Who Is Behind Isis's Terrifying Online Propaganda Operation?," *The Guardian,* June 23, 2014.
118. Ibid.
119. Steve Rose, "The Isis Propaganda War: A Hi-Tech Media Jihad," *The Guardian,* October 7, 2014.
120. Katz, "State Department's Twitter War."
121. Adam Edelman, "State Department's 'Embarrassing' 'Think Again Turn Away'

Twitter Campaign Could Actually Legitimize Terrorists: Expert," *NY Daily News,* September 14, 2016.

122. Katz, "State Department's Twitter War."
123. Ibid.
124. U.S. Government Committee on Oversight and Government Reform, "Radicalization: Social Media and the Rise of Terrorism: Hearing Before the Subcommittee on National Security of the Committee on Oversight and Government Reform," U.S. Government Publishing Office, October 28, 2015, 11.
125. Ibid.
126. EdVenture Partners, "Peer to Peer," July 2017. www.edventurepartners.com.
127. U.S. State Department's Bureau of Educational and Cultural Affairs, "FATE: From Apathy to Empathy—P2P #Challenge Extremism," March 4, 2016. www.eca.state.gov.
128. Embassy of Finland, "Finnish Team Wins U.S. Competition on Fighting Extremism," February 10, 2016. www.finland.org.
129. "Snapchat: UNGA LGBT Core Group Event and P2P Extremism Challenge," YouTube video, 3:33, posted by "U.S. Department of State," September 22, 2016, www.youtube.com.
130. EdVenture Partners, "Peer to Peer Challenging Extremism—Spring 2016 Awards," July 27, 2016. www.edventurepartners .com.
131. "The Redirect Method," July 2017. www .redirectmethod.com.

4　提升参与度的5个步骤

132. Roisin O'Connor, "Kendall Jenner and Pepsi Face Backlash over Advert Showing Model Giving Can to Police Officer Mid-Protest," *The Independent,* April 5, 2017.
133. Madison Malone Kircher, "Pepsi's Kendall Jenner Ad Sparks Mass Mobilization of Mean, Funny Tweets," *New York* magazine, April 5, 2017.
134. GetUp! Action for Australia, July 2017. www.getup .org.au.
135. "Get Up!," YouTube video, 0:46, posted by "GetUp! Australia," August 1, 2011, www.youtube.com.
136. Ibid.
137. GetUp! Australia, "GetUp Achievements," July 2017. www.getup.org.au.
138. Mark Bannerman, "Website Hopes to Spark Political Interest," Australian Broadcasting Corporation, August 4, 2005.
139. Paul Bibby, "Finally, Howard Admits McKew Has It," *Sydney Morning Herald,* December 12, 2007.
140. GetUp! Australia, "GetUp Achievements."

141. GetUp! Australia, "Powering GetUp," July 2017. www.getup.org.au.

142. Kathy Marks, "Exclamation Politics: GetUp!," *The Monthly,* October 2010.

143. Nick Cater, "Incoherent Get Up! Just Goes Along for a Disruptive Ride," *The Australian,* May 23, 2017.

144. "About Etsy," July 2017. www.etsy.com.

145. Max Chafkin, "Can Rob Kalin Scale Etsy?," *Inc.*, April 2011.

146. LiveJournal, July 2017. www.live journal.com.

147. Morgan Brown, "Etsy: [Ideas Inside] The Story of Etsy's Crafty Growth to IPO and a $2 Billion Valuation," *GrowthHackers*, 2015.

148. Ibid.

149. GetUp!, "About Us," July 2017. www.getup.org.au.

150. Douglas Atkin, email to the authors, November 3, 2017.

151. Joe Berkowitz, "This Tumblr Shows Everything Airbnb's New Logo Looks Like in Addition to a Vagina," *Fast Company,* July 21, 2014.

152. Austin Carr, "Airbnb Unveils a Major Rebranding Effort That Paves the Way for Sharing More Than Homes," *Fast Company,* July 16, 2014.

153. M. B. Brewer, "The Social Self: On Being the Same and Different at the Same Time," *Personality and Social Psychology Bulletin* 17 (1991): 475–482.

154. Brian Chesky, "Belong Anywhere," Airbnb blog, July 2017. www.airbnb.com.

155. "About," July 2017. www.hilton.com.

156. Chuck Gates, interview with authors, June 2017.

157. National Guild, "92nd Street Y Named a 2016 Most Innovative Company," *National Guild,* February 22, 2016; "92nd Street Y Receives $15 Million for Innovation and Social Impact," *Philanthropy News Digest,* May 27, 2016.

158. Tinder, July 2017. www.tinder.com.

159. Shanti Bhushan, "Jan Lokpal Bill and Parliament," *The Hindu,* September 6, 2011.

160. Jason Burke, "Indian Activist Anna Hazare Refuses to End Hunger Strike," *The Guardian,* April 7, 2011.

161. Jonathan Arp, "Call to Action," *Makeshift,* Fall 2013.

162. /The Rules, "Changing the World with Millions of Missed Calls," *Social Tech Guide,* May 9, 2014.

163. Malcolm Gladwell, "Small Change," *New Yorker*, October 4, 2010.

164. Burke, "Indian Activist Anna Hazare."

165. /The Rules, "Changing the World."

166. TED, July 2017. www.ted.com.

167. TED, "Organize a Local TEDx Event," July 2017. www.ted.com.

168. Yo, July 2017. www.justyo.com.
169. Alyson Shontell, "What's Happened to ~$7 Million App 'Yo' Now That the Hype Has Died," *Business Insider,* September 26, 2014.
170. Alyson Shontell, "The Inside Story of Yo," *Business Insider,* June 21, 2014.
171. Shontell, "What's Happened to ~$7 Million App."
172. John W. Gardner, "The Tasks of Leadership," *Project Kaleidoscope* 4 (2005), 2.
173. Joshua Goldstein, "Meu Rio," *Civic Media Project,* July 2017. www.civicmediaproject.org.
174. Rachel Glickhouse, "Interview with Meu Rio's Alessandra Orofino," *Rio Gringa* (blog), May 1, 2013. www.riogringa.typepad.com.
175. Liza Booth, "A Brazilian App Gives Power to the People," *ZDNet,* July 7, 2014.
176. Glickhouse, "Interview with Meu Rio's Alessandra Orofino."
177. GetUp! Australia, "Children Out of Detention," July 2017. www.getup.org.au.
178. Charles Arthur, "Digg Loses a Third of Its Visitors in a Month: Is It Deadd?," *The Guardian,* June 3, 2010.
179. Craig Kanalley, "Angry Users SLAM Digg with Links from Rival Reddit," *Huffington Post,* August 30, 2010.
180. Alexis Ohanian, "An Open Letter to Kevin Rose," *Making the World Suck Less* (blog), 2010. www.alexisohanian.com.
181. Charles Arthur, "Digg Sold for Just $500,000," *The Guardian,* July 13, 2012.
182. Oreo Cookie, Twitter post, February 3, 2013, 8:48 p.m., www.twitter.com/oreo.
183. Angela Watercutter, "How the Oreo Won the Marketing Super Bowl with a Timely Blackout Ad on Twitter," *Wired,* February 2, 2013.
184. "The Girl Scouts' #ForEVERYGirl campaign," *Washington Post,* June 30, 2015.
185. Henry Gass, "For Transgender 9-Year-Old, a Very Girl Scout Lesson," *Christian Science Monitor,* February 3, 2016.
186. #ForEVERYGirl's Indiegogo page, "Girl Scouts Is #ForEVERYGirl," July 2017. www.indiegogo.com.
187. Amy Yeh, "New Research Study: 7 Stats from 100,000 Crowdfunding Campaigns," *Indiegogo* (blog), October 6, 2015. www.go.indiegogo.com.
188. Kaja Whitehouse, "Attorney General's NYC Battle with Airbnb Targets Widowed Grandma," *New York Post,* November 13, 2013.
189. Lee-Sean Huang, "#WeWashing: When 'Sharing' Is Renting and 'Community' Is a Commodity," *Huffington Post,* May 16, 2015.
190. "DaddyOFive Invisible Ink Prank," YouTube video, 6:25, posted by "Polly Anner," April 18, 2017, www.youtube.com.

191. Clint Davis, "YouTube Star DaddyOFive Loses Custody of Kids After Complaints over 'Prank' Videos," *NBC26,* May 2, 2017.

5　超级参与者、普通参与者与平台

192. qgyh2, "Dear Reddit, you are starting to suck.," Reddit, July 3, 2015. www.reddit.com.

193. Arjun Kharpal, "Reddit: The 'Front Page of the Internet' Wants to Be a Billion-Dollar Business," CNBC, June 16, 2016.

194. Michelle Brous, "Reddit: Managing the 'Front Page of the Internet,'" *Harvard Business School Digital Innovation and Transformation,* March 20, 2017. www.digit.hbs.org.

195. Trevor Martin, "Dissecting Trump's Most Rabid Following Online," *FiveThirtyEight* (blog), March 23, 2017. www .fivethirtyeight.com.

196. Reddit, "New Subreddits by Date," July 2017. www.redditmetrics.com.

197. Reddit, "Rediquette," July 2017. www.reddit.com.

198. Hayley Tsukayama, "Who Is Victoria Taylor, the Woman at the Heart of the Reddit Revolt?," *Washington Post,* July 6, 2015.

199. Brian Lynch, discussion with authors, November 19, 2015.

200. Sarah Burh, "Reddit: 'We Screwed Up,'" *TechCrunch,* July 6, 2015.

201. Brian Lynch, discussion with authors.

202. Ibid.

203. Margaret Hartmann, "What Really Caused the Reddit Revolt?," *New York* magazine, July 15, 2015.

204. Burh, "Reddit: 'We Screwed Up.'"

205. Billy Johnson, "Step Down as CEO of Reddit Inc.," Change.org, July 2017. www.change.org.

206. Reddit, "Removing Harassing Subreddits," June 10, 2015. www.reddit.com.

207. Jessi Hempel, "Inside Reddit's Plan to Recover from Its Epic Meltdown," *Wired,* October 6, 2015.

208. Johnson, "Step Down as CEO of Reddit Inc."

209. Brian Lynch, discussion with authors.

210. Courtnie Swearingen, discussion with authors, November 20, 2015.

211. Wimali_Stebox, "What's Vote Brigading, and Why Is It Illegal," Reddit, April 30, 2014. www.reddit.com.

212. Felix Salmon, "The Economics of 'Everyone's Private Driver,'" *Medium,* June 1, 2014.

213. Dimosthenis Kefallonitis, "Lyft.me, Your Friend with a Car," *Consumer Value*

Creation, January 22, 2014.

214. Alanna Petroff, "The Rise and Fall of Uber CEO Travis Kalanick," *CNNMoney,* June 21, 2017.

215. Chris Smith, "Uber Wants to 'Get Rid of the Dude in the Car' with Driverless Taxi Service," *TechRadar,* May 8, 2014.

216. Caroline O'Donovan, "Uber Just Cut Fares in 80 North American Cities," *BuzzFeed,* January 9, 2016.

217. Harry Campbell, "Uber to Cut Rates in More Than 100 Cities," *The Rideshare Guy* (blog), January 8, 2016. www.therideshareguy.com.

218. John Zimmer, "Standing Together: Community Update from John," *The Hub* (blog), February 2, 2016. www.thehub.lyft.com

219. Ibid.

220. Cori Online, "#ThankYourLyftDriver," *Lyft (*blog), January 31, 2016. www.blog.lyft.com.

221. Harry Campbell, discussion with authors, February 16, 2016.

222. Timothy B. Lee, "Lyft Says Its Drivers Can Make $35 an Hour," *Vox,* December 17, 2014.

223. Harry Campbell, discussion with authors.

224. Arun Sundararajan, "What Airbnb Gets About Culture That Uber Doesn't," *Harvard Business Review,* November 27, 2014. Other quotes in this paragraph are from the same source.

225. Laura Sydell, "Survey Finds Lyft Drivers Happier Than Uber, Though Pay Has Declined," NPR, January 21, 2017.

226. Todd Spangler, "YouTube Standardizes Ad-Revenue Split for All Partners, but Offers Upside Potential," *Variety*, November 1, 2013.

227. Nicole Leinbach-Reyhle, "Etsy vs. Amazon: Different Ideas of What Is 'Handmade,'" *Forbes,* October 10, 2015.

228. Meetup, July 2017. www.meetup.com.

229. Meetup, "Organizer Subscription Pricing," July 2017. www.meetup.com.

230. Yancey Strickler, Perry Chen, and Charles Adler, "Kickstarter Is Not a Store," *The Kickstarter* (blog)*,* September 20, 2012. www.kickstarter.com.

231. Alyson Shontell, "Why Legendary Investor Fred Wilson Didn't Invest in Airbnb When It Was Just a Tiny Startup," *Business Insider*, March 21, 2014.

232. Tom Slee, "The Shape of Airbnb's Business (II)," *Tom Slee* (blog), June 9, 2014. www.tomslee.net.

233. Ben Edelman and Michael Luca, "Digital Discrimination: The Case of Airbnb.com,"

Harvard Business School Publishing, January 10, 2014, 2.

234. Ben Edelman, Michael Luca, and Dan Svirsky, "Racial Discrimination in the Sharing Economy: Evidence from a Field Experiment," *Harvard Business School Publishing,* September 4, 2016.

235. Sam Levin, "Airbnb Adopts New Rules in Effort to Fight Racial Discrimination by Hosts," *The Guardian,* September 8, 2016.

236. Chris Garces, "People's Mic and Democratic Charisma: Occupy Wall Street's Frontier Assemblies," *Focaal: Journal of Global and Historical Anthropology* 2013, no. 66 (Summer 2013): 88–102.

237. Craig Calhoun, "Occupy Wall Street in Perspective," *British Journal of Sociology* 64, no. 1 (2013): 30.

238. Andrew Cornell, "Occupy Wall Street and Consensus Decision Making: Historicizing the Preoccupation with Process," *Is This What Democracy Looks Like?* (blog), October 8, 2013. www.what-democracy-looks-like.org.

239. Ben Keesey, discussion with authors, September 24, 2015.

240. Steve Bramucci, "Why the 'Kony 2012' Campaign Should Make Travelers Uncomfortable," *Huffington Post,* March 13, 2012.

241. Invisible Children, "National Tour," July 2017. www.invisiblechildren.com.

242. Ibid.

243. "Be a Roadie," Vimeo video, 3:20, posted by "Invisible Children," October 13, 2009. www.vimeo.com.

244. Keesey, discussion with authors.

245. Jessica McKenzie, "Inside Invisible Children's Massive Grassroots Network," *Mobilization Lab,* January 15, 2015.

246. Zach Barrows, discussion with authors, October 6, 2015.

247. McKenzie, "Inside Invisible Children's Massive Grassroots Network."

248. Beth Karlin, "Power Through Participation: Impacts of Youth Involvement in Invisible Children," presented at the 53rd Annual International Studies Association Convention, April 1, 2012, 11.

249. Barrows, discussion with authors.

6 新势力社区如何运转

250. *Kony 2012,* YouTube video, 29:59, posted by "Invisible Children," March 5, 2012, www.youtube.com.

251. Samantha Grossman, "'Kony 2012' Documentary Becomes Most Viral Video in History," *Time,* March 12, 2012.

252. Lee Raine, Paul Hitlin, Mark Jurkowitz, Michael Dimock, and Shawn Neidorf, "The Viral Kony 2012 Video," Pew Research Center, March 15, 2012.
253. *Kony 2012*.
254. Christie D'Zurilla, "Kony 2012: Which 20 Celebrities Are Targeted to Help?," *Los Angeles Times*, March 8, 2012.
255. David Campbell, "Kony 2012: Networks, Activism and Community," *David Campbell* (blog), March 16, 2012. www.david-campbell.org.
256. D'Zurilla, "Kony 2012."
257. Malaka Gharib, "Bono Comments on Invisible Children's Kony 2012 Campaign," *One*, March 12, 2012. www.one.org.
258. Erin Carlson, " 'Kony 2012' Creator Jason Russell Addresses Nude Breakdown on 'Oprah's Next Chapter' (Video)," *Hollywood Reporter*, October 8, 2012.
259. Polly Curtis and Tom McCarthy, "Kony 2012: What's the Real Story?," *The Guardian*, March 8, 2012.
260. Visible Children's Tumblr page, July 2017. www.visiblechildren.tumblr.com.
261. Joshua Trujillo, "Kony 2012's 'Cover the Night' Continues Despite Controversy," *Seattle PI*, April 23, 2012.
262. Mike Hager, "Kony 2012 Campaign Fails to Go Offline in Vancouver," *Vancouver Sun*, April 21, 2012.
263. Chris Paine, "KONY 2012's Struggle to Remain Visible," *NewsComAU*, April 21, 2012.
264. Ben Keesey, "Working Myself Out of a Job: Lessons from Leading Invisible Children," *The Guardian*, December 17, 2015.
265. Zach Barrows, discussion with authors, October 6, 2015.
266. Associated Press, "Livestrong Revenue Dropped Again in 2015, Trending Up Now," *USA Today*, April 26, 2017.
267. Sarah Kessler, "Taxi and Uber Drivers, Once Mortal Enemies, Join Forces in New Labor Dispute," *Fast Company*, February 19, 2016.
268. Ibid.
269. Tess Townsend, "Uber Has Been Sued 46 Times in the Past Six Months," *Inc.*, July 6, 2016.
270. Elena Cresci, "#DeleteUber: How Social Media Turned on Uber," *The Guardian*, January 30, 2017.
271. Mike Isaac, "UBER C.E.O to leave Trump Advisory Council After Criticism," *New York Times*, February 2, 2017.
272. Susan J. Fowler, "Reflecting on One Very, Very Strange Year at Uber," *Susan J. Fowler*

(blog), February 19, 2017. www.susanjfowler.com.

273. Tessa Berenson, "Uber to Users Deleting App Over Sexual Harassment Charges: We're 'Deeply Hurting,' " *Fortune,* February 24, 2017.

274. Kara Swisher and Johana Bhuiyan, "A Top Uber Executive, Who Obtained the Medical Records of a Customer Who Was a Rape Victim, Has Been Fired," *Recode,* June 7, 2017.

275. Mike Isaac, "For Uber's Travis Kalanick, Wrong Turns Led to a Forced Exit," *Economic Times,* June 22, 2017.

276. Seth Fiegerman, "Uber Lost $2.8 Billion Last Year," CNN, April 14, 2017.

277. Ligia Friedman, discussion with authors, December 2, 2016.

278. Steve Adler, discussion with authors, February 4, 2017.

279. Bryan Clark, "SXSW Showed Us the Future of Ride Sharing, and It's Not Uber," *TheNextWeb,* March 15, 2017.

280. Ride Austin, July 2017. www.rideaustin.com.

281. Ride Austin, "Round Up," July 2017. www.rideaustin.com.

282. Joe Deshotel, discussion with authors, November 14, 2016.

283. Ibid.

284. Dan Solomon, "Hailing a Different Ride in Austin," *MIT Technology Review,* March 7, 2017; Ride Austin staff, "Ride Austin numbers," email to the authors, 2017.

285. Deshotel, discussion with authors.

286. Casey Newton, "Zuckerberg: The Idea That Fake News on Facebook Influenced the Election Is 'Crazy,' " *The Verge,* November 10, 2016.

287. Jen Weedon, William Nuland, and Alex Stamos, "Information Operations and Facebook," Facebook, April 27, 2017.

288. Holly B. Shakya and Nicholas A. Christakis, "A New, More Rigorous Study Confirms: The More You Use Facebook, the Worse You Feel," *Harvard Business Review,* April 10, 2017.

7 参与溢价

289. Chris Roberts, "Letter from the Chairman," Roberts Space Industries, November 27, 2014. www.robertsspaceindustries.com.

290. Wolff Bachner, "Chris Roberts Returns to Game Design: Unveils 'Star Citizen' at GDC," *Inquisitr,* October 11, 2012.

291. "About the Game," July 2017. www.robertsspaceindustries.com.

292. Cloud Imperium, "Legendary Designer Chris Roberts Making Re-entry into PC Gaming Stratosphere with Star Citizen from Cloud Imperium," *Business Wire,* October

10, 2012.
293. TwitchingCheese, "Roberts Space Industries GDC Panel Live—Chris Roberts of Wing Commander Fame Reveals His New Game," Reddit, 2013. www.reddit.com.
294. "Star Citizen Game Panel at GDC Austin October 10th 2012," YouTube video, 58:32, posted by "Star Citizen S," June 14, 2013, www.youtube.com.
295. Ibid.
296. Ibid.
297. "An Update from Chris Roberts," Star Citizen's Kickstarter page, October 19, 2012. www.kickstarter.com.
298. Roberts Space Industries Star Citizen, "Comm-Link: An Update from Chris Roberts, 2012-10-19," October 19, 2012. www.starcitizen.tools.
299. Star Citizen, "Backer Rewards," *Star Citizen Wiki,* July 2017. www.starcitizen. gamepedia.com.
300. "Spectrum Dispatch," July 2017. www.robertsspace industries.com.
301. Chris Roberts, "A Note from Chris Roberts," *Steam,* February 2011. www. steamcommunity.com.
302. Star Citizen's Kickstarter page, "Thank You!—End of Campaign Transition," November 19, 2012. www.kickstarter.com.
303. Brian Gaar, "Crowdfunding Raises $10 Million for Austin-Developed Game," *My Statesman*, June 11, 2013.
304. "Star Citizen CitizenCon 2014 Complete Show," YouTube video, 2:01:36, posted by "Star Citizen," October 14, 2014, www.youtube .com.
305. Eddie Makuch, "Star Citizen Funding Passes $23 Million," *GameSpot,* October 18, 2013.
306. Phil Savage, "Star Citizen's Crowdfunding Total Shoots Past $50 Million," *PC Gamer,* August 18, 2014.
307. Preetam, "Star Citizen Smashes Past $64 Million Target, Introduces Space Pets," *NextPowerUp,* November 28, 2014.
308. "Sandi's Opening Speech," YouTube video, 5:55, posted by "Mitauchi," October 10, 2015, www.youtube.com.
309. JD Alois, "Incredible: Star Citizen Tops $100 Million," *Crowdfunding Insider,* December 13, 2015.
310. Chris Roberts, "Letter from the Chairman," Roberts Space Industries, July 20, 2015. www.robertsspaceindustries.com.
311. Charlie Hall, "Star Citizen's FPS Module Delayed Indefinitely," *Polygon,* June 30, 2015.
312. Russell Flannery, "Xiaomi Breaks World Record for Online Mobile Phone Sales in a

Day," *Forbes*, April 9, 2015.

313. Paul Mozur and Shanshan Wang, "The Rise of a New Smartphone Giant: China's Xiaomi," *New York Times*, December 14, 2014.

314. Kaylene Hong, "Xiaomi's Social Media Strategy Drives Fan Loyalty, Books It $242m in Sales in 12 Hours," *TheNextWeb*, April 9, 2014.

315. Hamish McKenzie, "Already Valued at $4B, China's Xiaomi Has Declared War on Apple," *Pando*, July 17, 2012.

316. Ibid.

317. Mozur and Wang, "The Rise of a New Smartphone Giant."

318. Marcus Wolsen, "You May Never Use Xiaomi's Phones, but They'll Change Your Life Anyway," *Wired*, February 12, 2015.

319. Kristie Wong, "Xiaomi and the Power of the Fan Economy," *Freshtrax*, September 22, 2014.

320. Ibid.

321. Jessica Dolcourt, "Xiaomi's Key to Smartphone Success: 'Be Friends with Our Fans,' " *CNET*, February 13, 2015.

322. Michael I. Norton, Daniel Mochon, and Dan Ariely, "The 'IKEA Effect': When Labor Leads to Love," *Harvard Business School Publishing*, 2011.

323. Ibid., 11.

324. Zack Danger Brown's Kickstarter page, "Potato Salad," July 2017. www.kickstarter.com.

325. Comment from YouTube user Radickly Rick. https://www.youtube.com.

326. Will Smale, "How Controversial Beer Firm Brewdog Became So Popular," *BBC News*, January 5, 2015.

327. Jon Henley, "The Aggressive, Outrageous, Infuriating (and Ingenious) Rise of BrewDog," *The Guardian*, March 24, 2016.

328. Ibid.

329. BrewDog, "International," July 2017. www.brewdog.com.

330. Alanna Petroff, "Craft Beer Bet Returns 2,800% to Early Investors," *CNN Money*, April 10, 2017.

331. Bill Bruce, "BrewDog Smashes £4.25m Crowdfunding Record," *FoodBev Media*, December 23, 2013.

332. Ibid.

333. BrewDog, "#PunkAGM2016," July 2017. www.brewdog.com.

334. BrewDog, "The Benefits of Investing in BrewDog," July 2017. www.brewdog.com.

335. Petroff, "Craft Beer Bet."

336. Ibid.

337. Derek Smart, "Star Citizen—Interstellar Discourse," *Derek Smart* (blog), July 10, 2015. www.dereksmart.com.

338. Starfarer_Rio, " 'He Who Must Not Be Named' Admits to Wanting to Kill the Project," *RSI Community Forums,* October 2015. www.robertsspaceindustries.com.

339. Loonie, "Are Refunds for Our Packages/Ships from CIG Now Okay to Be Requested?," RSI Community Forum, July 2015. www.robertsspaceindustries.com.

340. Blightbow, "Stretch Goal 48m—External Business Audit," RSI Community Forum, June 2014. www.robertsspaceindustries.com.

341. *10 for the Chairman,* YouTube video, posted by "Star Citizen," www.youtube.com.

342. Roberts, "Letter from the Chairman," July 20, 2015.

343. Alex Walker, "For Some, Star Citizen Is a Deeply Emotional Project," *Kotaku,* October 12, 2015.

344. Rob Davies, " 'Punk' Beer Maker Brewdog Sells 22% of Firm to Private Equity House," *The Guardian,* April 9, 2017.

345. Eliza O'Neill's GoFundMe page, "Saving Eliza," July 2017. www.gofundme.com/ElizaONeill.

346. "This video will save a little girl's life: #SavingEliza," YouTube video, posted by "VonWong," April 2, 2014, www.youtube.com.

347. Myriah Towner and Jill Reilly, " 'She's Running Out of Time, but We Haven't Run Out of Hope,' " *Daily Mail,* November 13, 2015.

348. Jonathan Zittrain, Twitter post, January 19, 2016, 6:32 a.m. www.twitter.com/zittrain.

349. GoFundMe, "Top 10 Crowdfunding Sites," July 2017. www.crowdfunding.com.

350. Nehkara, discussion with authors. The following Nehkara quotes also come from this source.

351. Imperial News Network, "About Us," July 2017. www.imperialnews.network.

8　打造新势力团队

352. Science and Technology Committee, " 'Boaty McBoatface' Competition Examined with NERC Representatives," UK Parliament, May 5, 2016.

353. Ibid.

354. Natural Environment Research Council, "About the Ship," July 2017. www.nameourship.nerc.ac.uk.

355. #NameOurShip, July 2017. www.nameourship.nerc.ac.uk.

356. Jonathan Amos, "Name Sought for New UK Polar Ship," *BBC News,* March 17, 2016.

357. "Campaign Launched to Name the UK's State-of-the-Art £200m Polar Research Ship,"

Natural Environment Research Council, March 17, 2016.

358. BBC News Jersey, "Boaty McBoatface Instigator 'Sorry' for Ship Name Suggestion," *BBC News,* March 21, 2016.

359. "$380 Million Ship May Be Named Boaty McBoatface Thanks to an Online Poll," *Sydney Morning Herald,* March 21, 2016.

360. Helena Horton, "£200m Ship Possibly to Be Named Boaty McBoatface Thanks to an Online Poll," *Telegraph,* March 20, 2016.

361. Royal Caribbean International, "Royal Caribbean Asks Genius Behind Boaty McBoatface to Help Name Future Ship," *PR Newswire,* March 31, 2016.

362. Bluestag, "#NameOurShip," July 2017. www.bluestag.co.uk.

363. Tiffany Ap, "Landslide Win for 'Boaty McBoatface' in $300M Research Ship Naming Poll," CNN, April 18, 2016.

364. Jessica Elgot, "Boaty McBoatface May Not Be Name of New Polar Research Vessel," *The Guardian,* April 18, 2016.

365. BBC, "'Boaty McBoatface' Polar Ship Named After Attenborough," *BBC News,* May 6, 2016.

366. Dan Bloom, "'I Voted for Boaty McBoatface': Top Scientist Stuns MPs with Surprise Confession in Parliament," *Mirror,* May 10, 2016.

367. Alistair Stoddart, "Beyond #Boaty McBoatface: Digital Tools for Democracy," *The Democratic Society,* May 20, 2016.

368. Science and Technology Committee, "'Boaty McBoatface' Competition Examined with NERC Representatives."

369. Emily Greenhouse, "JPMorgan's Twitter Mistake," *The New Yorker,* November 16, 2013.

370. Andrew O'Connell, "Lego CEO Jørgen Vig Knudstorp on Leading Through Survival and Growth," *Harvard Business Review,* January 2009.

371. David C. Robertson with Bill Breen, *Brick by Brick: How LEGO Rewrote the Rules of Innovation and Conquered the Global Toy Industry* (New York: Crown Publishing Group, 2014).

372. Mary Jo Hatch and Majken Schultz, *Taking Brand Initiative: How Companies Can Align Strategy, Culture, and Identity Through Corporate Branding* (San Francisco: Jossey-Bass, 2008), 197.

373. MOCpages, "About MOCpages," July 2017. www.moc-pages.com.

374. Ibid.

375. Robin Sather, discussion with authors, April 8, 2016. The following two quotes are from the same source.

376. Robertson, *Brick by Brick,* 249.
377. Ibid., 251.
378. Ibid.
379. Brendan Koerner, "Geeks in Toyland," *Wired,* February 1, 2006.
380. "LEGO Architecture Designer Adam Reed Tucker—Brickworld Chicago 2014," YouTube video, 17:43, posted by "Beyond the Brick," July 28, 2014, www.youtube.com.
381. "Architecture", July 2017. www.lego.com.
382. "LEGO Ambassador Network," July 2017. www.lan.lego.com.
383. "Ideas," July 2017. www.ideas.lego.com.
384. "LEGO Ideas—How It Works," July 2017. www .ideas.lego.com.
385. Amelia Butterly, "Lego Makes Female Scientist Figures. After Campaign," *BBC News,* June 4, 2014.
386. Box Office Mojo, "*The Lego Movie,*" July 2017. www.boxofficemojo.com.
387. Christopher Ratcliffe, "*The Lego Movie*'s Solid Social Marketing Strategy," *Econsultancy,* November 6, 2013.
388. Lara O'Reilly, "Lego to Co-create Marketing Campaign with UK Fans," *Marketing Week,* April 7, 2014.
389. Robin Sather, discussion with authors.
390. "Successful LEGO Strategy Delivers Continued Strong Growth," July 2017. www.lego.com.
391. Yun Mi Antorini, discussion with authors, April 26, 2016.
392. Ibid.
393. Ibid.
394. "Lego Overtakes Ferrari as the World's Most Powerful Brand," *Brand Finance*, July, 2017.
395. Ryan Lizza, "Inside the Collapse of *The New Republic,*" *The New Yorker,* December 12, 2014.
396. Telegraph Staff, "NHS Is Fifth Biggest Employer in World," *Telegraph,* March 20, 2012.
397. Helen Bevan, discussion with authors, March 22, 2016.
398. Ibid.
399. "School for Change Agents," July 2017. www.theedge.com.
400. Damian Roland, "Has NHS Change Day Made a Difference Six Months On?," *The Guardian,* September 13, 2013.
401. Jackie Lynton and Joe McCrea, "The Difference a Day Makes . . . Interim Report for

NHS Change Day—April 2013," *National Health Service*, 2013.
402. James Shrimpling, "NHS Change Day: Let's Get Back to the Grassroots," *The Guardian,* March 20, 2015.
403. Helen Bevan, "Biggest Ever Day of Collective Action to Improve Healthcare That Started with a Tweet," *National Health Service*, June 14, 2013.
404. Helen Bevan, discussion with authors. The following Bevan quotes also come from this source.
405. NHS England, "Using Social Movement to Transform the NHS—Dr. Helen Bevan," *NHS News*, January 30, 2017.
406. Helen Bevan, discussion with authors.
407. Hila Lifshitz-Assaf, "Dismantling Knowledge Boundaries at NASA: From Problem Solvers to Solution Seekers," *Administrative Science Quarterly,* forthcoming.
408. Ibid.

9 新势力领导力

409. President Obama, Twitter post, January 10, 2017, 11:52 p.m. www.twitter.com/potus44.
410. Yoni Appelbaum, "'I Alone Can Fix It,'" *The Atlantic,* July 21, 2016.
411. Barack Obama, "Barack Obama's February 5th Speech," *New York Times,* February 5, 2008. www.nytimes.com.
412. Larry Beinhart, "Who's Ready on Day One?," *Huffington Post,* May 30, 2008.
413. Adrian Prandle, "Respect, Empower, Include—Everyday People, Extraordinary Results," *LaborList,* April 30, 2009.
414. Laura Barton, "Hope—the Image That Is Already an American Classic," *The Guardian,* November 10, 2009.
415. Zack Exley, "The New Organizers, What's Really Behind Obama's Ground Game," *Huffington Post,* November 28, 2008. The related quotes that follow also come from this source.
416. "Here's Donald Trump's Presidential Announcement Speech," *Time,* June 16, 2015.
417. Aaron Crouch and Emmett McDermott, "Donald Trump Campaign Offered Actors $50 to Cheer for Him at Presidential Announcement," *Hollywood Reporter,* June 17, 2015.
418. Abby Ohlheiser, "'We Actually Elected a Meme as President': How 4chan Celebrated Trump's Victory," *Washington Post*, November 9, 2016.
419. Olivia Nuzzi, "How Pepe the Frog Became a Nazi Trump Supporter and Alt-Right Symbol," *Daily Beast*, May 26, 2016.
420. Taylor Wafford, "Donald Trump Retweets Racist Propaganda," *Newsweek*, November 23, 2015.

421. Philip Bump, "Donald Trump Reverses Course on Paying Legal Fees for Man Who Attacked Protester. But Could He Do It?," *Washington Post*, March 15, 2016.
422. 4C Insights, "Election Night 2016 Impact Report," November 10, 2016. www.4cinsights.com.
423. Natalie Andrews, "How Some Social Media Data Pointed to a Donald Trump Win," *Wall Street Journal*, November 10, 2016.
424. "George Orwell Classic '1984' Gets Sales Boost After Trump Advisor Coins 'Alternative Facts,'" Associated Press, January 24, 2017.
425. Matthew MacWilliams, "The One Weird Trait That Predicts Whether You're a Trump Supporter," *Politico,* January 17, 2016.
426. Ibid.
427. Tim Dickinson, "No We Can't," *Rolling Stone,* February 2, 2010.
428. Exley, "The New Organizers."
429. Dickinson, "No We Can't."
430. Ari Melber, "Looking Back at One Year of Organizing for America," *The Nation,* January 14, 2010.
431. John L. Allen, Jr., "On the Pope's 'Mystical Moment': Something Did Happen," *National Catholic Reporter,* October 6, 2013.
432. David Willey, "Pope Francis' First Moves Hint at Break with Past," *BBC News,* March 16, 2013.
433. Mike Hammer, "A Look at Pope Francis as He Assumes His Role of the Head of the Roman Catholic Church," *Downtown Magazine,* March 14, 2013.
434. Vatican Radio, "Pope Francis on His Pontificate to Date," March 13, 2015.
435. David Willey, discussion with authors, August 8, 2016.
436. Benjamin Eckstein and Ginger Adams Otis, "Bookies Had It Wrong on Pope Selection," *NY Daily News,* March 13, 2013.
437. Liz Dodd and Abigail Frymann Rouch, "Francis Hints at Short Papacy—'Maybe Just Two or Three Years,'" *The Tablet,* March 13, 2015.
438. Frank Newport, "Catholic Church Attendance Drops This Year in Midst of Scandal," *Gallup*, September 18, 2002.
439. Pew Research Center, "Positive Impact of Pope Francis on Views of the Church, Especially Among Democrats and Liberals," *Pew Research Center*, October 7, 2015.
440. Center for Applied Research in the Apostate, "Frequently Requested Church Statistics," Georgetown University, July 2017.
441. Dave Breitenstein, "U.S. Catholics Face Shortage of Priests," *USA Today*, May 25, 2014.

442. John J. Allen Jr., "The Risks of Pope Francis's Never-Ending Vatican Reform," *CRUX*, December 22, 2016.

443. David Willey, discussion with authors.

444. Megan Cornwell, "Pope Francis Is World's Most Popular Leader, Poll Finds," *The Tablet*, March 28, 2016.

445. Yasmine Haflz, "Pope Francis' Car Shows His Commitment to Humility: Catholic Leader Chooses Ford Focus," *Huffington Post*, July 15, 2013.

446. Faith Karimi, "Pope Francis' Embrace of a Severely Disfigured Man Touches World," CNN, November 7, 2013.

447. Lizzie Davies, "Pope Francis Kisses Feet of Women and Muslim Man in Maundy Thursday Rite," *The Guardian*, April 17, 2014.

448. Father Thomas Reese, discussion with authors, August 18, 2016.

449. Hazel Torres, "Pope Francis Calls for 'Revolution' in Catholic Church with Pope at the Bottom of Inverted Pyramid Holy See," *Church*, October 20, 2015.

450. Pope Francis, "Address of His Holiness Pope Francis: Ceremony Commemorating the 50th Anniversary of the Institution of the Synod of Bishops," October 17, 2015.

451. Tracy Connor, "Pope Francis' Latest Surprise: A Survey on the Modern Family," NBC News, November 5, 2013.

452. Pope Francis, *Amoris Laetitia* (Rome: The Holy See, March 19, 2016).

453. "Pope Francis: Who Am I to Judge Gay People?," BBC News, July 29, 2013.

454. Rachel Zoll, "Church Could 'Fall Like a House of Cards' If It Doesn't Temper Stances on Contraception, Gays and Abortion, Pope Says," *National Post*, September 19, 2013.

455. Cindy Wooden, "Christians Who Reject All Refugees Are 'Hypocrites,' Pope Says," *Catholic News Service*, October 13, 2016.

456. James Carroll, "With His New Book, Pope Francis Unlocks the Door," *The New Yorker*, January 12, 2016.

457. 2017 Edelman Trust Barometer, "Executive Summary," 2017, 4.

458. Ai-jen Poo, discussion with authors, January 10, 2017.

459. Archives Division at Auburn Avenue Research Library, "Mrs. Dorothy Lee Bolden, Founder and President of the National Domestic Workers of America, Inc.," November 19, 2011. www.aarlarchives.blogspot.co; National Domestic Workers Alliance, July 2017. www.domesticworkers.org.

460. Ai-jen Poo, discussion with authors. The following Ai-jen Poo quotes and related data also come from this source.

461. National Domestic Workers Alliance, "Worker Organizing & Leadership," July 2017. www.domesticworkers.org.

462. Natt Garun, "Egg Minder Smart Tray Lets You Remotely Check the Freshness of Your Eggs," *Digital Trends,* July 5, 2013.
463. Steve Lohr, "Quirky, an Invention Start-Up, Files for Bankruptcy," *New York Times,* September 22, 2015.
464. Forbes, "The World's 100 Most Powerful Women," *Forbes,* July 2017.
465. GrabCAD, "GE Jet Engine Bracket Challenge," *GrabCAD Community,* July 2017. www.grabcad.com.
466. Ibid.
467. Eric Ries, *The Lean Startup: How Today's Entrepreneurs Use Continuous Innovation to Create Radically Successful Business* (New York: Crown Publishing Group, 2011).
468. GE, "GE//FastWorks," *Innovation Benchmark,* March 11, 2016.
469. GE, "GE 2015 Integrated Summary Report," 2015, p. 19.
470. "Bridging Worlds: The Future Role of the Healthcare Strategist," Society for Healthcare Strategy & Marketing Development of the American Hospital Association, 2014, 20.
471. Beth Comstock, "Welcome to the Emergent Era," *Medium,* December 1, 2016.
472. Peter Sims, discussion with authors, week of January 15, 2017.
473. Little Monsters, July 2017. www.little monsters.com.
474. Billboard Staff, "Lady Gaga Fan on Being a Little Monster: 'We Are Genuinely Trying to Make the World a Better Place,'" *Billboard,* August 18, 2015.
475. Melissa A. Click, Hyunji Lee, and Holly Willson Holladay, "Making Monsters: Lady Gaga, Fan Identification, and Social Media," *Popular Music and Society* 36 (2013).
476. Amber L. Davisson, *Lady Gaga and the Remaking of Celebrity Culture* (London: McFarland & Co., 2013), 50.
477. Elisa Vliebeck, "Reid to Lady Gaga: 'Don't Ask, Don't Tell' Vote Will Be Next Week," *The Hill,* September 14, 2010.
478. Nancy Scola, "With Call to Action, Obama Brings Down the House," *The Atlantic,* July 26, 2011.
479. Nancy Scola, "U.S. Senate Getting Gaga-Compliant Phone System (and Visual Voicemail!)," *TechPresident,* September 21, 2010.
480. Alice H. Eagly, "Women as Leaders: Leadership Style Versus Leaders' Values and Attitudes," *Harvard Business School Publishing,* 2013, 4.
481. Mary Parker Follett, *The New State: Group Organization the Solution of Popular Government* (University Park: Penn State University Press, 1998), xviii.
482. Amy Allen, "Feminist Perspectives on Power," *Stanford Encyclopedia of Philosophy,* October 19, 2005. www.plato.stanford.edu.
483. Starbucks, "What 'Race Together' Means for Starbucks Partners and Customers,"

Starbucks Newsroom, March 16, 2015.

484. Scott Kleinberg, "Starbucks #RaceTogether Campaign Brews Up Bitter Social Media Reaction," *Chicago Tribune,* March 18, 2015.

485. Rebecca Cullers, "The Internet Is United in Despising Starbucks' 'Race Together' Cup Campaign," *AdWeek,* March 18, 2015.

486. Agence France-Presse, "Starbucks Halts Race Campaign amid 'Cascade of Negativity,'" Inquirer.net, March 24, 2015.

487. Austin Carr, "The Inside Story of Starbucks's Campaign, No Foam," *Fast Company,* June 15, 2015.

488. Howard Schultz and Larry Kramer, "Why Race Together? Because Diversity Matters," *USA Today,* March 17, 2015.

489. Black Lives Matter, Twitter post, February 5, 2015, 8:26 a.m. www.twitter.com/blklivesmatter.

490. Julia Craven, "Black Lives Matter Co-founder Reflects on the Origins of the Movement," *Huffington Post,* September 30, 2015.

491. Alicia Garza, "A Herstory of the #BlackLivesMatter Movement by Alicia Garza," *Feminist Wire,* October 7, 2014. Subsequent quotes in this paragraph are from the same source.

492. Akiba Solomon, "Get on the Bus: Inside the Black Life Matters 'Freedom Ride' to Ferguson," *Colorlines,* September 5, 2014.

493. Olivia Fleming, "#BlackLivesMatter: These Two Young Women Rallied 50,000 to Protest Police Brutality in NYC," *Elle,* December 18, 2014.

494. Michel Martin, "The #BlackLivesMatter Movement: Marches and Tweets for Healing," NPR, June 9, 2015.

495. Jelani Cobb, "The Matter of Black Lives," *The New Yorker,* March 14, 2016.

496. Monica J. Casper, "Black Lives Matter / Black Life Matters: A Conversation with Patrisse Cullors and Darnell L. Moore," *truthout,* December 3, 2014.

497. Black Lives Matter, "About the Black Lives Matter Network," July 2017. www.blacklivesmatter.com.

498. Cobb, "The Matter of Black Lives."

499. Alicia Lu, "Did Al Sharpton 'Monopolize' Black Lives Matter Protests for His Own Gain?," *Bustle,* December 21, 2014.

500. Alicia Garza, in discussion with the authors, October 30, 2017.

10 融合新旧势力的艺术

501. Lyn Bartels and Kurtis Lee, "Evie Hudak Resigns: Colorado State Senator Avoids

Recall Election," *Denver Post,* November 27, 2013.

502. Carl Bialik, "Most Americans Agree with Obama That More Gun Buyers Should Get Background Checks," *FiveThirtyEight* (blog), January 5, 2016. www.fivethirtyeight.com.

503. BBC, "US Gun Control: What Is the NRA and Why Is It So Powerful?," *BBC News,* January 8, 2016.

504. Nancy Watzman and Anu Narayanswamy, "Did Guns Beat Money in Colorado Recalls?," *Sunlight Foundation,* December 10, 2013.

505. Eli Stokols, "Historic Colorado Recalls Engineered by Political Newcomers," Fox 31 Denver, September 11, 2013.

506. Mark Glaze, discussion with authors, April 13, 2017. The following Glaze quotes are from the same source.

507. Molly Moorehead, "A Summary of the Manchin-Toomey Gun Proposal," *PolitiFact,* April 30, 2013.

508. Robert Draper, "Inside the Power of the N.R.A.," *New York Times,* December 12, 2013.

509. Douglas E. Schoen, "The Myth of NRA Power: What the NRA Really Means in American Politics Today," *Medium,* January 6, 2016.

510. Ibid.

511. Manu Raju, "Heitkamp Defends Gun Vote," *Politico,* April 24, 2013.

512. Tim Dickinson, "Gun Control: 45 Percent of the Senate Foils 90 Percent of America," *Rolling Stone,* April 17, 2013.

513. Emily Rupertus, "Marksmanship Programs Your Child Will Love," *NRA Blog,* August 16, 2016. www.nrablog.com.

514. Jennifer Carlson, discussion with authors, August 15, 2016.

515. Mark Glaze, discussion with authors.

516. Zack Beauchamp, "This Chilling NRA Ad Calls on Its Members to Save America by Fighting Liberals," *Vox,* June 29, 2017.

517. Everytown for Gun Safety, July 2017. www.everytown.org.

518. Moms Demand Action for Gun Sense in America, July 2017. www.momsdemandaction.org.

519. Everytown, "Everytown Claims Major Victory in Washington State with Passage of I-594, Proving That When Citizens Take Public Safety to the Ballot Box, Gun Safety Wins," November 4, 2014. www.everytown.org.

520. Everytown, email to the authors, July 10, 2017.

521. TED Staff, "TED Reaches Its Billionth Video View!," *TED Blog,* November 13, 2012. www.blog.ted.com.

522. TED, "History of TED," July 2017. www.ted.com.
523. TED, "TED2018," July 2017. www.ted2018.ted.com.
524. Mick Brown, "'I Was Losing $1 Million a Day, Every Day for 18 Months': Meet Chris Anderson, the Man Behind TED Talks," *The Telegraph,* April 26, 2016.
525. TED, "History of TED."
526. Chris Anderson, "TED Isn't a Recipe for 'Civilisational Disaster,'" *The Guardian,* January 8, 2014.
527. TED, "Organize a Local TEDx Event," July 2017. www.ted.com.
528. Lara Stein, discussion with authors, September 9, 2016.
529. TED, "TEDx Rules," July 2017. www.ted.com.
530. Nilofer Merchant, "When TED Lost Control of Its Crowd," *Harvard Business Review,* April 2013.
531. Ibid. Ellipses in original.
532. Randy Bretz, discussion with authors, July 22, 2016.
533. TED, "Stories for 'Open Translation Project,'" www.ted.com.
534. TED, "TED Translators," July 2017. www.ted.com.
535. Jenny Zurawell, "Meet Sebastian Betti, TED Volunteer Translator," *TED Blog,* www.blog.ted.com.
536. "2016 Engineering Career Fair Collaborative—Participants: Local Motors," Harvard University, November 16, 2016. www.harvard-csm.simplicity.com.
537. Kristine Owram, "How Local Motors Hopes to Disrupt the Auto Industry with a $53,000 3D-Printed Car," *Financial Post,* January 19, 2016.
538. Henry Ford, *My Life and Work: An Autobiography of Henry Ford* (NuVision Publications, 2009).
539. Will Schmidt, "This Is How You Change and Disrupt the Paradigm of Auto Manufacturing," *Tech.co,* June 8, 2015.
540. Patty Hastings, "Vancouver Man Designs First 3-D Printed Car," *The Columbian,* August 13, 2015.
541. Alex Fiechter, discussion with authors, August 6, 2016.
542. John B. (Jay) Rogers, discussion with authors, July 23, 2016.
543. Nicolas de Peyer, "Entry: Reload Redacted—Swim and Sport," Local Motors Labs, July 2017. www.launchforth.io.
544. Jay Rogers, discussion with authors.
545. Ibid.
546. European Voice, "Spain: European Parliament results," *Politico,* May 23, 2014.
547. Luke Stobart, "A Year of Change Postponed?," *Jacobin,* December 18, 2015.

548. Jorge Moruno and Carlos Declos, " 'Our Situation Is Quixotic and Machiavellian' : An Interview with Podemos' Jorge Moruno," *Open Democracy,* December 16, 2015.

549. Gary Younge, "Spain's Unemployed: One in Five Under 30 Still Looking for That First Job," *The Guardian,* March 30, 2011.

550. Diego Beas, "How Spain's 15-M Movement Is Redefining Politics," *The Guardian,* October 15, 2011.

551. Alistair Dawber, "Pablo Iglesias: How the Leader of the Leftist Podemos Party Upset Spain's Elites to Reach the Brink of Power," *The Independent,* December 25, 2015.

552. Pablo Iglesias, "Understanding Podemos," *New Left Review* 93 (May–June 2013).

553. Raphael Minder, "Spanish Upstart Party Said It Could, and Did. Now the Hard Part Begins," *New York Times,* May 29, 2014.

554. *La Tuerka,* YouTube videos, posted by "LaTuerka," www.youtube.com.

555. Iglesias, "Understanding Podemos." Subsequent Iglesias quotes, until the 2014 speech, are from this source.

556. Matt Moffett, "Spanish Voters Weary of Scandal-Ridden Political Class Known as 'La Casta,' " *Wall Street Journal,* December 18, 2015.

557. "Podemos—Translated Manifesto," *Cunning Hired Knaves* (blog), January 20, 2014. www.hiredknaves.wordpress .com.

558. Bécquer Seguín and Sebastiaan Faber, "Can Podemos Win in Spain?," *The Nation,* January 14, 2015.

559. Giles Tremlett, "The Podemos Revolution: How a Small Group of Radical Academics Changed European Politics," *The Guardian,* March 31, 2015.

560. Andrew Dolan, "Podemos: Politics by the People," *Red Pepper* (blog), February 22, 2015. www.redpepper.org.

561. Ibid.

562. Dan Hancox, "Can They?," *London Review of Books* 37, no. 24 (December 17, 2015): 25–26.

563. Sonia Bussu, "A New Age of Party Politics?," *Involve,* June 10, 2015.

564. Seguín and Faber, "Can Podemos Win in Spain?"

565. Ibid.

566. Sara Prim, "The PP Wins the Spanish Elections but Loses Its Absolute Majority," *Catalan News,* December 21, 2015.

567. Alistair Dawber, "Spain Elections: Madrid Goes Wild for Podemos Leader Pablo Iglesias but Has the Party Started Too Soon?," *The Independent,* December 21, 2015.

568. We Are All Khaled Said's Facebook page, July 2017. www.facebook.com.

569. Wael Ghonim, "Let's Design Social Media That Drives Real Change," TED video,

13:34, December 2015. www.ted.com.

570. Ibid.

571. Oscar Reyes, "Spain's Democratic Spring: How the Movements Stood for Mayor—and Won," *Red Pepper,* July 1, 2015. www .red pepper.com.

11 职场新势力

572. Reuven Gorsht, discussion with authors, January 26, 2016.

573. Rob Ashgar, "Study: Millennials Are the True Entrepreneur Generation," *Forbes,* November 11, 2014.

574. "Millennial Impact Report: Inspiring the Next Generation Workforce," *Achieve,* 2014.

575. Lorenzo Ligato, "Here's How to Unlock All of the New Snapchat Trophies," *Huffington Post,* October 20, 2015.

576. TINYpulse, July 2017. www.tinypulse.com.

577. Ibid.

578. David Sims, "All Hail 'The Founders,' " *The Atlantic,* December 2, 2015.

579. Jeff Bercovici, "Facebook Tried to Buy Snapchat for $3B in Cash. Here's Why," *Forbes,* November 13, 2013.

580. Portia Crowe, "Snap Is Going Public at a $24 Billion Valuation," *Business Insider,* March 1, 2017.

581. Austin Carr, "What Snapchat's High-Profile Exec Departures Really Tell Us About CEO Evan Spiegel," *Fast Company,* October 20, 2015.

582. "Millennials at Work," Bentley University, November 11, 2014, 13.

583. CareerBuilder, "Millennials Significantly Outpacing Other Age Groups for Taking on Side Gigs," *PR Newswire,* September 29, 2016.

584. Deborah Gage, "The Venture Capital Secret: 3 Out of 4 Start-Ups Fail," *Wall Street Journal,* September 20, 2012.

585. "Millennial Careers: 2020 Vision Facts, Figures and Practical Advice from Workforce Experts," ManpowerGroup, 2016.

586. Buurtzorg Nederland, "Our Story," July 2017. www .buurtzorgusa.org.

587. Tamsin Fulton, "Exploring the Buurtzorg Model of Care," *Public World,* December 8, 2016.

588. Nina Schnider, "Reinventing Organizations: Buurtzorg and Ashoka Fellow Jos De Blok," *Ashoka,* March 7, 2017. www .ashoka.org.

589. "Home Care by Self-Governing Nursing Teams: The Netherlands' Buurtzorg Model," The Commonwealth Fund, 2015.

590. Linda H. Aiken, Douglas M. Sloane, Luk Bruyneel, Koen Van den Heede, and Walter

Sermeus, "Nurses' Reports of Working Conditions and Hospital Quality of Care in 12 Countries in Europe." http://onlinelibrary.wiley.com/doi/10.1111/inr.12211/full.

591. Press Association, "Undervalued and Overworked: Nurses Across the UK Placed in 'Intolerable' Situations, New Poll Reveals," *Wales Online,* October 5, 2015.

592. Madelon von Tilburg, discussion with authors, November 20, 2016.

593. Ibid.

594. Ibid.

595. Alieke van Dijken and Tamsin Fulton, "The Buurtzorg Way: Happy Clients and Happy Nurses," *Happy Conference,* September 2, 2016.

596. Paul J. Zak, *Trust Factor: The Science of Creating High-Performance Companies* (New York: AMACOM, 2017), 92.

597. "Buurtzorg Web," July 2017. www.buurtzorg.com.

598. Benjamin Snyder, "Holacracy and 3 of the Most Unusual Management Practices Around," *Fortune,* June 2, 2015.

599. Holacracy, "Holacracy Constitution," HolacracyOne, LLC, 2013. www.holacracy.org.

600. Aimee Groth, "Zappos Is Struggling with Holacracy Because Humans Aren't Designed to Operate like Software," *Quartz,* December 21, 2016.

601. Julia Culen, "Holacracy: Not Safe Enough to Try," *Medium,* June 27, 2015.

602. Deloitte, "The Future of the Workforce: Critical Drivers and Challenges," Deloitte, July 2016, 6. https://www2.deloitte.com.

603. Richard Feloni, "Why LinkedIn's Head of Recruiting Asks Every Job Candidate What They Want to Do After LinkedIn," *Business Insider,* January 13, 2017.

604. Reid Hoffman, Ben Casnocha, and Chris Yeh, *The Alliance: Managing Talent in the Networked Age* (Boston: Harvard Business Review Press, 2014).

605. Reid Hoffman, Ben Casnocha, and Chris Yeh, "Statement of the Alliance," *The Alliance Framework,* 2014. www.theallianceframework.com.

606. Elaine Pofeldt, "Shocker: 40% of Workers Now Have 'Contingent' Jobs, Says U.S. Government," *Forces,* May 25, 2015.

607. Ellen Scott, "People Are Not Pleased with Fiverr's Deeply Depressing Advert," *Metro,* March 10, 2017.

608. DCX Growth Accelerator, "Fiverr Debuts First-Ever Brand Campaign," *PR Newswire,* January 9, 2017.

609. Jia Tolentino, "The Gig Economy Celebrates Working Yourself to Death," *The New Yorker,* March 22, 2017.

610. "Company Overview," July 2017. www.care.com.

611. Sheila Marcelo, discussion with authors, September 20, 2016.

612. "Take the Fair Care Pledge Today!," July 2017. www.faircarepledge.com.
613. Julia Quinn-Szcesuil, "What Caregivers Need to Know About the Domestic Workers' Bill of Rights," *Care.com*, July, 2017. www.care.com.

12 未来：全堆栈社会

614. Rick Kazman, "The Carr-Benkler Wager and Its Implications for ULS Software Engineering," Association for Computing Machinery, May 10, 2008.
615. Yochai Benkler, *The Wealth of Networks* (New Haven, CT: Yale University Press, 2006).
616. Matthew Ingram, "The Carr-Benkler Wager and the Peer-Powered Economy," *Gigaom*, May 9, 2012.
617. Olivier Silvian, "Contingency and the 'Networked Information Economy': A Critique of *The Wealth of Networks*," *International Journal of Technology, Knowledge, and Society* 4 (2008): 7.
618. Yochai Benkler, "Carr-Benkler Wager Revisited," *Yochai Benkler's blog*, May 7, 2012. www.blogs.harvard.edu.
619. Nicholas Carr, "Pay Up, Yochai Benkler," *Rough Type* (blog), May 1, 2012. www.roughtype.com.
620. Benkler, "Carr-Benkler Wager Revisited."
621. Couchsurfing International, July 2017. www.couchsurfing.com.
622. Yochai Benkler, discussion with authors, December 2, 2016.
623. Ibid.
624. Benkler, "Carr-Benkler Wager Revisited."
625. Strickler, Chen, and Adler, "Kickstarter Is Not a Store."
626. Yancey Strickler, Perry Chen, and Charles Adler, "Kickstarter Is Now a Benefit Corporation," *Kickstarter* (blog), September 21, 2015. www.kickstarter.com.
627. "Charter," July 2017. www.kickstarter.com.
628. Perry Chen, discussion with authors, March 10, 2017.
629. University of Pennsylvania Wharton School of Business, "Wharton Crowdfunding Study," July 2017. www.crowdfunding.wharton.upenn.edu.
630. Yancey Strickler, "Kickstarter's Impact on the Creative Economy," *Kickstarter* (blog), June 28, 2016. www.kickstarter.com.
631. Nathan Schneider, discussion with authors, March 6, 2017.
632. Ibid.
633. "Notice of Annual Meeting of Stockholders," May 22, 2017. www.twitter.com.
634. Stocksy United, "Raising the Bar—and the Industry's Expectations—of Stock

Photography and Cinematography," July 2017. www.stocksy.com.

635 Ching-man Au Yeung, Ilaria Liccardi, Kanghao Lu, Oshani Seneviratne, and Tim Berners-Lee, "Decentralization: The Future of Online Social Networking," In *W3C Workshop on the Future of Social Networking Position Papers*, 2009.

636. "What Is Solid?" July 2017. https://solid.mit.edu.

637. BlockGeeks, "What Is Blockchain Technology? A Step-by-Step Guide for Beginners," *BlockGeeks,* July 2017. www .blockgeeks.com.

638. The Economist Staff, "The Great Chain of Being Sure About Things," *The Economist,* October 31, 2015.

639. Olivia Solon: "Americans 'Evenly Split' Over Need to Regulate Facebook and Other Big Tech," *The Guardian,* November 1, 2017.

640. Geoff Mulgan, "Thesis, Antithesis and Synthesis: A Constructive Direction for Politics and Policy After Brexit and Trump," *Nesta,* February 17, 2017.

641. British Election Study team, "Brexit Britain: British Election Study Insights from the Post-EU Referendum Wave of the BES Internet Panel," *British Election Study,* June 10, 2016.

642. Shawn Donnan, " 'Deaths of Despair' Surge Among US White Working Class," *Financial Times,* March 23, 2017.

643. Edelman, "2017 Edelman Trust Barometer Annual Global Study."

644. Rob Wijnberg, discussion with authors, April 15, 2016.

645. Ernst-Jan Pfauth, "How We Turned a World Record in Journalism Crowd-Funding into an Actual Publication," *Medium,* November 27, 2013.

646. Ernst-Jan Pfauth, "*De Correspondent* Now Has 50,000 Paying Members," *Medium,* January 23, 2017.

647. Ernst-Jan Pfauth, "Why We See Journalists As Conversation Leaders and Readers as Expert Contributors," *Medium,* April 30, 2014.

648. Ernst-Jan Pfauth, "From Councillors to Porn Actresses: Why Readers Can Soon Edit Our Site," *Medium,* January 12, 2015.

649. Pfauth, "Why We See Journalists."

650. Jelmer Mommers, "*De Correspondent*: A New Kind of Journalism," *The Coral Project,* May 3, 2017.

651. Dick Wittenberg and Greta Riemersma, "Seven Things the Dutch Need to Understand About How Refugees Here Feel," *De Correspondent,* December 6, 2016.

652. Jelmer Mommers, "Dear Shell Employees: Let's Talk," *De Correspondent,* February 16, 2016.

653. Ernst-Jan Pfauth, "How Reader Engagement Helped Unearth the Shell Tape," *Medium,*

March 6, 2017.

654. Ernst-Jan Pfauth, "Dutch Journalism Platform *The Correspondent* Reaches Milestone of 40,000 Paying Members," *Medium,* December 1, 2015.

655. Claire Richard, "Audrey Tang, Brilliant Programmer, 'Hacks' Politics in Taiwan," *Open Culture,* October 12, 2015.

656. g0v.tw, July 2017. www.g0v.tw.

657. Richard, "Audrey Tang, Brilliant Programmer."

658. Ibid.

659. Ibid.

660. Max Rashbrooke, "How Taiwan Is Inoculating Itself Against the Uber 'Virus,' " *CityMetric,* February 8, 2017.

661. Ibid.

662. Nathan Schneider, discussion with authors.

663. Deepti Bhatnagar, Animesh Rathore, Magüi Moreno Torres, and Parameeta Kanungo, "Participatory Budgeting in Brazil," *World Bank Empowerment Case Studies,* July 2017.

664. Victoria Boelman, "Félicitations Madame Mayor: Participatory Budgeting in Paris Hits New Highs," *Nesta* (blog), October 17, 2016.

665. Wietse Van Ransbeeck, "What Is Citizensourcing?," *CitizenLab,* October 20, 2015.

666. Leonard Kish, "The Blockbuster Drug of the Century: An Engaged Patient," *Health Standards,* August 28, 2012.

667. GoodSAM, July 2017. www.goodsamapp.org.

668. Larry Diamond, "It Could Happen Here," *The Atlantic,* October 19, 2016.

669. Anthony Cuthbertson, "Reddit Place: The Internet's Best Experiment Yet," *Newsweek,* April 11, 2017.

670. Ibid.

671. Ibid.